UTB **2740**

Eine Arbeitsgemeinschaft der Verlage

Beltz Verlag Weinheim · Basel
Böhlau Verlag Köln · Weimar · Wien
Wilhelm Fink Verlag München
A. Francke Verlag Tübingen und Basel
Haupt Verlag Bern · Stuttgart · Wien
Lucius & Lucius Verlagsgesellschaft Stuttgart
Mohr Siebeck Tübingen
C. F. Müller Verlag Heidelberg
Ernst Reinhardt Verlag München und Basel
Ferdinand Schöningh Verlag Paderborn · München · Wien · Zürich
Eugen Ulmer Verlag Stuttgart
UVK Verlagsgesellschaft Konstanz
Vandenhoeck & Ruprecht Göttingen
Verlag Barbara Budrich Opladen · Farmington Hills
Verlag Recht und Wirtschaft Frankfurt am Main
WUV Facultas Wien

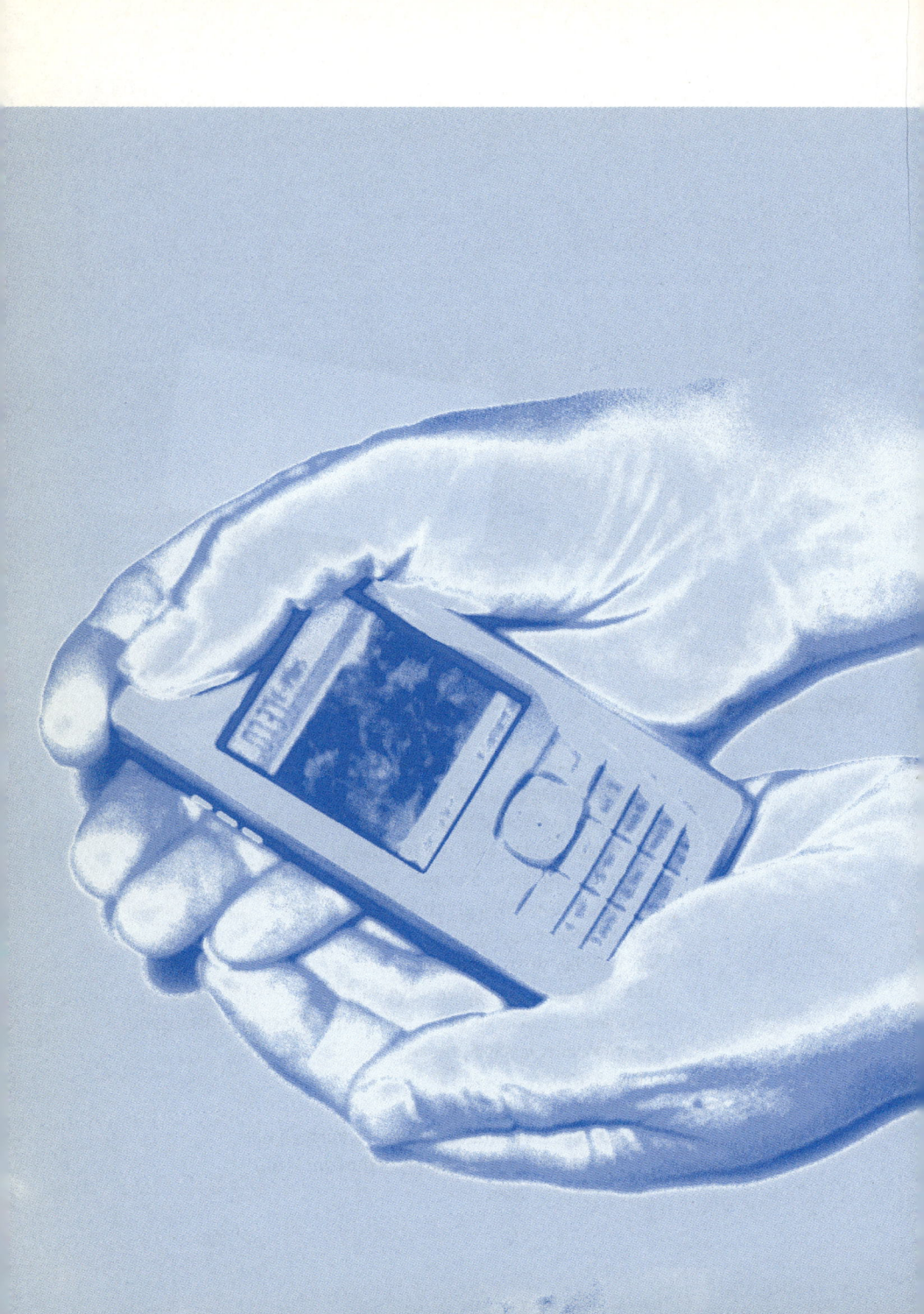

WERNER FAULSTICH

Medien-
geschichte

von 1700 bis ins
3. Jahrtausend

Mit 27 Abbildungen

Vandenhoeck & Ruprecht

Werner Faulstich, Jg. 1946; Studium Germanistik, Anglistik, Amerikanistik, Philosophie, Theologie; Promotion 1973 über »Bestseller« (Universität Frankfurt/Main); Habilitation 1981 über »Medienästhetik« (Universität Tübingen), Venia legendi 1981 für Medienwissenschaft und Englische Philologie; apl. Prof. 1987 (Universität Siegen); seit 1989 Lehrstuhl für Medienwissenschaft (Universität Lüneburg), seit 1990 Leiter des IfAM-Instituts für Angewandte Medienforschung; Gutachtertätigkeit.

Zahlreiche Monographien, Studienbücher, Sammelbände, Aufsätze, Vorträge, Forschungsprojekte; Lehre im In- und Ausland; derzeitige Arbeitsschwerpunkte: Mediengeschichte, Das Alltagsmedium Blatt, Kulturgeschichte des 20. Jahrhunderts, Medientheorie.

Bibliografische Information Der Deutschen Bibliothek
Die Deutsche Bibliothek verzeichnet diese Publikation in der Deutschen Nationalbibliografie; detaillierte bibliografische Daten sind im Internet über <http://dnb.ddb.de> abrufbar.
ISBN 3-8252-2740-5 (UTB)
ISBN 3-525-03221-6 (Vandenhoeck & Ruprecht)

© 2006 Vandenhoeck & Ruprecht GmbH & Co. KG, Göttingen.
Internet: www.v-r.de
Alle Rechte vorbehalten. Das Werk einschließlich seiner Teile ist urheberrechtlich geschützt. Jede Verwertung außerhalb der engen Grenzen des Urheberrechtsgesetzes ist ohne Zustimmung des Verlages unzulässig und strafbar. Das gilt insbesondere für Vervielfältigungen, Übersetzungen, Mikroverfilmungen und die Einspeisung und Verarbeitung in elektronischen Systemen.
Printed in Germany.
Layout und Umschlaggestaltung: Atelier Reichert, Stuttgart
Satz: Dörlemann Satz, Lemförde
Druck und Bindung: Ebner & Spiegel, Ulm
ISBN 3-8252-2740-5 (**UTB-Bestellnummer**)

Inhalt

Medium, Mediengeschichtsschreibung,
Mediengeschichten – einführende Bemerkungen
und Überblick   7

5. **Periode V: Die bürgerliche Gesellschaft
   (1700–1830)** 15
5.1 Der Strukturwandel des Öffentlichen und die
    zentralen Funktionen der bürgerlichen Medienkultur . 16
5.2 Der Aufstieg des Mediums Zeitung 21
5.3 Die zunehmende Bedeutung der Werbung 25
5.4 Bürgerliche Usurpation der Primärmedien und
    neue Impulse 27
5.5 Das Jahrhundert des Briefs: der Privatbrief 32
5.6 Vom Kalender zum Almanach 37
5.7 Flugblatt und Flugschrift im politischen System 41
5.8 Der Literaturbetrieb als Markt 43
5.9 Die Zeitschrift als Schlüsselmedium der bürgerlichen
    Gesellschaft 50

6. **Periode VI: Medienwandel im Industrie- und
   Massenzeitalter (1830–1900)** 59
6.1 Von den Druckmedien zu den elektronischen
    Medien: die dritte Medienrevolution 61
6.2 Zeitung und Journalismus als System 66
6.3 Das »Zwischenmedium« Telegraf 70
6.4 Zeitschrift und Illustration 74
6.5 Die Fotografie – Medium des Kleinbürgers 79
6.6 Visualisierungsschübe: Bilderbogen, Blatt,
    Ansichtskarte, Plakat 83
6.7 Die neuen Medien Telefon und Schallplatte 90
6.8 Vom Buch zum Heft: transmediale Expansion 95
6.9 Die Anfänge des Films als komplexes System 101

7. **Periode VII: Die neue elektronische Welt
   (1900–1990)** 108
7.1 Zeitung und Zeitschrift bis zur Weimarer Republik . . . 110
7.2 Die neue Radioöffentlichkeit 116
7.3 Die politische Instrumentalisierung der Medien im
    Dritten Reich 121
7.4 Unterhaltungsmedien: 100 Jahre Film und Schallplatte   129
7.5 Entwicklungsphasen des Buchs: vom Kulturmedium
    über das Massenmedium bis zum Elitemedium 136
7.6 Alltagsmedien: Blatt, Heft, Brief, Foto, Plakat, Telefon . 141
7.7 Die Speichermedien Tonband/Kassette und Video als
    »Zwischenmedien« 146
7.8 Die Bedeutung der Presse für die demokratische
    Medienöffentlichkeit nach 1945 151
7.9 Die Ökonomisierung der Medien und das Fernsehen
    als Leitmedium 156

8. **Periode VIII: Ausblick – Globalisierung und
   Digitalisierung (1990–heute)** 165
8.1 Das Schlüsselmedium Computer 167
8.2 Das »Internet«: von Dienstleistungen zu neuen
    Einzelmedien 171
8.3 Der Strukturwandel der Medienkultur 175

Lösungsvorschläge 181
Bildquellen 189
Register 190

Medium, Mediengeschichtsschreibung, Mediengeschichten – einführende Bemerkungen und Überblick

Das hier vorgestellte Modul »Mediengeschichte« bietet einen knappen Überblick als Bilanz. Es basiert auf einer umfangreichen, über einen Zeitraum von mehr als zehn Jahren vom Verfasser erstellten Geschichte der Medien, von der die ersten fünf Bände bereits erschienen sind und der sechste, abschließende Band derzeit vorbereitet wird. Bei diesem Projekt (vgl. das anschließende kommentierte Literaturverzeichnis) wurden erstmals die Erträge von Tausenden von Teilstudien zu den verschiedensten Aspekten der Mediengeschichte recherchiert, geprüft, selektiert, gebündelt, gewichtet und integriert zu einem systematischen Überblick über die gesamte Mediengeschichte von 1700 bis heute. Die folgende Kurzfassung ist für Leserinnen und Leser gedacht, die sich ohne umfangreiches Vorwissen in einem ersten Zugriff rasch informieren wollen. Für ein weitergehendes Interesse sei verwiesen auf die Langfassung, die im Folgenden nicht mehr angegeben wird, sowie die jeweils themenspezifisch genannte Spezialliteratur. Für die Zeit vor 1700, beginnend mit den ältesten verfügbaren Quellen, sei verwiesen auf den Band »Mediengeschichte von den Anfängen bis 1700« (UTB 2739).

Kurzfassung

Langfassung

Mediengeschichte darf nicht als Kommunikationsgeschichte missverstanden werden. Kommunikationsgeschichte verwendet in aller Regel völlig unterschiedliche und disparate Medienbegriffe wie Sprache, Schrift, Technik, Ästhetik, Werbung oder Fernsehen und vermischt sie miteinander, wobei das eingrenzende Kriterium verloren geht: Eigentlich kann alles als Kommunikation bewertet werden und der Beliebigkeit ist Tür und Tor geöffnet. Im Folgenden wird stattdessen Medienge-

Kommunikations- versus Medienkulturgeschichte

> **Definition**
>
> Ein Medium ist ein institutionalisiertes System um einen organisierten Kommunikationskanal von spezifischem Leistungsvermögen mit gesellschaftlicher Dominanz.

schichte als Medienkulturgeschichte verstanden. Das bedeutet vor allem zweierlei: einen präzisen Medienbegriff und einen methodischen Fokus auf die Funktionalität von Medien im gesellschaftlichen Teilsystem Kultur. Beides soll kurz erläutert werden.

Medium als Begriff

Ein Medium wird hier definiert als ein problemlösendes System (Ulrich Saxer).

Medien sind komplexe, etablierte Vermittlungseinrichtungen, die Kommunikation organisieren und regulieren, sie nach unterschiedlichen Gesetzmäßigkeiten und konkreten Sinnvorgaben beeinflussen und permanenter Veränderung unterliegen, also entstehen, sich verändern und auch wieder verschwinden.

Schlüsselfrage

Man könnte vereinfachend sagen, diese Medienkulturgeschichte zielt auf die Beantwortung einer Schlüsselfrage: In welchen Perioden und in welchen Formen haben welche Medien welche Steuerungs- und Orientierungsfunktionen in kulturellen und gesellschaftlichen Wandlungsprozessen übernommen, warum, wozu und wie?

Vier Mediengruppen

Man unterscheidet bei den Medien pragmatisch in Primär-, Sekundär- und Tertiärmedien (Harry Pross), wobei heute die Gruppe der Quartärmedien zu ergänzen wäre. *Primärmedien* werden auch als »Menschmedien« bezeichnet, d.h. es handelt sich hier um soziale Rollen, die sich zu medialen Systemen organisiert und institutionalisiert haben und genuine Medienfunktionen wahrnehmen (z.B. Sänger, Theater). *Sekundärmedien* sind die allseits bekannten Druckmedien (z.B. Zeitung, Buch), *Tertiärmedien* die immer noch maßgeblichen elektronischen Medien des 20. Jahrhunderts (z.B. Radio, Fernsehen), *Quartärmedien* die »neuen« oder digitalen Medien (z.B. Computer, World Wide Web). Mit der Entstehung, Verbreitung und Dominanz jeder dieser Gruppen (sowie gegebenenfalls ihrem Niedergang) lassen sich schematisch vier große Phasen der Kulturgeschichte unterscheiden:

Merksatz

Medienkulturgeschichte beschreibt die Rolle von Kommunikationsmedien im kulturellen und gesellschaftlichen Wandel von den Anfängen bis heute.

▶ Phase A mit der Dominanz der Primärmedien von den Anfängen bis etwa 1500; Menschmedien waren überwiegend Kleingruppen-Medien nach dem Prinzip der Allokation, d.h. der räumlichen Präsenz.

► Phase B mit der Verlagerung der Dominanz auf die Sekundärmedien von 1500 bis etwa 1900; Druckmedien waren zunächst Individual- bzw. Kleingruppen- und später Massenmedien in regionalen und nationalen Teilöffentlichkeiten.
► Phase C mit der Verlagerung der Dominanz auf die Tertiärmedien von 1900 bis etwa 1990; elektronische Medien waren überwiegend Massenmedien in nationalen und surpanationalen Räumen.
► Schließlich Phase D mit der bereits einsetzenden Verlagerung der Dominanz auf die Quartärmedien, speziell den Computer und die Netzmedien, mit Blick auf eine im Prinzip globale Öffentlichkeit.

Überblick: acht Perioden der Medienkulturgeschichte

Periode I	–2500 v.u.Z.	Die Anfänge
Periode II	2500 v.u.Z.–800 u.Z.	Die Hochkulturen der Antike
Periode III	800–1400	Das christliche Mittelalter
Periode IV	1400–1700	Die frühe Neuzeit
Periode V	1700–1830	Die bürgerliche Gesellschaft
Periode VI	1830–1900	Medienwandel im Industrie- und Massenzeitalter
Periode VII	1900–1990	Die neue elektronische Welt
Periode VIII	1990–heute	Ausblick: Globalisierung und Digitalisierung

Die Kriterien für diese Zäsurbildung, die von den üblichen (politik-, wirtschafts-, sozialbezogenen) Konzepten der Geschichtsschreibung zum Teil abweichen, werden noch im Einzelnen zu erläutern sein. Die Perioden unterscheiden sich zentral durch die verschiedenartigen Funktionen von Medien bzw. die Lösung von stets neu entstehenden gesellschaftlichen Problemen, die mit den »alten« Medien nicht zu bewältigen waren. Sie lassen sich auch dann nachweisen, wenn im Verlauf der Darstellung – wie hier – der Fokus zunehmend auf Europa, den deutschen Sprachraum und schließlich die Bundesrepublik bzw. Deutschland eingeengt wird.

Ein schematischer Abriss der Mediengeschichte nach Mediengruppen und ihrer Dominanz (vgl. Seite 12 f.) erlaubt einen vorläufigen Gesamtüberblick.

Schematischer Abriss

Weiterführende Literatur

Winfried B. Lerg: Theorie der Kommunikationsgeschichte. In: Roland Burkart und Walter Hömberg (Hrsg.): Kommunikationstheorien. Wien 1992, S. 204–229
Programmatische Positionsbestimmung von Kommunikationsgeschichte im Unterschied zu Medien(kultur)geschichte. Vgl. auch die einschlägigen Themenhefte der Zeitschrift »Medien & Zeit« (1982, H. 3; 1992, H. 2+3).

Werner Faulstich: Die Geschichte der Medien. Göttingen 1996 ff. (bisher 5 Bde.)
Erster umfassender Versuch einer forschungsfundierten Medienkulturgeschichte als Systemgeschichte von den Anfängen bis heute: »Das Medium als Kult. Von den Anfängen bis zur Spätantike (8. Jh.)« (1997), »Medien und Öffentlichkeiten im Mittelalter (800–1400)« (1997), »Medien zwischen Herrschaft und Revolte (1400–1700)« (1998), »Die bürgerliche Mediengesellschaft (1700–1830)« (2002), »Medienwandel im Industrie- und Massenzeitalter (1830–1900)« (2004), Mediale Weltveränderungen (20. Jh.) (erscheint 2007). Die folgende Kurzfassung bezieht sich kontinuierlich auf diese mehrbändige Langfassung, auch wenn die Bände nicht immer wieder genannt werden.

Manfred Faßler und Wulf R. Halbach (Hrsg.): Geschichte der Medien. München 1998
Sammelband mit zehn Einzelbeiträgen zu Themen wie »Medium Literatur«, »Schrift und Bild«, »Bildende Künste«, »Telefon«, »Computergrafik« und »Netzwerke«.

Michel Frizot (Hrsg.): Neue Geschichte der Photographie. Köln 1998
Sammelband mit vielen Einzelbeiträgen zu Aspekten und Perioden der Fotogeschichte – als Beispiel für eine der zahlreichen Einzelmediengeschichten, wie sie auch zu Medien wie Theater, Film, Fernsehen und Computer vorgelegt wurden.

Jürgen Wilke (Hrsg.): Mediengeschichte der Bundesrepublik Deutschland. Bonn 1999
Umfangreicher Sammelband mit 28 Einzelbeiträgen zu Mediengeschichte aus publizistik- und kommunikationswissenschaftlicher Sicht, eingeschränkt auf die Zeit von 1945 bis 1990, im Auftrag der Bundeszentrale für politische Bildung.

Hans H. Hiebel, Heinz Hiebler, Karl Kogler und Herwig Walitsch: Große Medienchronik: Technik und Leistung, Entstehung und Geschichte neuzeitlicher Medien. München 1999
Umfangreiche annalistische Mediengeschichte nach entsprechenden Vorbildern von Lutz Haucke, Werner Faulstich/Corinna Rückert und vielen anderen.

Werner Faulstich: »Jetzt geht die Welt zugrunde ...« Kulturkritik, »Kulturschocks« und Mediengeschichte. Vom antiken Theater bis zu Multimedia (1997). In: Ders., Medienkulturen. München 2000, S. 171–188
Versuch einer Aufarbeitung von »Kulturschocks« als Reaktionen auf Medienrevolutionen vom antiken Theater bis zu den neuen digitalen Medien.

Jürgen Wilke: Grundzüge der Medien- und Kommunikationsgeschichte. Von den Anfängen bis ins 20. Jahrhundert. Köln 2000.
Exemplarischer Ansatz einer Mediengeschichte, eingeschränkt auf »Pressegeschichte«, unter Akzentuierung politischer und juristischer Aspekte, vom 17. bis zum Anfang des 20. Jahrhunderts.

Jochen Hörisch: Der Sinn und die Sinne. Eine Geschichte der Medien. Frankfurt/Main 2001
Beispiel für eine subjektive, willkürlich konstruierte Mediengeschichte mit Medien wie Schrift, Buchdruck, Hostie, Münze, Film, Radio, Fernsehen und Internet.

Dieter Prokop: Der Kampf um die Medien. Das Geschichtsbuch der neuen kritischen Medienforschung. Hamburg 2001
Beispiel für eine stark selektive und verzerrte Mediengeschichte, hier linkslastiger ideologischer Provenienz, mit Akzenten auf Solidarisierung und Macht- und Wirtschaftsstrukturen.

Asa Briggs and Peter Burke: A Social History of the Media. From Gutenberg to the Internet. Cambridge 2002
Versuch einer narrativen Gesamtdarstellung von den Print- zu den digitalen Medien, allerdings ohne Berücksichtigung vieler wichtiger medienhistorischer Fachbeiträge.

Werner Faulstich (Hrsg.): Kulturgeschichte des 20. Jahrhunderts. München 2002ff.
Sammelbände nach Jahrzehnten mit je 15 bis 20 Einzelbeiträgen zu den wichtigsten Facetten des kulturellen Wandels, jeweils mit besonderer Berücksichtigung der Medien als Steuerungs- und Orientierungsinstanzen. Bislang die Bände »Die Kultur der 50er Jahre« (2002), »Die Kultur der 60er Jahre« (2003), »Die Kultur der 70er Jahre« (2004) und »Die Kultur der 80er Jahre« (2005).

Friedrich Kittler: Optische Medien. Berliner Vorlesung 1999. Berlin 2002
Sehr eigenwillige, essayistische Darstellung ausgewählter Aspekte unter den Überschriften: Camera obscura, Laterna magica, Aufklärung und Bilderkrieg, Optische Medien, Film, Fernsehen, Computer, ohne Bezug zum jeweiligen Forschungsstand.

Werner Faulstich: Mediengeschichte. In: Ders., Einführung in die Medienwissenschaft. München 2003, S. 155–210
Knapper Gesamtüberblick über zehn verschiedene Ansätze der Mediengeschichtsschreibung am Beispiel der Fotogeschichte und eine Übersicht über Medienkulturgeschichte als Systemgeschichte, mit weiterführender Spezialliteratur.

Albert Kümmel, Leander Scholz, Eckhard Schumacher: Einführung in die Geschichte der Medien. Paderborn 2004
Sammelband mit zehn Beiträgen u.a. zu »Buchdruck«, Fotografie, Fernsehen, Video und World Wide Web, mit dem Akzent weniger auf Medien als vielmehr auf Mediendiskursen.

Schematischer Abriss der Mediengeschichte nach Mediengruppen und ihrer Dominanz

	1. Archaische Periode	2. Multiple hochkulturelle Periode	3. Christliches Mittelalter	4. Frühe Neuzeit
Primärmedien	Frau Heilige Hochzeit/Fest Opferritual Tanz Brief Priester	Fest Theater Tanz Brief Schamane Seherin Prophet etc. Lehrer Aoide/Rhapsode	Fest Kirchen-/Marktplatztheater Prediger/ Bettelmönche Magister Sänger Hofnarr Erzähler/in Fahrende	Fest Theater Tanz Prediger Lehrer Sänger Herold Erzähler/in
Gestaltungs-/Schreibmedien	Wand Brief Rolle Token Relief Pyramide Obelisk Skulptur Stele	Wand Brief Rolle Tafel/Ostrakon Kodex/Buch	Wand Brief Buch Blatt (Kathedrale) (Glasfenster)	Wand Brief Blatt Schloss Park
Druckmedien				Zeitung Blatt Buch Plakat Flugschrift Kalender Brief
Elektronische Medien				
Digitale Medien				

Schematischer Abriss der Mediengeschichte nach Mediengruppen und ihrer Dominanz

	5. Bürgerliche Gesellschaft	6. Industrie und Massenzeitalter (19. Jh.)	7. Die neue elektronische Welt	8. Globalisierung und Digitalisierung (1990 ff.)
Primärmedien	Theater (Prediger) (Ausrufer)	Theater		
Gestaltungs-/ Schreibmedien	Wand Brief Blatt Schloss Park	Wand Brief Blatt	(Wand) Brief Blatt	
Druckmedien	Zeitung Blatt Buch Plakat Almanach Kalender Zeitschrift Brief	Zeitung Blatt Buch Plakat Heft Bilderbogen Zeitschrift	Zeitung Blatt Buch Plakat Heft Zeitschrift	
Elektronische Medien		Telegraph Fotografie Telefon Schallplatte Film	(Telegraph) Fotografie Telefon/Handy Tonträger Film Radio Fernsehen Video	
Digitale Medien				Computer (Multimedia) World Wide Web Intranet/ Extranet E-Mail Chat

Periode V: Die bürgerliche Gesellschaft (1700–1830)

5

Übersicht

5.1 Der Strukturwandel des Öffentlichen und die zentralen Funktionen der bürgerlichen Medienkultur

5.2 Der Aufstieg des Mediums Zeitung

5.3 Die zunehmende Bedeutung der Werbung

5.4 Bürgerliche Usurpation der Primärmedien und neue Impulse

5.5 Das Jahrhundert des Briefs: der Privatbrief

5.6 Vom Kalender zum Almanach

5.7 Flugblatt und Flugschrift im politischen System

5.8 Der Literaturbetrieb als Markt

5.9 Die Zeitschrift als Schlüsselmedium der bürgerlichen Gesellschaft

Nach dem Umschwung von der Dominanz der Primärmedien zur Dominanz der Sekundärmedien in der vierten Periode der Mediengeschichte – der zweiten Revolution in der Medienkulturgeschichte – zeigt sich das 18. Jahrhundert (hier stets gerechnet bis etwa 1830) als die Blüte und Hochzeit der Druckmedien, verbunden mit der Herausbildung und Herrschaft des Bürgertums. Wieder wirkte sich binnenstrukturell ein demoskopischer Einschnitt in Form einer Zunahme der Bevölkerung in Europa und Deutschland ab 1750 – von etwa 16 Millionen auf über 25 Millionen – als wesentlicher Schub für medienkulturelle Neuerungen aus, insbesondere für den Boom des Briefs als Medium privater Kommunikation, für die sprunghafte Ausdifferenzierung des Buch- und Literaturmarktes und für die Entstehung des neuen Mediums Zeitschrift.

Die Zahl der gesellschaftlich relevanten Einzelmedien ging zurück von 20 auf 12; davon waren allein 8 Druckmedien, die somit absolute Dominanz erhielten. Charakteristisch war zugleich deren intensiver Verbund. Verleger brachten nicht nur Bücher heraus, sondern auch Zeitschriften und Zeitungen. Autoren schrieben nicht nur in Büchern und Kalendern, sondern auch in Almanachen, in Zeitschriften und per Brief. Buchhändler vertrieben auch Zeitschriften und Hefte. Und Leser bedienten sich aller Druckmedien bis hin zu Plakat und Flugblatt.

Wenn im Folgenden zunächst übergreifend die bürgerliche Öffentlichkeit als ein neues Forum vorgestellt und dann im Einzelnen die Veränderungen bei den verschiedenen Einzelmedien aufgezeigt werden, darf der ausgeprägte Verbundcharakter des gesamten Mediensystems dieser Zeit nicht vergessen werden.

Merksatz

Die bürgerliche Medienkultur des 18. Jahrhunderts war die Kultur einer numerisch reduzierten Gruppe von Medien, darunter hauptsächlich Druckmedien, in integrativer Verflechtung miteinander.

5.1 | Der Strukturwandel des Öffentlichen und die zentralen Funktionen der bürgerlichen Medienkultur

Vom Strukturwandel der Öffentlichkeit ...

... zum Strukturwandel des Öffentlichen

Jahrzehntelang hat man für das 18. Jahrhundert mehr oder weniger kritiklos die Konzeption eines »Strukturwandels der Öffentlichkeit« (Jürgen Habermas) übernommen, nach der sich die bürgerliche Teilöffentlichkeit über eine so genannte »literarische Öffentlichkeit« zur gesamtgesellschaftlich dominanten Öffentlichkeit verändert hat. Das wurde jedoch inzwischen in zahlreichen Aspekten kritisiert und zum Teil auch widerlegt. Im Folgenden wird deshalb vom »Strukturwandel des Öffentlichen« gesprochen. Der Unterschied liegt darin, dass zunächst einmal die unterschiedlichen Entwicklungsstadien beschrieben werden sollen, um erst dann die Frage nach dem strukturellen Wandel und seinem Movens zu beantworten. Dabei werden Kommunikation und Medien ins Zentrum der Aufmerksamkeit gerückt.

Um 1700 gab es nicht »die« Öffentlichkeit, sondern eine Vielzahl, mindestens fünf verschiedene Teilöffentlichkeiten: erstens die höfisch-repräsentative Öffentlichkeit der schmalen Schicht des Adels, zweitens die religiöse oder Glaubensöffentlichkeit der Konfessionen und der Geistlichkeit, drittens die bürgerliche Öffentlichkeit in den Städten, viertens die standesspezifische Öffentlichkeit der verschiedenen Zünfte, fünftens die regional und lokal abgegrenzte Öffentlichkeit des Dorfes, der ländlichen Ortschaft. Man könnte noch weiter unterscheiden etwa gemäß der Hierarchisierung der verschiedenen Zunftöffentlichkeiten, zwischen der Öffentlichkeit des »ganzen Hauses« gegenüber der städtischen und der dörflichen Öffentlichkeit usw. Höchste gesellschaftliche Relevanz kam zum Beginn dieser Periode noch der »repräsentativen Öffentlichkeit« des absolutistischen Staates mit seiner Arkanpolitik zu, d. h. die Politik des Fürsten war geheim; was seine Verwaltung den Untertanen mitteilte, galt als öffentlich; und die wirtschaftlichen Aktivitäten der städtischen Bürger wurden als privat betrachtet.

1700: Repräsentative Öffentlichkeit

Bei der bürgerlichen Öffentlichkeit spielten nur zwei dominante Gruppen eine Rolle: die Kaufmannschaft und das aufstrebende Bildungsbürgertum.

▶ Die *Kaufleute* waren geprägt von individualbezogenen Arbeitsprinzipien und Grundwerten (Nützlichkeit, »Arbeitsamkeit«, Vernunftorientiertheit, mündige Selbstbestimmung, neue Sittlichkeit usw.), die in einem fundamentalen Mentalitätswandel Allgemeingültigkeit erfuhren. Die wirtschaftlichen Aktivitäten der Bürger unterliefen gewissermaßen die traditionelle Dualität von geheim und öffentlich.

▶ An die Stelle von Warenbesitz und wirtschaftlichem Streben setzten die bürgerlichen Aufsteiger die Bildung. Die *Bildungsbürger* grenzten sich damit sowohl von Geburtsaristokratie und Besitzreichtum des Adels als auch von den unteren Schichten der Handwerker, Kleinbürger, Bauern und Bediensteten ab. Sie waren »geistige Elite«, »kultiviert« statt »tituliert« und sozial privilegiert. Ihre maßgeblichen Werte waren intellektuelle Mobilität, selbstständiges Denken, mündiges Handeln, Gleichheit, Freiheit, Individualität und Toleranz unter der übergreifenden Chiffre der Aufklärung. Hier wurde der geistige Überbau der neuen kapitalistischen Wirtschaftsordnung der modernen Gesellschaft ausgebildet: Der ökonomische Egoist erhielt seine Legitimation als autonomes Subjekt. Bildung wurde als Kulturtechnik in den Dienst wirtschaftlicher Interessen gestellt.

Dieses neue bürgerliche Selbstverständnis wurde in zahlreichen Formen von Geselligkeit und Diskursen, in Vereinen, Salons, Universitäten, Bibliotheken, Lesegesellschaften, Kaffeehäusern, Börsen und Messen ausgebildet, verbreitet und konsolidiert. Das entscheidende Forum dafür lieferten die Druckmedien. Austausch und Verständigung auf die zentralen bürgerlichen Werte und ihre Integration bis hin zur Ausbildung einer »bürgerlichen Identität« als neuer urbaner Klasse einer übergreifend vernetzten Waren- und Informationsgesellschaft um 1830 vollzogen sich über die Medien Zeitung, Brief, Flugblatt, Buch und vor allem Zeitschrift. Nicht »die Öffentlichkeit« hat sich gewandelt und dabei neue Medien generiert, sondern umgekehrt hat erst der Medienwandel den Strukturwandel des Öffentlichen ermöglicht.

1830: Bürgerliche Öffentlichkeit

Vom absolutistischen Geheimen ...

Allerdings unterlag auch diese neue bürgerliche Sphäre einem Wandel. Während die ursprünglich private bzw. privatwirtschaftliche Öffentlichkeit ihren Privatcharakter verlor und übergreifende Bedeutung als Marktöffentlichkeit erlangte, entstand als neuer Gegenpol der nicht öffentliche Bereich der bürgerlichen Kleinfamilie. Der Wandel »des Öffentlichen« verlief also nicht vom Repräsentativen zum Bürgerlichen, sondern quasi vom absolutistischen »Geheimen« zum neuen bürgerlichen »Privaten«. Man hat diese neue Privatsphäre auch als Frauen- oder Familienöffentlichkeit bezeichnet. Sie fundierte die Isolation der Frau und der Familie als programmatische Abgrenzung von der ökonomisch bestimmten neuen Öffentlichkeit. Die neue Handels- und Kommerzöffentlichkeit funktionalisierte also die Kleinfamilie als Hort der Regeneration, als freizeitlichen Fluchtpunkt, in dem das alles beherrschende Prinzip von Gewinnmaximierung und Eigennutz ausgesetzt war. Damit wurden die »Geschlechtscharaktere«

Gesetzesannahme

Fundamentale Umwälzungen einer Gesellschaft vollziehen sich nur nach Maßgabe oder in Begleitung eines grundlegenden Medienwandels – so wie die neue Identität des Bürgers bzw. die bürgerliche Gesellschaft im 18. Jahrhundert Resultat einer neuen Medienkultur war.

... zum neuen Privaten der bürgerlichen Kleinfamilie

in Form geschlechtsspezifischer Arbeitsteilung ausgebildet: die Frau (Abhängigkeit, Hingebung, Fühlen, Passivität) für das häusliche Leben und die private Reproduktion, der Mann (Selbstständigkeit, Kraft, Denken, Aktivität) für die gesellschaftliche Produktion draußen in der politischen Öffentlichkeit.

Epocheübergreifend dominierten entsprechend, im Unterschied zu den Medien als Kampfmedien in der frühen Neuzeit, ganz neue Funktionen. Die Medienkultur des bürgerlichen Zeitalters war von zwei komplementären Funktionen gekennzeichnet: Erstens waren die Medien Instrumente und Ausdruck der Emanzipation des Bürgertums, der Abgrenzung der Bürger von der herrschenden Adelsklasse nach oben und vom gemeinen Volk nach unten. Sie stifteten soziale Einheit und hatten identifikatorische Funktion. Zum Bürger wurde, wer medienkulturell integriert war, d.h. wer an den Medien Zeitschrift, Buch, Zeitung, Brief in irgendeiner Form produktiv, distributiv oder rezeptiv beteiligt war. Mit der absoluten Dominanz der Printmedien war zugleich aber auch eine durchgängige Entsinnlichung der Kommunikation gegeben. Öffentliche Kommunikation in der bürgerlichen Gesellschaft bestand gemäß ihren dominanten Medien vor allem im Lesen, d.h. war nach den Prinzipien des Linearen, Diskursiven, Abstrakten organisiert. Mit ihrer Entsinnlichung zahlten die bürgerlichen Kommunikationsmedien den Preis für ihre erfolgreich identitätsstiftende Funktion.

Dominante Funktionen

– Identitätsstiftung

– Entsinnlichung

Weiterführende Literatur

Jürgen Habermas: Strukturwandel der Öffentlichkeit. (orig. 1962) Frankfurt/Main 1990
Klassische Studie als Ausgangspunkt der Debatte, mit einem neuen Vorwort des Verf. zur vielfältig geäußerten Kritik.

Helmut Möller: Die kleinbürgerliche Familie im 18. Jahrhundert. Verhalten und Gruppenkultur. Berlin 1969
Ältere, immer noch verwendbare Studie u.a. zu Sozialisationsprozessen des Kleinbürgers, Lebensstandards, Lebensformen, Orientierungssystemen und Stabilitätsproblemen.

Wolfgang Ruppert: Die Geburt der modernen deutschen Gesellschaft im 18. Jahrhundert. (Diss. München 1977) Frankfurt/Main 1980
Mit den Schwerpunkten auf der Lebenswelt des Bürgertums, der Öffentlichkeit und der Aufklärung.

Erich Schön: Der Verlust der Sinnlichkeit oder Die Verwandlungen des Lesers. Mentalitätswandel um 1800. Stuttgart 1987
Gute Beschreibung des Übergangs vom lauten Lesen und gemeinsamen Rezipieren zum Lesen im Freien und zum »einsamen Lesen«.

Hans-Ulrich Wehler: Deutsche Gesellschaftsgeschichte. Erster Band: Vom Feudalismus des Alten Reiches bis zur defensiven Modernisierung der Reformära, 1700–1815. 2. Aufl. München 1989
Standardwerk der Geschichtsschreibung.

Karin Hausen: Überlegungen zum geschlechtsspezifischen Strukturwandel der Öffentlichkeit. In: Ute Gerhard u. a. (Hrsg.), Differenz und Gleichheit. Menschenrechte haben (k)ein Geschlecht. Frankfurt/Main 1990, S. 268–282
Kritische Erörterung zum politischen Charakter des Privaten am Beispiel der Geschlechterrollen.

Andreas Gestrich: Absolutismus und Öffentlichkeit. Politische Kommunikation in Deutschland zu Beginn des 18. Jahrhunderts. Göttingen 1994
Studie zum Übergang von der absolutistischen zur bürgerlichen Öffentlichkeit, vom Geheimen zum Privaten.

Detlev Gaus: Geselligkeit und Gesellige. Bildung, Bildungsbürgertum und bildungsbürgerliche Kultur um 1800. Stuttgart 1998
Gute Fallstudie mit den Berliner Salons und ihren Gästen im Mittelpunkt.

Werner Faulstich: Die Entstehung von »Liebe« als Kulturmedium im 18. Jahrhundert. In: Werner Faulstich und Jörn Glasenapp (Hrsg.), Liebe als Kulturmedium. München 2002, S. 23–56
Historiographische Verortung von Liebe als symbolisch generalisiertem Handlungsmedium des kulturellen Systems im 18. Jahrhundert, in Auseinandersetzung mit den alternativen Konzepten von Talcott Parsons und Niklas Luhmann.

Übungs- und Wiederholungsfragen

1. Was gab, ähnlich wie in früheren Perioden, den medienkulturellen Neuerungen des 18. Jahrhunderts einen wesentlichen Schub?
2. Welche drei Merkmale charakterisieren die bürgerliche Medienkultur des 18. Jahrhunderts im Unterschied zur vorangegangenen Periode?
3. Welche zwei sozialen Gruppen spielten bei der Herausbildung der bürgerlichen Öffentlichkeit die entscheidende Rolle?
4. Benennen Sie den zweifachen Strukturwandel des Öffentlichen von 1700 bis 1830.
5. Wie lauten die beiden komplementären Funktionen der bürgerlichen Medienkultur?

Weiterführende Arbeitsaufgaben
▶ Worin bestehen die Unterschiede zwischen einem »Medienverbund«, einem »Medienproduktverbund« und »Media-tie-ins«?
▶ Erarbeiten Sie Ähnlichkeiten und Unterschiede der Bildungsbegriffe der Antike, der bürgerlichen Gesellschaft und der heutigen globalen Gesellschaft.
▶ Vergleichen Sie die Rolle der Frau und ihre soziale Stellung und Funktion im Mittelalter, im Bürgertum und heute miteinander. Was hat sich warum (nicht) verändert?

Der Aufstieg des Mediums Zeitung 5.2

Erstes wichtiges Medium für den Aufstieg des städtischen Bürgertums war die Zeitung, auch wenn sich Zeitungen formal nur sehr allmählich änderten. Eingehende Nachrichten wurden nach wie vor unter Angabe von Ort und Datum aneinandergereiht, ohne Überschriften, Gruppierung oder sonstige redaktionelle Gestaltung. Der Stil war primär immer noch faktographisch und neutral, kaum persönlich wertend. Alle Zeitungen waren kontinuierlich auch weiterhin von Zensurmaßnahmen betroffen. Als Medium nahm die Zeitung jedoch deutlich an Verbreitung und Bedeutung zu. Der Umfang des einzelnen Blattes wuchs allmählich von vier bis auf acht Seiten. Die Erscheinungsweise steigerte sich langsam von zweimal auf viermal wöchentlich. Die Zahl der Zeitungsunternehmen und der Zeitungsleser verzehnfachte sich.

Dabei war die Zeitung von Ausdifferenzierung geprägt. Man kann drei verschiedene Zeitungstypen unterscheiden: die politischen Zeitungen, die neuen Anzeigenblätter und die Wochenzeitungen.

Drei Zeitungstypen

Bei den *politischen Zeitungen* dominierte quantitativ der »Hamburgische unpartheyische Correspondent«. Alle Zeitungen zusammen genommen erreichten im späten 18. Jahrhundert rund drei Millionen Menschen, d.h. etwa die Hälfte derer, die als Nutzer politischer Information überhaupt in Frage kamen (Jürgen Wilke). Es dominierten Berichte über militärisch-politische Themen, bevorzugt aus dem Ausland. Für das aufstrebende Bürger-

– politische Zeitungen

tum war das eine »Säkularisation des Politischen« (Johannes Weber), d.h. die früheren Aktionen der Mächtigen verloren ihre Aura höherer Lenkung und zeigten sich als mühevolles, menschliches Alltagsgeschäft wie jedes andere – Politik rückte in die Reichweite von jedermann.

– Intelligenzblätter

Den zweiten Zeitungstypus stellten die Anzeigenblätter oder *Intelligenzblätter* dar. Anzeigen in Zeitungen hatte es bereits im 17. Jahrhundert gegeben, aber erst 1722 erschien mit den »Wochentlichen Frag- und Anzeigungs-Nachrichten« das erste deutsche Intelligenzblatt, das ausschließlich aus Anzeigen bestand (Such-, Auktions-, Stellen-, Werbeanzeigen usw.). Intelligenzblätter hatten zwei Funktionen: erstens die Ankurbelung von Wirtschaft und Markt und zweitens die herrschaftskonforme Information von Beamten, Pfarrern, Magistraten, Zünften usw. durch die Behörden. Der Exklusivcharakter der Intelligenzblätter wurde dadurch gewährleistet, dass andere Zeitungen keine Anzeigen bringen durften und dass die Zielgruppe der Behördennachrichten zum Abonnement praktisch verpflichtet war. Gelehrte und Professoren mussten überdies Beiträge schreiben, um die Attraktivität dieses Zeitungstyps zu erhöhen. Neben kommerzieller Werbung und den Edikten, Erlassen und Verordnungen der Behörden erschienen hier erstmals Privatanzeigen von Verlobungen und Eheschließungen (ab 1738), von Todesfällen (ab 1783) und von Geburten (ab 1793). Erst 1850 wurde der »Intelligenzzwang« gänzlich aufgehoben. Später entwickelte sich aus dem Intelligenzblatt der Typ des »Generalanzeigers« (vgl. Kap. 6.2).

– Wochenblätter

Schließlich gab es noch die *Wochenblätter*, die sich an die Unterschichten und das breite Volk speziell auf dem Land wandten. Das waren Bauern- und Dorfzeitungen mit sehr beschränkter Reichweite, teils belehrend-unterhaltend, teils politisch in volkstümlicher Sprache, teils auch wissenschaftlich-landwirtschaftlich orientiert. Sie sind bislang noch wenig erforscht und dürfen in ihrer Steuerungs- und Orientierungsfunktion auch für Nichtleser nicht unterschätzt werden.

Funktionen des Mediums Zeitung

Die Zeitung damals diente erstens und vor allem dem politischen und auch alltagsbezogenen Informieren, zweitens dem interessegebundenen Werben und drittens dem Meinungsbilden: als ein Forum der bürgerlichen Willensbildung. Übergeordnet zur Informations-, Werbe- und Bildungsfunktion gilt der Schlüsselbegriff »Horizonterweiterung« im Sinne der erwähnten bürgerlichen Identitätssuche.

Die Zunahme des Zeitungslesens wurde häufig als »Sucht« verspottet oder aus pädagogischer Absicht angeprangert, zumal Zeitungslektüre überall üblich wurde, in Kanzleien und Magistraten, in Kaffeehäusern und Wirtsstuben, in den Gasthöfen und Schenken, in den Schulen und Universitäten, in den Abonnementgemeinschaften, Lesegesellschaften und in den bürgerlichen Familien – selbst auf dem Land, wo etwa der Pastor einem Publikum die neuesten Zeitungsnachrichten vorlas.

Der wichtigste Befund zum Aufstieg der Zeitung lautet: In der fünften Periode der Mediengeschichte entwickelte sich die Zeitung, als das Periodikum mit den höchsten Auflagen, zu einem stände-, schichten-, gruppen- und teilöffentlichkeitsübergreifenden Medium.

| Abb 1

Der Pfarrer auf dem Dorf liest die Zeitung vor (um 1830)

> **Merksatz**
>
> **Die Bedeutung der Zeitung im 18. Jahrhundert lag in ihrem Aufstieg zum gesamtgesellschaftlichen Medium, d.h. sie stimulierte wie kein zweites Medium die Entwicklung zu einer *gesamtgesellschaftlichen* Öffentlichkeit.**

Weiterführende Literatur

Margot Lindemann: Deutsche Presse bis 1815. Geschichte der deutschen Presse, Teil I. Berlin 1969, 1988
Älteres Standardwerk, in der Darstellung unterschieden nach den Einzelmedien Zeitung und Zeitschrift.

Martin Welke: Zeitung und Öffentlichkeit im 18. Jahrhundert. In: Presse und Geschichte. Beiträge zur historischen Kommunikationsforschung. München 1977, S. 71–99
Knappe Darstellung der irrtümlichen These, die Zeitung sei wichtigstes gedrucktes Kommunikationsmittel des 18. Jahrhunderts, auch gegenüber der Zeitschrift.

Wolfgang Kaschuba: Revolution als Spiegel. Reflexe der Französischen Revolution in deutscher Öffentlichkeit und Alltagskultur um 1800. In: Holger Böning (Hrsg.), Französische Revolution und deutsche Öffentlichkeit. Wandlungen in Presse und Alltagskultur am Ende des achtzehnten Jahrhunderts. München u.a. 1992, S. 381–398
Gute Fallstudie zur deutschen Wahrnehmung eines ausländischen Ereignisses als Medienereignis.

Brigitte Tolkemitt: Der Hamburgische Correspondent. Zur öffentlichen Verbreitung der Aufklärung in Deutschland. Tübingen 1995
Exemplarische Fallstudie mit Akzenten u. a. auf dem »Gelehrten Artikel«, Literaturkritik, dem Bürger als Patriot und dem Wandel des Frauenbildes.

Holger Böning: Das Intelligenzblatt. In: Ernst Fischer u. a. (Hrsg.), Von Almanach bis Zeitung. Ein Handbuch der Medien in Deutschland 1700–1800. München 1999, S. 89–104
Gute knappe Darstellung, Beitrag in einem wichtigen Sammelband mit besonderer Betonung des Mediums Zeitschrift.

Jürgen Wilke: Grundzüge der Medien- und Kommunikationsgeschichte. Von den Anfängen bis ins 20. Jahrhundert. Köln 2000
Übergreifende Pressegeschichte, unter Einbeziehung auch der Zeitschrift, mit besonderer Berücksichtigung politischer und rechtlicher Gesichtspunkte, bis in die Anfänge des 20. Jahrhunderts.

Übungs- und Wiederholungsfragen

6 Welche drei Zeitungstypen kann man für die bürgerliche Gesellschaft unterscheiden?
7 Welche Funktionen müssen der Zeitung damals zugeordnet werden?
8 Worin lag insgesamt die Bedeutung des Mediums Zeitung im 18. Jahrhundert?

Weiterführende Arbeitsaufgaben

▶ Vergleichen Sie die Ausgabe eines damaligen Intelligenzblattes mit der Ausgabe eines der heutigen kostenlosen Anzeigenblätter im Hinblick auf Formen, Inhalte und mutmaßliche Interessenten.
▶ Lesen Sie Ausgaben verschiedener Zeitungen aus derselben Woche und vergleichen Sie mit Blick auf Ähnlichkeiten und Unterschiede: Gab es damals bereits eine übergreifende »Presseöffentlichkeit«?
▶ Recherchieren Sie im Archiv Ihres Heimatortes, ob Zeitungen aus dem 18. Jahrhundert noch erhalten sind. Untersuchen Sie ggf. Formen, Inhalte und Funktionen in der gegebenen lokalen Öffentlichkeit.

Die zunehmende Bedeutung der Werbung 5.3

Die neue Marktöffentlichkeit des aufstrebenden Bürgertums stellte nicht nur den neuen Zeitungstypus »Intelligenzblatt« in seine Dienste, um die ökonomischen Interessen zu vertreten, sondern auch das Medium Plakat. Dafür stand die Wand in vielfältigen Formen zur Verfügung – Stadttore, Türen und Wände von öffentlichen Gebäuden wie Rathaus und Feuerwehrhaus, aber auch Ladengeschäfte und die Dorflinde auf dem zentralen Dorfplatz oder Marktplatz. In England fanden sich schon erste Beispiele der mobilen Wand, etwa als eine Art »Werbewagen«, in Frankreich auch eigens für Plakatkleber bereitgestellte Wände. Werbeplakate wurden auch in Deutschland derart üblich, dass man sich ähnlich wie beim Zeitungslesen über die Menschenballungen vor Plakatwänden und die unterstellte Neu»gier« lustig machte.

| Abb 2

Londoner Lotteriereklame auf einem Wagen (1826)

Plakate des 18. Jahrhunderts waren überwiegend Schriftplakate in kleineren Formen. Das lag daran, dass bei den Gestaltungstechniken der Holzschnitt bevorzugt wurde, nur selten der teure Kupferstich. Thematisch dominierten die politischen Verlautbarungen der Herrschenden, später ergänzt durch politische Informationen »von unten«, und die kommerzielle Werbung der Kaufmannschaft und Händler:

Zwei Themenkomplexe

Das *politische Plakat* stellte normativ Öffentlichkeit her; es zu beschädigen oder abzureißen wurde unter Strafe gestellt. Es ging dabei um Verbrecher-Steckbriefe, Proklamationen, Gesetzesverkündigungen, Erlasse aller Art, Verhaltensanweisungen und Arbeitsregeln für Zünfte, aber es finden sich auch Plakate etwa zum Anwerben von Soldaten – die stehenden Heere des absolutistischen Staates waren damals auf Freiwillige angewiesen. Als Medium politischer Meinungsäußerung von unten erlebte das Plakat mit der Propaganda

– Politische Plakate

Merksatz

Das Medium Plakat eignete sich schon im 18. Jahrhundert nicht nur als Verlautbarungsorgan der Herrschenden, sondern auch als Protest- und Propagandamedium des Volkes.

zur Französischen Revolution einen großen Aufschwung. Hier finden sich verstärkt auch Spottbilder und drastisch antikatholische, antifeudale, antimonarchische visuelle Botschaften.

– Kommerzielle Plakate

Das *kommerzielle Plakat*, ganz und gar der Werbung für Produkte und Dienstleistungen unterworfen, war bereits in vielfältigen Formen und Kontexten eingeführt: als Artisten- und Zirkusplakat, als Tierschauplakat, als Plakat für Schaustellungen menschlicher Abnormitäten oder als Plakat reisender Quacksalber und Wunderheiler. Es eroberte sich nun auch neue Bereiche wie insbesondere das Theater und den Tourismus. Aus der ursprünglichen bloßen Ankündigung einer Theatervorstellung wurde in der zweiten Hälfte des 18. Jahrhunderts eine richtige Werbung, eine Propaganda für Theateraufführungen. Das Theaterplakat ging dabei häufig einen engen Verbund mit dem Informations- und Werbeblatt ein. Ähnliches gilt übrigens auch für private Verlust- und Suchanzeigen in der Sphäre des lokalen Alltags. Im Tourismus entwickelte sich die Branchenwerbung. Wirtshäuser, Unterkünfte, Restaurants, Kaffeehäuser und Sehenswürdigkeiten unterschiedlichster Art begnügten sich nicht mehr mit Aushängeschildern, sondern bedienten sich für elaboriertere Werbemaßnahmen des Mediums Plakat. Im Zeitalter des Reisens, mit einem auf Weltläufigkeit und »Horizonterweiterung« ausgerichteten Bürgertum, drückte sich Bildung auch durch eine progressive Mediennutzung aus, die erneut das Medium Blatt (vgl. Kap. 5.7) einbezog.

Weiterführende Literatur

Walter von zur Westen: Reklamekunst aus zwei Jahrtausenden. Berlin 1925
Älteres, immer noch anregendes Standardwerk zur Geschichte der Werbung.

Hanns Buchli: 6000 Jahre Werbung. Geschichte der Wirtschaftswerbung und der Propaganda, Bd. II: Die Neuere Zeit. Berlin 1962; Band III: Das Zeitalter der Revolutionen. Berlin 1966
Standardwerk mit zahlreichen anschaulichen Beispielen.

Hellmut Rademacher: Das deutsche Plakat. Von den Anfängen bis zur Gegenwart. Dresden 1965 (DDR)
Ältere gute Darstellung von »Plakatkunst« aus der Perspektive sozialistischer Parteilichkeit.

Max Gallo: Geschichte der Plakate. Herrsching 1975
Ältere historische Standarddarstellung von 1789 bis 1970.

Hellmut Rademacher: Theaterplakate – ein internationaler historischer Überblick. Braunschweig 1989
Gute Fallstudie zu einem Segment der deutschen Plakatgeschichte unter Einbeziehung vor allem von Frankreich, Italien und England.

Übungs- und Wiederholungsfragen

9 Worin vor allem unterscheiden sich Plakate des 18. Jahrhunderts von heutigen?
10 Welche beiden Themenkomplexe dominierten auf Plakaten des 18. Jahrhunderts?

Weiterführende Arbeitsaufgaben

▶ Suchen Sie konkrete Beispiele für den kommerziell bestimmten Verbund von Plakat und Blatt in den Bereichen Theater und Tourismus im 18. Jahrhundert.
▶ Gewichten Sie vergleichend den gesellschaftlichen Stellenwert des Mediums Plakat im 18. und im 20. Jahrhundert. Beziehen Sie sich dabei nicht nur auf quantitative Aspekte, sondern auch auf unterschiedliche Gestaltung, unterschiedliche thematische Akzentuierung und verschiedene Zielgruppen und Rezeptionsformen.

Bürgerliche Usurpation der Primärmedien und neue Impulse   5.4 |

Die Verbürgerlichung der traditionellen Menschmedien bedeutete zum einen ihre Instrumentalisierung im Sinne des neuen Weltbildes, zum andern aber auch die ideologische Grundlegung der späteren elektronischen Medien. Beides kann hier nur kurz angedeutet werden. Die Usurpation und Umwandlung der klassischen Primärmedien stand dabei im Vordergrund.

Das absolutistische *Fest*, wie es bereits in der frühen Neuzeit (Kap. 4.6) etabliert war, und seine städtischen und ländlichen Varianten etwa in Form von Huldigungszeremonien erschienen im städtischen Raum, im Zeitalter der kritischen Vernunft, zu-

Vom Fest zur privaten Feier

> **Merksatz**
>
> Fest, Tanz, Prediger, Sänger, Lehrer und Erzählerin wurden vom aufstrebenden Bürgertum ausnahmslos übernommen und verloren dabei endgültig ihren Mediencharakter.

nehmend hohl und überholt. Aufgeklärte Feste waren nur noch denkbar als so genannte revolutionäre Feste (z.B. das Fest der Freiheit, das Fest des Volkes), als bürgerlich politische Feste (z.B. das deutsche Nationalfest 1814, das Hambacher Fest 1832), als auf Rekreation angelegte öffentliche Volksfeste (z.B. das Münchener Oktoberfest), als kollektiv reduzierte Vereinsfeste und schließlich als private Feier ganz und gar im häuslichen Raum.

Vom Menuett zum Walzer

Beim *Tanz* standen die Tänze der Handwerker und der unteren Stände dem bäuerlichen Tanz nahe, während sich die Geschlechtertänze des Großbürgertums stark an den höfischen Tanz anlehnten. Maßgeblich wurde dann der epochale Einschnitt zwischen 1770 und 1820 mit dem Schritt vom höfischen Menuett zum bürgerlichen Walzer (Henning Eichberg). Auch der Walzer wurde ständeübergreifend und »demokratisch«: ohne Tanzfiguren, Choreographie und den Vortänzer, auch ohne Trennung zwischen Tänzern und Zuschauern. Der Walzer wurde von Mann und Frau als »Privatleuten« getanzt, er war individualisiert und egalisiert.

Vom Herold zum Marktschreier

Der traditionelle *Herold* und Ausrufer verblieb noch teilweise als Sprachrohr der Obrigkeit, manifestierte sich aber verstärkt als Marktschreier eines mobilen Straßenhandels.

Vom Prediger zum klerikalen Parteigänger

Der *Prediger* geriet in Konkurrenz zum neuen Medium Zeitschrift, speziell zu den Moralischen Wochenschriften (vgl. Kap. 5.9), auch weil im Bürgertum an die Stelle von Autorität und Hierarchie eher die freie Selbstbestimmung trat. Der Prediger auf der Kanzel erschien in seiner Parteilichkeit für die Kirche eher rückständig, die von ihm bestimmte orale und emotional bestimmte Religionskultur trat gegenüber einer neuen literalen und rational bestimmten Bürgerkultur in den Hintergrund.

Vom Zeitungssänger zum bürgerlich-privaten Konzertsänger

Der *Sänger*, als Zeitungssänger, wurde von der Zeitung selbst abgelöst. Als Musiker diffundierte er zum Sujet bürgerlicher Literatur und zum Witzthema bzw. musste sich den Normen der gedruckten Noten unterwerfen.

Vom Schulmeister zum Beamten

Der *Lehrer* wurde mit Einführung der Schulpflicht und einem modernen Erziehungswesen schlicht verbeamtet – ein Beruf wie viele andere.

Die traditionelle *Erzählerin* bezog sich zunehmend auf das Buch, das wesentliche Aufgaben der oralen Tradierung und Unterhaltung übernahm. Der Performanzcharakter der Erzählung wurde im Wandel vom Erzählen zum Vorlesen aufgehoben.

Auch das *Theater* wandelte sich grundlegend, ohne freilich ebenfalls seinen Mediencharakter zu verlieren. Das Tanztheater entwickelte sich zum Ballett und wurde damit im Sinne von Körperbeherrschung (z.B. Spitzentanz) in die bürgerliche Sphäre von Kunst übergeführt. Das gilt auch für die Veränderung der höfischen Oper zum bürgerlichen Musiktheater. Das Sprechtheater schließlich stellte den Text als literarisches Kunstwerk ins Zentrum. Insofern wurde auch das Theater zum »Forum bürgerlicher Öffentlichkeit« (Erika Fischer-Lichte), mit der Neuerung des bürgerlichen Trauerspiels und seinen speziellen Konflikten und Tugenden zu einem »bürgerlichen Leitmedium« (Rainer Ruppert). Die Literarisierung nahm dem Theater seinen Live-Charakter und verwandelte Theatertheorie in Dramentheorie.

Gleichwohl stellte das bürgerliche Theater – als Nischenmedium – zugleich auch den Nährboden dar, aus dem sich völlig neue Medien entwickeln sollten. Man hat das auf die »Illusionsmächtigkeit« dieses Mediums zurückgeführt, geprägt von präsentischer Bildlichkeit und einer kollektiven Rezeptionssituation.

In Verbindung mit der Wand, etwa den Bilderzyklen der mittelalterlichen Glasfenster und den Schautafeln der späteren Bänkelsänger, sowie dem Kalender als normativer Richtschnur individuellen Handelns wurde das Theater zum Vorläufermedium der *Fotografie*. Das Schattenspiel brachte den Scherenschnitt und den so genannten Physionotrace hervor, einen ideo-

Von der Erzählerin zur Vorleserin

Vom Theater zum bürgerlichen Drama als literarischem Kunstwerk

| Abb 3

Die Erzählerin als Vorleserin

Das Theater als Nährboden für …

… Fotografie (Physionotrace)

logischen Vorläufer des späteren fotografischen Apparats. Der Physionotrace steht für das Bemühen um eine möglichst getreue Nachahmung von Wirklichkeit. Das auf Metallplatte eingravierte Porträt einer Person erschien als authentische visuelle Inszenierung des Selbst (vgl. Kap. 6.5).

Das Schattenspiel selbst war aber auch theatralisch, d.h. auf Inszenierung ausgerichtet. Damit wurde das Traumhafte, das Phantasievolle, das Imaginierte hervorgehoben. Zusammen mit der sogenannten Laterna magica wurden hier wesentliche Momente des späteren *Films* vorweggenommen.

> **Merksatz**
>
> Zukunftsweisende Impulse des Theaters im 18. Jahrhundert bereiteten ideologisch den Boden für die späteren Medien Fotografie, Film und Fernsehen.

... Film (Laterna magica)

Die Laterna magica war ein Projektionsapparat für transparente Bilder. Sie wurde im 18. Jahrhundert dazu benutzt, Geisterbilder, Nebelbilder, »Phantasmagorien« auf eine Leinwand zu projizieren, vergleichbar den Projektionen später im Kino.

Schließlich gab es im Theater mit seinen Kulissenbildern auch so genannte »lebende Bilder« von Schaustellern mit exotischen Tieren und anderen Raritäten und Kuriositäten, spektakuläre Panoramabilder mit totalen Rundblicken – die Beglaubigung des Fremden, Unerhörten als Wirkliches. Das Gerät, mit dem solche Bilder, Kupferstiche oder Radierungen, mit Spiegeln und optischen Hilfsmitteln zum Leben erweckt wurden: verräumlicht, plastisch, perspektivisch, scheinbar naturgetreu, war der *Guckkasten*. Visionen von Exotik und Ferne, Erdbeben so gut wie Überschwemmungen und Brandkatastrophen, Heldentaten aus der antiken Mythologie so gut wie Weltwunder und Darstellungen anderer Planeten, eröffneten dabei auf Jahrmärkten, Volksfesten und

| Abb 4

Ein reisender »Guckkästner«

öffentlichen Plätzen aller Art bereits den Blick in die Welt – »Fernsehen im achtzehnten Jahrhundert« (Wojciech Sztabo).

... Fernsehen (Guckkasten)

Weiterführende Literatur

Wilhelm Roessler: Die Entstehung des modernen Erziehungswesens in Deutschland. Stuttgart 1961
Ältere, immer noch eindrucksvolle Studie zur Herausbildung des Erziehungswesens als Bestandteil der bürgerlichen Gesellschaft.

Henning Eichberg: Leistung, Spannung, Geschwindigkeit. Sport und Tanz im gesellschaftlichen Wandel des 18./19. Jahrhunderts. Stuttgart 1978
Beschreibung von Sportarten und Tänzen und Interpretation mit Blick auf den sozialen und kulturellen Wandel.

Hilde Haider-Pregler: Des sittlichen Bürgers Abendschule. Bildungsanspruch und Bildungsauftrag des Berufstheaters im 18. Jahrhundert. Wien 1980
Ausführliche Studie über das Verhältnis des Theaters zum Staat, zur Kirche und zur Literatur.

Walter Sorrell: Der Tanz als Spiegel der Zeit. Eine Kulturgeschichte des Tanzes. Wilhelmshaven 1985
Versuch zur Geschichte des Tanzes als Kunst, in etwas blumiger Sprache.

Giovanni Calendoli: Tanz: Kult – Rhythmus – Kunst. Braunschweig 1986
Standardwerk zur Geschichte des Tanzes als Kunst, von den Anfängen bis zum Tanz im 20. Jahrhundert.

Dieter Düding, Peter Friedemann und Paul München (Hrsg.): Öffentliche Festkultur. Politische Feste in Deutschland von der Aufklärung bis zum Ersten Weltkrieg. Reinbek 1988
Sammelband mit zahlreichen Fallstudien zu einzelnen Festen wie z.B. dem Wartburgfest 1817, dem Hambacher Fest 1832 oder dem Schillerfest 1859.

Inge Baxmann: Die Feste der Französischen Revolution. Inszenierung von Gesellschaft als Natur. Weinheim, Basel 1989
Untersuchungen zum Fest als Medium: Funktion, Praxis, Inszenierungsformen und Bedeutung.

Ute Daniel: Hoftheater. Zur Geschichte des Theaters und der Höfe im 18. und 19. Jahrhundert. Stuttgart 1995
Standardwerk zur Entwicklung des höfischen Theaters in Deutschland, speziell in Karlsruhe und Mannheim.

Wojciech Sztabo: Die Welt im Guckkasten. Fernsehen im achtzehnten Jahrhundert. In: Harro Segeberg (Hrsg.), Die Mobilisierung des Sehens. München 1996, S. 97–112
Überzeugender Beitrag zur mentalen Vorgeschichte des Fernsehens.

Erika Fischer-Lichte, Jörg Schönert (Hrsg.): Theater im Kulturwandel des 18. Jahrhunderts. Göttingen 1999
Sammelband mit zahlreichen guten Beiträgen u.a. zur Theorie der Darstellung, zur Inszenierung des Körpers, zu Verbindungen mit der Musik und zur Bedeutung der Inszenierung in der Öffentlichkeit.

Übungs- und Wiederholungsfragen

11 Was versteht man unter der bürgerlichen Usurpation der Primärmedien im 18. Jahrhundert?
12 Wohin entwickelte sich das absolutistische Fest, der politische Herold, die Erzählerin und das Theater?
13 Benennen Sie die drei Impulse des Theaters, die ideologisch den Weg bereiteten für die späteren Medien Fotografie, Film und Fernsehen.

Weiterführende Arbeitsaufgaben
▶ Informieren Sie sich ausführlicher über die Geschichte des Tanzes von den Anfängen bis zum Techno heutiger Tage mit besonderem Blick auf den Wandel der Formen und Funktionen.
▶ Recherchieren Sie, in welchem Ausmaß der Ausrufer als Sprachrohr der Obrigkeit auch noch im 20. Jahrhundert, etwa kurz nach dem 2. Weltkrieg, als Druckmedien dafür noch nicht wieder zur Verfügung standen, als Steuerungs- und Orientierungsmedium speziell auf dem Lande eingesetzt wurde.
▶ Welche anderen Vorläufer des späteren Mediums Film gab es noch außer der Laterna magica? Nutzen Sie die entsprechende Fachliteratur.

5.5 | Das Jahrhundert des Briefs: der Privatbrief

Auch die bürgerliche Briefkultur war von Ausdifferenzierung bestimmt. Neben dem »öffentlichen Brief« oder »offenen Brief« im Sinne des Leserbriefs gab es den standardisierten »Geschäftsbrief« und vor allem den »Privatbrief«. Aufgrund des Privatbriefs definierte man diese Periode als das »klassische Jahrhundert des Briefs« (Georg Steinhausen). Es war freilich zugleich geprägt von der kontinuierlichen Entwicklung der Post als Transportsystem (vgl. Mediengeschichte von den Anfängen bis 1700, Kap. 4.2).

Leserbrief

Der *Leserbrief* hing vor allem mit dem neuen Medium Zeitschrift zusammen (Kap. 5.9). Er war zunächst häufig vom Herausgeber selbst verfasst und sollte Vertrautheit mit den Leserinnen und Lesern vortäuschen. Es gab aber auch echte Leserbriefe, insbesondere in den Moralischen Wochenschriften, später auch in den Zeitungen. Dort wurde mitunter sogar eine Art »Briefkasten« eingerichtet, über den man sich zu Missbräuchen, Vergehen von Beamten, zu Fehlverhalten von Behörden oder zu sonstigen politischen und sozialen Missständen äußern konnte.

> **Merksatz**
>
> Der kaufmännische oder Geschäftsbrief hatte vor allem zweckrational und nützlich zu sein, gut leserlich, präzise im Ausdruck, natürlich in der Sprache, schnell in der Korrespondenz. Titel, Floskeln und sonstige Formeln wurden abgeschafft.

Der *Geschäftsbrief* der damaligen Zeit, noch ebenso wenig erforscht wie die Anfänge des Leserbriefs, hat quantitativ und bedeutungsmäßig mit dem zunehmenden Warenverkehr erheblich zugelegt. In den Geschäftsräumen wurden spezielle Möbel für die alphabetische Briefablage eingeführt, außerdem das »Schreibklavier« bzw. die Schreibmaschine.

Geschäftsbrief

Der *Privatbrief* war in seiner bürgerlichen Form eine Novität. Er stand »zwischen Alltagskommunikation und Literarizität« (Regina Nörtemann). Auf der einen Seite befreite er von den alten höfischen Etiketten und Zwängen, auf der anderen Seite führte er neue Normen im Sinne bürgerlicher Wohlanständigkeit und eines »guten Geschmacks« ein. In zahlreichen Briefstellern, insbesondere von Christian Fürchtegott Gellert (1742, 1751), wurden die Prinzipien des guten deutschen Briefs ausgebreitet: Er sollte geprägt sein von Natürlichkeit, Innerlichkeit, Deutlichkeit, Kürze, Lebendigkeit, Herzlichkeit, Leichtigkeit, Individualität.

Der bürgerliche Privatbrief

– Allgemeine Normen

Deshalb wurde er zum Medium emotionaler Kommunikation; deshalb auch seine Bedeutung für den damaligen Freundschaftskult. Ausrufezeichen und Gestammel transportierten exklamatorisch die Vehemenz emotionaler Erregtheit, Gedankenstriche suggerierten Atemlosigkeit und Innehalten, und nicht selten finden sich in Sturm-und-Drang-Manier Sätze wie in einem Brief von Goethe an seine Schwester: »Ha! Ha! Ich kann für Lachen nicht mehr. Ha! Ha!«

> **Merksatz**
>
> Für Gellert war der Brief »die freie Nachahmung des guten Gesprächs«.

Insbesondere in den Briefsammlungen zeigen sich die neuen

– Literarisierung

Zwänge zur bürgerlichen Ästhetisierung, zur sprachlichen Inszenierung, zur Literarisierung. Nicht zufällig wurde in dieser Zeit auch der Briefroman erfunden, am erfolgreichsten wohl »Die Leiden des jungen Werthers« (1774) von Goethe. Die Briefwechsel zwischen Klopstock, Hamann, Herder, Lessing, Schiller Goethe und anderen waren von Anfang an auf Veröffentlichung angelegt. Der Brief als Dialog kippte hier zum Brief als Monolog des Ich. Insbesondere für Frauen wurde dieser Brief zu einem wichtigen Artikulationsmedium, zum Medium weiblicher

– Frauenöffentlichkeit

Selbstverständigung und zum Beginn einer genuinen »Frauenöffentlichkeit«, gar zum Einstieg von Frauen in das Literatursystem. Diese Privatbriefe standen im Dienst der Selbstfindung durch Selbstdarstellung und des Austauschs mit Gleichgesinnten.

Ausdifferenzierung der Post als Transportsystem

Dass der Brief neben der Zeitung als ein zweites wichtiges Medium bürgerlicher Identitätsfindung gelten kann, liegt auch an der weiteren Ausbildung der Post als Beförderungssystem. Von 1700 bis 1830 nahm der Briefverkehr quantitativ deutlich zu, wie der Anstieg der Postämter allein bei der Brandenburgisch-Preußischen Post von 70 (im Jahr 1701) auf 1163 (1830) andeutet. Ende des 18. Jahrhunderts wurden Briefe bereits täglich expediert, die Maschen des Postnetzes waren dichter geworden, das Distributionssystem bildete den neuen Briefträger aus, es gab öffentliche Briefkästen, nicht zuletzt ein differenziertes System von Postkutschen, wobei auch Schnellposten eingerichtet wurden, um den Forderungen der Kaufleute nach Verkürzung der Fahrzeiten Rechnung zu tragen. Die »fahrende Reichspost« begann Mitte des 18. Jahrhunderts ihre Blütezeit, auch wenn sie erst mit der Einführung der Eisenbahn im 19. Jahrhundert ihren vorläufigen Höhepunkt erreichen sollte. Der Briefverkehr war mit hohen Preisen

| Abb 5

»Sicherheit und Bequemlichkeit zu reisen« (Kupferstich)

verbunden, die nach einem komplizierten System von Entfernung, Größe, Gewicht und Wert berechnet wurden. Zugleich führte man auch Neuerungen ein wie den Geldbrief, die Nachnahme, die Drucksache und den Einschreibebrief. Üblicherweise wurde der Brief einseitig beschrieben, mit der freien Seite nach außen gefaltet und mit Siegellack verschlossen. Eine gewerbsmäßige Herstellung von Briefumschlägen entwickelte sich erst ab 1830.

> **Merksatz**
>
> Das frühere Elitemedium Brief wurde mit dem Geschäfts- und vor allem dem Privatbrief übergreifend als ein Medium institutionalisiert, das prinzipiell allen Mitgliedern der bürgerlichen Gesellschaft offen stehen konnte und sollte.

Diese Neuorganisation und die Intensivierung der Briefkommunikation vollzogen sich auf dem Hintergrund der Verstaatlichung der Post zu Lasten des privaten Unternehmens Thurn und Taxis. Darin äußerte sich ein völlig neues Verständnis der Post und damit auch des Mediums Brief.

Verstaatlichung

Erst im ausgehenden 20. Jahrhundert sollte die Post wieder in Sparten aufgeteilt und neu privatisiert werden (vgl. Kap. 7.5).

Weiterführende Literatur

Heinrich von Stephan: Geschichte der preußischen Post. Neubearbeitet und fortgeführt von Karl Sautter. Berlin 1928
Teils überholte Darstellung, die sich noch eng an Zäsuren der Zeitgeschichte hält; eine neuere Darstellung existiert noch nicht.

Ludwig Kalmus: Weltgeschichte der Post. Mit besonderer Berücksichtigung des deutschen Sprachgebietes. Wien 1937
Älteres, umfangreiches, stark deskriptives Standardwerk mit einem enormen Materialreichtum.

Reinhard M.G. Nickisch: Die Frau als Briefschreiberin im Zeitalter der deutschen Aufklärung. In: Wolfenbütteler Studien zur Aufklärung, Bd. III (1976), S. 29–65
Knappe Darstellung anhand ausgewählter Briefausschnitte, insbesondere von Louise A.V. Kulmus und Meta Klopstock.

Gottfried North (Hrsg.): Die Post. Ihre Geschichte in Wort und Bild. Heidelberg 1988
Standardwerk mit zahlreichen Abbildungen.

Hans Pohl (Hrsg.): Die Bedeutung der Kommunikation für Wirtschaft und Gesellschaft. Stuttgart 1989
Sammelband mit guten Beiträgen u.a. zur Hanse, zur Hausväterliteratur, zu Bürgergesellschaften, zum Reisen und zum Briefverkehr im Deutschen Kaiserreich.

Angelika Ebrecht u.a. (Hrsg.): Brieftheorie des 18. Jahrhunderts. Texte, Kommentare, Essays. Stuttgart 1990
Überblicksessay vor dem Hintergrund ausgewählter zeitgenössischer Originaltexte.

Karin Sträter: Frauenbriefe als Medium bürgerlicher Öffentlichkeit. Eine Untersuchung anhand von Quellen aus dem Hamburger Raum in der zweiten Hälfte des 18. Jahrhunderts. Bern u.a. 1991
Gut fundierte Untersuchungen zu den Funktionen von Frauenbriefen in Bezug auf Frauenrolle, Hauswirtschaft, Geselligkeit und Öffentlichkeiten.

Reinhard M.G. Nickisch: Brief. Stuttgart 1991
Prägnantes Standardwerk zu Theorie und Geschichte des Briefs.

Klaus Beyrer (Hrsg.): Zeit der Postkutschen. Drei Jahrhunderte Reisen 1600–1900. (Ausstellungskatalog). Karlsruhe 1992
Mit knappen guten Beiträgen und einer Vielzahl veranschaulichender Abbildungen.

Übungs- und Wiederholungsfragen

14 Warum definierte man das 18. Jahrhundert als das »Jahrhundert des Briefs«?
15 Was wurde vom damaligen Geschäftsbrief erwartet?
16 Welche Prinzipien prägten den »guten deutschen Brief«?
17 Für welche Teilöffentlichkeit hatte der Privatbrief besondere Bedeutung?
18 Was prägte die Post als Transportsystem im bürgerlichen Zeitalter?
19 Ab wann entwickelte sich eine gewerbsmäßige Herstellung von Briefumschlägen?

Weiterführende Arbeitsaufgaben

▶ Lesen Sie einige Briefe klassischer Autoren der damaligen Zeit im Hinblick auf Formen der Emotionalisierung und Literarisierung und suchen Sie nach analogen Medien der heutigen Zeit.
▶ Gibt es heute so etwas wie eine »Frauenöffentlichkeit« und was wären ggf. ihre Medien?

Vom Kalender zum Almanach 5.6

Die Verbürgerlichung der damaligen Medienkultur war total und bezog sich auch auf klassische Volksmedien wie den Kalender. Im Zuge der Entfaltung der bürgerlichen Medienkultur in dieser Periode erlebte der Kalender zunächst noch eine Hochzeit bis weit in die zweite Jahrhunderthälfte, gefolgt von einem kontinuierlichen Verfall; im Gefolge der Aufklärung wurde er bis etwa 1830 zunehmend literarisiert und als eigenständiges Medium abgeschafft.

Charakteristisch war zunächst eine Zunahme unterschiedlicher Typen des Kalenders, der im 18. Jahrhundert »eine ordentliche Abwechslung« erfuhr (Jan Knopf). Nach wie vor ging es dabei (vgl. Mediengeschichte von den Anfängen bis 1700, Kap. 4.4) erstens um alltagspraktische Regulierung, zweitens um astronomisch-astrologische Informationen und drittens um allgemeine Unterhaltung und Bildung. Entsprechend der neuen bürgerlichen Weltsicht verlagerten sich jedoch die Akzente: Beim Praktisch-Nützlichen setzten sich rationale und wissenschaftliche Ratschläge sowie naturwissenschaftliche Erklärungen etwa des Wetters durch. Bei den Informationen dominierten zunehmend aufklärerische Ideale des affirmativen Kleinbürgertums. Beim Erzählend-Unterhaltenden nahm ab den 90er Jahren das Zweckhafte und Gegenwartsbezogene, auch das Übergreifend-Historische und das ästhetisch Komplexe zu. Die Tendenz verlief insgesamt also von Astrologie, Kosmologie und Aberglauben zu Aufklärung, Literatur und Volksbelehrung.

Solche »Reformen« bei der Instrumentalisierung des Kalenders durch die Aufklärung führten zu seinem Niedergang. Kalender wurden vom Volk immer weniger gekauft, so dass teils gar ein Kalender(kauf)zwang die Verbreitung sichern musste. Die neuen Inhalte – Vaterländisches, Wirtschaftliches, Geographisches, Gesetzgeberisches, Politisches usw. – waren bei der traditionellen Zielgruppe nicht von Interesse. Kalendermacher wurden teils von Literaten abgelöst, deren Texte aber zu hochge-

> **Merksatz**
>
> Nach vielen Menschmedien, die ihren Mediencharakter bereits in der frühen Neuzeit eingebüßt hatten, war der Kalender das erste der neuen Druckmedien, das vom gleichen Schicksal betroffen war.

Instrumentalisierung des Almanach durch die Aufklärung

Scheitern des Kalenders am Markt

stochen waren, um den »Geschmack des Pöbels« zu treffen. Ab den 10er Jahren des 19. Jahrhunderts verkümmerte das früher öffentlichkeitsfundierende Medium Kalender zum volksliterarischen Jahrbuch.

Mit dem Verfall des Kalenders korrespondierte der Aufstieg des Almanach, der für die begrenzte Zeit von etwa 1770 bis etwa 1830 als ein genuines (bürgerliches) »Leitmedium« (York-Gothart Mix) verstanden werden kann.

Aufstieg von Almanach und »Taschenbuch«

Hier wurden Lieder, Oden, Hymnen, Elegien, Balladen, Romanzen, Gelegenheitsgedichte, Epigramme, Verserzählungen, Kurzprosa, gelegentlich eine dramatische Szene und auch Notenbeilagen und Kupferstiche veröffentlicht. Ergänzend entstand als Publikationsform ab 1780 das »Taschenbuch«, das auch Nichtliterarisches aufnahm. So gab es Almanache für Ärzte, Jäger, Billardspieler, Dienstboten, Lottospieler, Pferdeliebhaber, Soldaten, Weintrinker usw. Einen interessanten Sonderfall bildet der Theateralmanach – Hinweis auf die Literarisierung und Verschriftlichung des Menschmediums Theater im bürgerlichen Medienverbund.

Definition

Der Almanach war im 18. Jahrhundert ein jährlich erscheinender Sammelband, meist für poetische Neuerscheinungen (»Musenalmanach«), anfänglich noch mit einem kleinen Kalendarium versehen: ein »Kristallisationspunkt des literarischen Lebens« (Mix).

Ein wesentlicher Unterschied zwischen Almanach und Kalender liegt nicht zuletzt im Distributionssystem: Almanache – die Erfolgsprodukte der Zeit – wurden vom Buchhandel vertrieben. Sie eigneten sich vorzüglich auch als Weihnachts- und Neujahrsgeschenk bzw. als Lesestoff für die dunklen Wintertage. Sie waren kleinformatig und daher leicht handhabbar. Man las sie auch auf Reisen, bei geselligen Veranstaltungen, bei Landpartien, Tischgesellschaften oder in Caféhäusern.

Musenalmanach

Musenalmanache wurden vor allem von Frauen gelesen, insbesondere von Töchtern und jungen Frauen aus dem Bildungsbürgertum. Vielfach waren sie dezidiert auf das weibliche Publikum zugeschnitten und vermittelten ein entsprechendes Frauenbild nach bürgerlichen Maßstäben: sittsame Jungfrau, treue und häusliche Gattin, sich aufopfernde Mutter. Oft waren sie reich dekoriert, aufwändig mit Goldschnitt verziert und in Seide oder Leder gebunden – Prestige- und Statusausweis.

Einesteils haben Almanach und Taschenbuch für eine begrenzte Zeitspanne literarische und pragmatische Texte in neue Schichten getragen und generell neue Gruppen der Bevölkerung als Leserinnen und Leser erschlossen. Andernteils aber waren sie Bausteine für den Niedergang des Volksmediums Kalender, bis ihre Funktionen von dem zur Kompilation genutzten Buch (Kap. 5.8) sowie dem neuen Medium Zeitschrift (Kap. 5.9) übernommen wurden. Der Almanach war ein System kommunikativer Vermittlung, das nur als Brücke diente im Übergang vom Kalender zu den zwei längerfristig wirksamen, funktional sich wandelnden Medien Buch und Zeitschrift und deshalb nur für sehr begrenzte Zeit Mediencharakter hatte. Ähnliche »Zwischenmedien« gab es bereits früher, etwa die Schreibtafel (vgl. Mediengeschichte von den Anfängen bis 1700, Kap. 1.4), sie sollten auch später wieder auftreten, im 19. Jahrhundert etwa der Telegraf und der Bilderbogen (vgl. Kap. 6.3 u. 6.6).

| Abb 6

Illustration im »Leipziger Frauenzimmer-Almanach« 1792 zur neuen Rolle der Frau: sittsam, treu, aufopferungsvoll

Weiterführende Literatur

Hellmut Kohlbecker: Allgemeine Entwicklungsgeschichte des badischen Kalenders in der Zeit von 1700–1840. Diss. Baden-Baden 1928
Ältere Fallstudie mit dem ersten Versuch einer Typisierung des Kalenders.

Maria Gräfin Lanckorónska und Arthur Rümann: Geschichte der deutschen Taschenbücher und Almanache aus klassisch-romantischer Zeit. Osnabrück 1954. Neuausgabe München 1985
Liebevolle Darstellung, unterschieden nach Typen wie Musenalmanach, Theaterkalender und Taschenbuch für Natur- und Tierfreunde, mit einem großen Bildanhang.

Jan Knopf: Die deutsche Kalendergeschichte. Ein Arbeitsbuch. Frankfurt/Main 1983
Sammlung von Originaltexten in Ausschnitten, jeweils kommentiert.

York-Gothart Mix (Hrsg.): Kalender? Ey, wie viel Kalender! Literarische Almanache zwischen Rokoko und Klassizismus. Katalog und Ausstellung. Wolfenbüttel 1986
Katalog zu einer der neueren Ausstellungen, welche die Bedeutung des Kalenders wieder ins Bewusstsein gerufen haben.

York-Gothart Mix: Die deutschen Musenalmanache des 18. Jahrhunderts. München 1987
Beitrag zum Almanach als Gattung, als Modeerscheinung, als Museum der Poesie und als »Maßstab der Provinzialkultur«.

Katharina Masel: Kalender und Volksaufklärung in Bayern. Zur Entwicklung des Kalenderwesens, 1750–1830. St. Ottilien 1991
Zahlreiche Einzelstudien zu bayerischen Schreib-, Alternativ- und Volkskalendern.

Gerhardt Petrat: Einem besseren Dasein zu Diensten. Die Spur der Aufklärung im Medium Kalender zwischen 1700 und 1919. München u. a. 1991
Gründliche Untersuchung mit einer Darstellung nach drei Zeitblöcken (1700–1800, 1800–1875, 1875–1919).

Paul-Gerhard Klussmann und York-Gothart Mix (Hrsg.): Literarische Leitmedien. Almanach und Taschenbuch im kulturwissenschaftlichen Kontext. Wiesbaden 1998
Sammelband zum Almanach als »Leitmedium«, mit Einzelstudien u. a. zu Göschen-Almanachen, Frauentaschenbüchern und zu Goethe, Schiller und Tieck als Almanach-Autoren.

Übungs- und Wiederholungsfragen

20 Welches war das erste Druckmedium, das bereits in der frühen Neuzeit seinen Mediencharakter verlor?
21 Für welche begrenzte Zeit fungierte der Almanach als »Leitmedium« des literarischen Lebens?
22 Wie wurde der Almanach im Unterschied zum Kalender vertrieben?
23 Welches Frauenbild wurde im Musenalmanach des 18. Jahrhunderts vermittelt?

Weiterführende Arbeitsaufgaben

▶ Vergleichen Sie je eine konkrete Ausgabe eines traditionellen Kalenders und eines von der Aufklärung geprägten Kalenders miteinander und kontrastieren Sie die jeweiligen Lesegratifikationen.
▶ Gibt es heute im Vergleich mit den damaligen Almanachen für Berufsgruppen analoge Publikationsformen oder Medien oder auf welcher Basis gründen die modernen milieuspezifischen Teilöffentlichkeiten?
▶ Welche Medien haben heute den stärksten Einfluss auf die geschlechtsspezifische Sozialisation von Töchtern und jungen Frauen? Welche Frauenbilder werden transportiert?

Flugblatt und Flugschrift im politischen System | 5.7

Die Medien Blatt und Heft im 18. Jahrhundert stellen ähnliche Forschungsdesiderate dar wie die Medien Wand und Plakat. Insbesondere das Blatt als Medium privater Alltagskommunikation – etwa als Notizzettel, als Heiratsannonce auf Handzetteln oder auch als Gebrauchsanweisung für Arzneimittel – muss jedoch weit verbreitet gewesen sein (vgl. auch Kap. 5.3).

Das Blatt privat

Bei den öffentlichen Blättern hat es thematisch eine Verlagerung gegeben. Flugblätter haben weniger von Sensationen, Monstern oder Wundern mit Unterhaltungscharakter gehandelt, auch der Anteil der Andachtsblätter mit katechetischer Unterweisung oder zur religiösen Erbauung (vgl. Mediengeschichte von den Anfängen bis 1700, Kap. 4.4 u. 4.5) ging zurück. Zugenommen haben dagegen die Flugblätter als Werbe- und Informationsträger mit Propagandafunktion – als Wirtschaftswerbung und Kaufappell und als publizistisches Mittel für den politischen Tageskampf.

Das öffentliche Blatt

> **Merksatz**
>
> Flugblätter und Flugschriften waren im 18. Jahrhundert deutlicher denn je im politischen System funktionalisiert.

Auch Flugschriften waren im 18. Jahrhundert ein weit verbreitetes Medium der Auseinandersetzung, speziell für die Aufklärung. Sie wurden als Pamphlete eingesetzt, um die öffentliche Meinung zu beeinflussen, waren in der Regel anonym gehalten und wurden auf öffentlichen Plätzen und bei Buchhändlern verteilt. Dem einzelnen Bürger stand damit ein Raum zur Verfügung für Meinungsäußerungen und Parteinahme. Flugschriften in Auflagen bis zu 1000 Exemplaren fanden meist das Zehnfache an Lesern und Hörern. Ihre Themen und Thesen fanden auch häufig Eingang in Zeitschriften und Zeitungen, ganz im Sinn des erwähnten Medienproduktverbunds.

Die Flugschrift

Am Beispiel der Französischen Revolution wurde die bedeutende Rolle der Flugblätter – man zählte allein hier mehr als 35000 Blätter – für die Etablierung einer revolutionären politischen Öffentlichkeit nachgewiesen. Das Flugblatt war ein wichtiges Instrument für die emotionale Mobilisierung und Politisierung speziell der Unterschichten, des »kleinen Mannes« auf der Straße. Eingebunden in die revolutionäre Publizistik waren wieder andere Medien wie die Flugschrift, das Plakat, der Stra-

Publizistischer Medienverbund bei der Französischen Revolution

Periode V: Die bürgerliche Gesellschaft (1700–1830)

ßensänger, das Jahrmarkttheater. So genannte »Bildzeitungen« entstanden, die den politischen Protest so anschaulich visualisierten wie zur Zeit der Reformation (vgl. Mediengeschichte von den Anfängen bis 1700, Kap. 4.5).

Publizistik in Deutschland

In Deutschland nutzten zwar auch radikale Demokraten wie bestimmte Jakobinerklubs das Flugblatt für revolutionäre Aufrufe, teils sogar handgeschrieben und als Unikat; damit wurde erfolgreich von links versucht, die allgegenwärtige Zensur zu umgehen. Doch in der Regel waren die gedruckten Flugblätter und Flugschriften Ausdruck für den Aufstieg des Bürgertums. Verfasser und Zielgruppe waren städtische Bildungsbürger, wie bereits viele Titel deutlich machen, z.B. »Die Privilegien des Adels in Bayern vor dem Richterstuhl der gesunden Vernunft« (1800) oder nach den Befreiungskriegen »Teutschland und die Revolution« (1819) von Joseph Görres oder das »Frag- und Antwortbüchlein über Allerlei was im deutschen Vaterland besonders Not tut« (1819) von Friedrich Wilhelm Schulz.

| Abb 7

Flugblatt zum Mainzer Freiheitsball 1793 im bürgerlichen Salon

Weiterführende Literatur

Wolfgang Martens: Die Flugschriften gegen den »Patrioten« (1724). Zur Reaktion auf die Publizistik der frühen Aufklärung. In: Wolfdietrich Rasch u.a. (Hrsg.), Rezeption und Produktion zwischen 1570 und 1730. Bern, München 1972, S. 515–536
Exemplarische Studie zu 31 gegen und 26 für den »Patrioten« Partei nehmenden Flugschriften als Ausdruck für die Beteiligung der Bürger an der öffentlichen Meinungsbildung.

Walter Grab: Freyheit Oder Mordt Und Todt. Revolutionsaufrufe deutscher Jakobiner. Berlin 1979
Fallstudien zu einzelnen Sendschreiben, Flugblättern und Flugschriften.

Heinrich Scheel (Hrsg.): Jakobinische Flugschriften aus dem deutschen Süden Ende des 18. Jahrhunderts. Vaduz/Liechtenstein 1980
Sammlung originaler Texte in Ausschnitten, mit einem einführenden Essay.

Klaus Herding und Rolf Reichardt: Die Bildpublizistik der Französischen Revolution. Frankfurt/Main 1989
Ausführlich bebilderte Darstellung mit Detailanalysen im historischen Abriss.

Übungs- und Wiederholungsfragen

24 Welche Funktionsverlagerung bestimmte Flugblatt und Flugschrift im 18. Jahrhundert gegenüber ihren Vorläufern?
25 Worin bestand die Bedeutung des Flugblatts für die Französische Revolution?

Weiterführende Arbeitsaufgaben

▶ Analysieren Sie eine deutsche Flugschrift Ihrer Wahl ab 1800 mit Blick auf Ideale und Selbstverständnis des Bürgertums der Zeit.
▶ Welche Chancen haben Flugblatt und Flugschrift als Meinungsäußerungen von Bürgern im heutigen politischen System? Welche alternativen Medien und Strategien der politischen Beteiligung gibt es (bzw. eben nicht)? Beurteilen Sie von dieser Warte die Chancen der Demokratie damals und heute.

Der Literaturbetrieb als Markt 5.8

Diese Periode der Mediengeschichte galt nicht nur als das Jahrhundert des Briefs, sondern auch als das Jahrhundert der Buchkultur. Habermas hat das irreführend mit dem Begriff der »literarischen Öffentlichkeit« bezeichnet (vgl. Kap. 5.1). Tatsächlich gab es niemals eine literarische Öffentlichkeit, wohl aber entstand im 18. Jahrhundert ganz neu ein literarischer Markt, der – einmalig in der Mediengeschichte – maßgeblich vom Medium Buch geprägt war. Lediglich das 18. Jahrhundert kann demnach als »Buchzeitalter« charakterisiert werden.

Der neue Buchmarkt war vor allem gekennzeichnet durch weitergehende Ausdifferenzierung und strukturellen Wandel bei den Instanzen Autor, Verleger, Buchhändler, Zensor/Kritiker, Bibliothekar und Leser. Das soll kurz erläutert werden.

Ausdifferenzierung und struktureller Wandel

Der *Autor* wurde aus seiner traditionellen Abhängigkeit vom fürstlichen Mäzen und einem begrenzten höfischen Publikum entlassen. Das 18. Jahrhundert gilt als »das Jahrhundert des Autors«, weil in England 1710 das Urheberrecht für Autoren in

Der Buchautor

Kraft trat (in Preußen erst 1837, reichsweit erst 1871). Es gab aber auch hierzulande mehr Autoren und Autorinnen als jemals zuvor: Ende des 18. Jahrhunderts 2000–3000 literarische Schriftstellerinnen und Schriftsteller, meist allerdings noch Gelegenheitsautoren. Zwischen 1750 und 1830 sollen insgesamt mehr als 20 000 Autoren publiziert haben, im Buch und in anderen Medien.

Bis zur Jahrhundertwende bildete sich der Beruf des »freien Schriftstellers« heraus, der ein (in der Regel eher schmales) Honorar erhielt und gelegentlich von seiner Arbeit auch leben konnte. Das waren neben den »Handwerkern«, die auftragsmäßig Unterhaltungsliteratur produzierten, auch die »Aufklärungsautoren«, die allerdings auf dem Markt schnell ins Abseits gerieten. Vergeblich versuchten einige Autoren, etwa durch Selbstverlage der neuen Abhängigkeit vom Verleger zu entgehen, bei der sie über die absatzorientierte Staffelung ihres Honorars am verlegerischen Risiko auch noch beteiligt wurden.

> **Merksatz**
>
> Der »freie« Schriftsteller des 18. Jahrhunderts hat in Deutschland die personale Abhängigkeit vom fürstlichen Mäzen gegen eine neue Abhängigkeit vom kapitalistischen Verleger eingetauscht.

Der Buchverleger

Der *Verleger* sorgte für eine Vervielfachung der Buchproduktion und unterwarf das kulturelle System prinzipiell den Wertgesetzen des wirtschaftlichen Systems. Gedruckt und verlegt wurde nur, was für das eingesetzte Kapital profitabel erschien. Mit rund 175 000 neuen Titeln, die im 18. Jahrhundert insgesamt aufgelegt worden sein sollen, verdoppelte sich die Zahl gegenüber dem 17. Jahrhundert. Allein 1830 erschienen 7284 Buchtitel – eine Vervielfachung speziell bei den Romanen und den Fach- und Sachbüchern. Neue Gattungen entstanden, wie das Schulbuch und das Kinderbuch. Über Auflagen und verkaufte Exemplare ist allerdings nur wenig bekannt.

Der berühmteste deutsche Verleger der Zeit (unter insgesamt rund 500) war Johann Friedrich Cotta, der paradigmatisch vom neuen Kulturkapitalismus profitierte. Er engagierte sich erfolgreich für vertikale und horizontale Konzentration bei der Buchproduktion und -distribution und war aufgeschlossen für neue technische Erfindungen. Sein riesiger Verlag produzierte neben Büchern auch Kalender, Taschenbücher, Zeitschriften und Zeitungen, war also programmatisch multimedial. Er expandierte bereits früh auf ausländische Märkte, investierte klug in unterschiedliche Branchen und sicherte seine dominante Marktposition auch noch politisch ab.

Der *Buchhändler* geriet als Distributionsinstanz ebenfalls in totale Abhängigkeit vom Verleger. Er durchlief den Wandel vom Tausch- über den Netto- zum Konditionshandel und löste das Problem der Nachdrucker. Aus verschiedenen Gründen war der Tausch von Druckbögen gegen Druckbögen nicht mehr praktikabel und wurde deshalb auf Barverkehr umgestellt (Nettohandel). Der allerdings schloss das Rückgaberecht aus und verlagerte das gesamte Risiko auf die 300 bis 500 Händler. Das Monopol des Verlegers wurde zugleich unterlaufen durch unerlaubte Raub- oder Nachdrucke. Beide Probleme wurden schon vor 1780 gelöst: Im Falle des Verkaufs konnten die Händler mit einem Drittel Rabatt vom Ladenpreis des Buches abrechnen, d.h. ihre Gewinnspanne war festgeschrieben, ansonsten durften die Bücher zurückgegeben werden (Konditionshandel). Damit waren Verleger wie Händler im Kampf gegen unerlaubte Nachdrucke vereint. Abrechnungszentrum wurde die Leipziger Bücherbörse.

Der Buchhändler

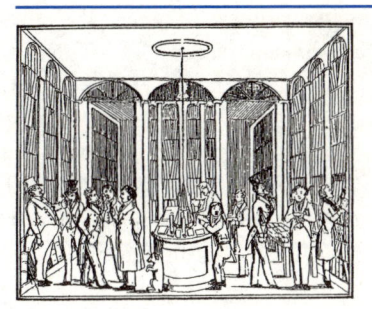

| Abb 8

Eine Buchhandlung um 1830

Der *Zensor* übte zwar immer noch moralische, geistliche und politische Zensur aus, diese wurde aber von Marktinteressen unterlaufen. Die moralische Zensur galt den »gefährlichen«, meist erotischen Werken. Geistliche Bücherzensur betraf alle konfessionellen Schmähschriften und die Werke von Freidenkern wie Voltaire, Rousseau, Hobbes. Die Kirche begründete 1754 den Index der verbotenen Bücher, der aber so attraktiv wurde, dass er 1777 selbst auf den Index gesetzt wurde. Die politische Zensur galt naturgemäß dem Machterhalt der Herrschenden und umfasste auch die Selbstzensur

Der Buchzensor/-kritiker

Merksatz

Spätestens ab 1798 etablierte sich der Beruf des Buchhändlers als ein Lehrberuf und selbstständiger Berufsstand.

der Verleger und die »Geschlechtszensur« gegenüber weiblichen Autorinnen. Neu hinzu trat die strukturelle Zensur, d.h. dass nur noch verlegt wurde, was ökonomischen Gewinn versprach.

Während der Buchzensor kontrollierte, erlaubte, verbot (Macht), musste der Kritiker interpretieren, gewichten, beurteilen (Bewertung). Der mündig gewordene Bürger reflektierte über objektive Kriterien des Werks und den literarischen Geschmack. Teils in Ablösung des Zensors entstand hier die neue Handlungsrolle des Kritikers in der multiplen Funktion als Literatur-, Theater-, Musik-, Religions-, Kunstkritiker usw. – kurz: des Kulturkritikers, primär beim neuen Medium Zeitschrift (vgl. Kap. 5.9).

> **Merksatz**
>
> Der Bibliothekar wandelte sich vom Gelehrten zum Dienstleister für das Bürgertum mit distributiver Funktion.

Der Bibliothekar   Auch beim *Bibliothekar* wurde der Berufsstand professionalisiert und eine Bibliothekswissenschaft institutionalisiert.

Es begann eine Blütezeit der unterschiedlichsten Bibliothekstypen, insbesondere der Privatbibliotheken, der Universitäts- und naturwissenschaftlichen Spezialbibliotheken und der Volks- und Leihbüchereien. Speziell die kommerziellen Leihbüchereien – mit einer Blütezeit zwischen 1820 und 1850 – bildeten eine neue Schnittstelle zwischen Handel, Bibliothek und Publikum. Leihbüchereien waren in fast jeder Stadt des deutschen Sprachraums, teils mehrfach, und sogar in Dörfern vertreten. Dabei gab es zahlreiche Organisationsformen – den wandernden Leihbibliothekar mit dem geringsten Sozialprestige, die Leihbücherei als Nebengeschäft der Sortimentsbuchhandlung, die Winkelleihbücherei im Zusammenhang mit vielfältigen anderen Geschäften, das Lesekabinett und den Novitätenlesezirkel bis zu Reiseleihbibliotheken. Der Buchbestand reichte dabei in großer Bandbreite von nur einigen wenigen Bänden bis zu 20000 Exemplaren, die der Buchhändler Heyse in seiner Leihbibliothek in Bremen im Jahre 1824 vorweisen konnte.

Der Buchleser   Der *Leser* schließlich stieg zahlenmäßig ebenfalls an, speziell nach 1750. Die Zahlenangaben differieren hier sehr stark, weil die Forschung in der Regel nicht trennt zwischen Buchlesen, Zeitungslesen, Brieflektüre, Zeitschriftenlesen oder Lesen von Flugblättern, Flugschriften und Plakaten. Nüchtern wurde geschätzt, dass sich das Buchlesepublikum im deutschen Sprachraum in dieser Periode von zwei auf vier Prozent erhöht hat. So bestand beispielsweise das »extensive« Lesepublikum in Württemberg aus etwa 7000 Personen, d. h. rund 1 % der Gesamtbevölkerung (Reinhard Wittmann). Vor allem in bürgerlichen Kreisen nahmen Lesekompetenz (in unserem Sinne von Lesefähigkeit) und Viellesen zu.

> **Definition**
>
> Lesegesellschaften waren selbstverwaltete Zusammenschlüsse von Personen, die ohne kommerzielle Interessen ansonsten unerschwingliche Lesemedien (Bücher, Zeitschriften, Zeitungen) für ihre Mitglieder bereitstellten.

Wichtig dabei waren die Organisation von Lesegesellschaften und die Zunahme von Leserinnen als neuem Publikum.

Diverse Clubs, Lesezirkel, Lesebibliotheken oder auch Lesekabinette dienten neben der Lektüre auch dem Meinungsaustausch, der Aussprache über ein Problem und damit der Gewinnung eines eigenen festen Standpunkts. Für Deutschland konnten bislang 433 Lesegesellschaften nachgewiesen werden, gegründet zwischen 1760 und 1800, mit durchschnittlich hundert Mitgliedern. Die Lesegesellschaft fungierte als eine Art »Aufklärungsfabrik« und »Integrationszentrum« (Marlies Prüsener), die sich von einem Ort des gesellschaftlichen Diskurses zur Stätte geselligen Beisammenseins wandelte.

Das neue weibliche Lesepublikum setzte sich zusammen aus Gouvernanten, Pfarrersgattinnen, Beamtentöchtern, Landadeligen, teils auch der weiblichen Dienerschaft wie Zofen und Zimmermädchen. Sentimentale Unterhaltungs- und Moderomane, empfindsame Literatur mit frauenspezifischer Thematik, Erziehungs- und Liebesromane im Medium Buch dominierten, ergänzt durch entsprechende Lesestoffe insbesondere in den Medien Brief und Zeitschrift, im 19. Jahrhundert dann weitergeführt in Form der Hintertreppen- und Lieferungsromane der Kolporteure (Kap. 6.8).

Bei einer solchen einzelnen Darstellung der verschiedenen Instanzen darf jedoch der Netzwerkcharakter des Buchsystems nicht vergessen werden.

> **Merksatz**
>
> Die Instanzen des neu entstandenen Buchmarkts waren vielfältig miteinander verflochten und ihrerseits eingebunden in ein umfassendes multimediales Literatursystem mit Verweis auf bürgerliche Öffentlichkeit.

| **Abb 9**

Leser und Leserinnen bei der Tafelrunde von Herzogin Anna Amalia in Weimar

Insgesamt war die Herausbildung des bürgerlichen Buch- und Literaturmarktes gekennzeichnet von Konkurrenz, Konzentration und Diversifikation nach Handlungsrollen bis hin zur politischen Absicherung der kommerziellen Interessen speziell der Verleger – ein neuer Buchkapitalismus. Die Ökonomisierung des Buchsystems war das zentrale Merkmal dieser Entwicklung. Buchkultur wurde im 18. Jahrhundert dem kapitalistischen Mehrwertprinzip unterworfen, was dem bürgerlichen Literaturbetrieb seine Werte-Aporie bescherte. Dieser strukturelle Wandel markiert fraglos einen kulturellen Verlust.

Weiterführende Literatur

Liselotte Lohrer: Cotta. Geschichte eines Verlags 1659–1959. Stuttgart 1959
Erste umfangreiche Fallstudie zur Verlagsgeschichte der Cottas anlässlich der 300. Wiederkehr des Gründungstages.

Rolf Engelsing: Der Bürger als Leser. Lesergeschichte in Deutschland 1500–1800. Stuttgart 1974
Wichtige Studie mit Schwerpunkt auf den Verhältnissen in der Stadt Bremen.

Hans J. Haferkorn: Zur Entstehung der bürgerlich-literarischen Intelligenz und des Schriftstellers in Deutschland zwischen 1750 und 1800. (Orig. 1959) In: Literaturwissenschaft und Sozialwissenschaften 3: Deutsches Bürgertum und literarische Intelligenz, 1750–1800. Stuttgart 1974, S. 113–275
Standardbeitrag zur Platzierung des Schriftstellers in der bürgerlichen Gesellschaft, zur literarischen Kultur und zum Literaturmarkt der Zeit mit besonderer Berücksichtigung seines Selbstverständnisses.

Helmuth Kiesel und Paul Münch: Gesellschaft und Literatur im 18. Jahrhundert. Voraussetzungen und Entstehung des literarischen Markts in Deutschland. München 1977
Facettenreiche Beschreibung, die aber auf eine explizite Erklärung für die Herausbildung des Buchmarkts verzichtet.

Giles Barber und Bernhard Fabian (Hrsg.): Buch und Buchhandel in Europa im achtzehnten Jahrhundert. Hamburg 1981
Sammelband mit Vorträgen u. a. zum Buchhändler, zu den Nachdruckern und zu den Messkatalogen.

Hazel Rosenstrauch: Buchhandelsmanufaktur und Aufklärung. Die Reformen des Buchhändlers und Verlegers Ph.E. Reich (1717–1787). Sozialgeschichtliche Studie zur Entwicklung des literarischen Marktes. In: Archiv für Geschichte des Buchwesens, Band 26 (1986), S. 1–129
Herausragende Tiefenuntersuchung zur Person Reich im kulturellen und gesellschaftlichen Kontext der Zeit.

Alberto Martino: Die deutsche Leihbibliothek. Geschichte einer literarischen Institution (1756–1914). Wiesbaden 1990
Umfassendes Standardwerk zu den Anfängen, der Blütezeit, der Krise und der sich wandelnden Funktion der Leihbibliothek.

Reinhard Wittmann: Geschichte des deutschen Buchhandels. Ein Überblick. München 1991
Sehr guter Überblick in einem Band über einen wichtigen Bereich der Geschichte des Mediums Buch.

Uwe Jochum: Kleine Bibliotheksgeschichte. Stuttgart 1993
Ausgezeichneter knapper Überblick über die Geschichte der Bibliothek vom Alten Orient bis ins Informationszeitalter.

Bodo Plachta: Damnatur, Toleratur, Admittitur. Studien und Dokumente zur literarischen Zensur im 18. Jahrhundert. Tübingen 1994
Mit Akzenten u. a. auf der Zensur in Österreich und Preußen, der Debatte über die »Preßfreiheit« und der Zensur von Theater, Leihbibliothek, Wochenschriften und Kalendern.

Übungs- und Wiederholungsfragen

26 Durch welche zwei Merkmale war der neue Buchmarkt der bürgerlichen Gesellschaft gekennzeichnet?

27 Welcher Wandel vollzog sich in der bürgerlichen Literaturproduktion und welche neue Abhängigkeit etablierte sich für den Autor?

28 Was prägte den Verleger auf dem neu entstehenden literarischen Markt des 18. Jahrhunderts?

29 Worin unterscheiden sich Tausch-, Netto- und Konditionshandel beim Buchhandel?

30 Wie wandelte sich die Instanz des Bibliothekars im bürgerlichen Literaturbetrieb?

31 Welche zwei Aspekte prägten das zunehmende Lesepublikum der bürgerlichen Gesellschaft?

32 Was kann man als das zentrale Merkmal bei der Entwicklung der bürgerlichen Buchkultur im 18. Jahrhundert bezeichnen?

Weiterführende Arbeitsaufgaben

- Informieren Sie sich über verschiedene Antworten auf die Frage nach den Ursachen und Formen für die Veränderung des Literaturbetriebs im 18. Jahrhundert (z.B. Helmut Kiesel/Paul Münch, Lutz Winckler, Siegfried J. Schmidt) und beurteilen Sie kritisch deren Plausibilität.
- Beschreiben Sie ausführlich den Aufstieg Johann Friedrich Cottas zum erfolgreichsten Multimedia-Unternehmer der bürgerlichen Gesellschaft.
- Untersuchen Sie das Problem des Raub- und Nachdrucks im 18. Jahrhundert und seine Lösung mithilfe von Organisationen wie Buchhandelsgesellschaft und Buchmesse.
- Informieren Sie sich anhand der einschlägigen Fachliteratur über die spektakulärsten Formen der Buchzensur im 18. Jahrhundert.
- Untersuchen Sie in einschlägigen Archiven die ersten Schulbücher der bürgerlichen Gesellschaft im Hinblick auf implizite Wertvorstellungen und methodisch-didaktische Vermittlungsstrategien.

5.9 | Die Zeitschrift als Schlüsselmedium der bürgerlichen Gesellschaft

Merksatz

Die Zeitschrift wurde im 18. Jahrhundert zum Schlüsselmedium der bürgerlichen Gesellschaft: Sie fungierte, im Verbund mit den anderen Printmedien, als zentrales Kommunikationsforum, auf dem sich das bürgerliche Selbstbewusstsein in bedarfsgerechter Vielfalt als »Selbstvergewisserungsprozess« herausbildete und konsolidierte, und eröffnete damit den Zugang zum komplexen Netzwerk einer immer vielschichtiger werdenden Medienkultur.

Die Zeitung, der Privatbrief, das Buch auf dem expandierenden Literaturmarkt – das waren enorm wichtige Medien für den Strukturwandel des Öffentlichen und die Identitätsstiftung des Bürgertums als Klasse. Eine noch bedeutendere Rolle aber spielte das neue Medium Zeitschrift, weshalb man die Zeitschrift als »Medium der Aufklärung« (Paul Raabe) bezeichnet hat und generell diese Periode als »Jahrhundert der Zeitschrift« (Siegfried Seifert) charakterisieren kann. Die Zeitschrift fungierte als Partizipationsimpuls, als Referenzfaktor und Kristallisationspunkt, als

Multiplikationsinstanz für alle Akteure der bürgerlichen Kultur und Gesellschaft des 18. Jahrhunderts.

Dabei ist noch keineswegs geklärt, wie genau man denn Zeitschrift definieren kann. Hier wird die Entstehung des neuen heterogenen Mediums wiederum als Funktionensynkretismus plausibel (vgl. Mediengeschichte von den Anfängen bis 1700, Kap. 4.1. u. 4.7): Vom *Brief* übernahm sie die Universalität an Themen und Formen und die eingeschränkte Ziel- und Lesergruppe, im Unterschied zur Zeitung aber nur insgesamt als Medium; die einzelne Zeitschrift definiert sich gerade durch ihren begrenzten Objekt- und Themenbereich, dessen Umfang wiederum dem Medium *Heft* entlehnt war, welches allerdings nicht regelmäßig erschien. Von der *Zeitung* stammt die periodische Kontinuität, allerdings nur wöchentlich, monatlich oder vierteljährlich, wodurch ihr buchähnlicher Charakter entstand und sich verstehen lässt, warum Zeitschriftenhefte zu Bänden gebunden und wie Bücher in Bibliotheken gesammelt wurden. Vom *Buch* übernahm die Zeitschrift auch ihre interessenspezifische Themenzentrierung; um den Preis der Tagesaktualität wurden die Themen zugleich in fachspezifischen oder eingeschränkt politischen, wirtschaftlichen, sozialen oder kulturellen Kontexten transportiert und damit Zusammenhänge und Hintergründe vermittelt, die sich für die Zeitung verbieten. Und vom *Flugblatt* stammt die Tendenz der Zeitschrift zur Visualisierung – später sollte das Medium *Fotografie* Bedeutung erhalten, insbesondere für die Gestaltung der Zeitschrift als Illustrierte.

> **Funktionensynkretismus**

> **Definition**
>
> **Die Zeitschrift lässt sich durch fünf charakteristische Merkmale kennzeichnen: Themenzentrierung, Temporizität, Interessenspezifizierung, Kontextualisierung, partiell Visualisierung.**

Die frühen Vorläufer der Zeitschrift in der zweiten Hälfte des 17. Jahrhunderts waren zum einen berufsbezogen: die allgemeinwissenschaftlichen Gelehrtenjournals, die ihrerseits auf die lateinischen Humanisten- und Gelehrtenbriefe der Renaissance zurückgingen (vgl. Mediengeschichte von den Anfängen bis 1700, Kap. 4.2); zum andern waren sie freizeitbezogen: einzelne periodische Publikationen zur moralischen Belehrung und Unterhaltung, teils als Beilagen, teils ähnlich dem Almanach, gerichtet an ein allgemein gebildetes Publikum – den Weltmann, den Bürger, auch das »Frauenzimmer«. Adressat war

> **Bürgerlich übergreifendes Medium**

letztlich die ganze Familie. Das neue Medium Zeitschrift verknüpfte insofern die beiden sich neu herausbildenden bürgerlichen Sphären der Handels- und Kommerz- und Wissenschaftsöffentlichkeit (der Männer) und der Privat- und Haus- und Familienöffentlichkeit (der Frauen).

Boom gemäß einem neuen Bedarf

Die Zahl der Zeitschriften stieg im ersten Abschnitt von etwa 70 Titeln (vor 1700) auf rund 300–400 Titel (um 1750), im zweiten Abschnitt dann boomartig bis auf rund 7000 Titel (1830) (Jürgen Wilke). Viele Titel erlebten allerdings nur vergleichsweise kurze Perioden; die Auflagen lagen bei 200–2000 Exemplaren pro Heft, im Durchschnitt bei 600.

Dieser gewaltige Aufschwung lässt sich multifaktoriell erklären: Bürgerliche Interessengruppen auf der Suche nach wissenschaftlichem Austausch und kultureller Orientierung waren überregional zersplittert. Es bedurfte eines möglichst vielfältigen, heterogenen Kommunikations- und Austauschforums, an dem möglichst viele Bürger mit den unterschiedlichsten Anliegen eigeninitiativ partizipieren konnten. Die neue Handlungsrolle des kulturellen Systems, speziell des literarischen Marktes: der bürgerliche Kritiker, musste sich neben Zeitung, Brief und Buch ein neues, seinen speziellen Bedürfnissen angemessenes Kommunikationsinstrument schaffen. Außerdem galt es, die Kapazitäten der Zeitungs- und Buchdruckereien auszulasten, um profitabel arbeiten zu können. Nicht zuletzt boten Zeitschriften gegenüber anderen Medien auch den Vorteil, dass sie in sehr viel niedrigeren Auflagen erschienen,

> **Merksatz**
>
> Der Kritiker im weitesten Sinne des Kulturkritikers war eine Erfindung des Bürgertums im Zuge der Aufklärung, des »Zeitalters der Kritik«.

weniger aktuell waren, meist nicht politisch argumentierten, in ihrer heterogenen Vielfalt weniger bedeutend bzw. bedrohlich erschienen und in der Hauptsache anonyme Beiträge brachten – das heißt: von der strengen Zensur ausgespart blieben.

Die neue Handlungsrolle des Kritikers

Der *Kritiker* steht für das Selbstverständnis und Bemühen des Bürgertums, sich in allen Bereichen des Lebens der Bevormundung durch antike und mittelalterliche Autoritäten oder durch höfische Geschmacksnormen zu entziehen und stattdessen alles den Maßstäben der Vernunft und der eigenen Bewertung zu unterwerfen. Das reichte von Buchrezensionen über neue Sittenkodices, Verhaltensnormen für »Frauenzimmer« und neue Prinzipien der Kindererziehung bis zu Modestandards und hygienischen Vorschriften. Der Kritiker war Kenner, Führer, Spezialist und »Lehrer«. Am besten wurde das bislang für die Literaturkritik und ihre Geschichte bis zur Literaturgeschichtsschreibung aufgearbeitet. Stets ging es um neue Kanonbildung und deren Bewertungsmaßstäbe – dies umso mehr, als die enorme Fülle an literarischen Texten, aber auch an Kulturprodukten anderer Art (Theaterstücke, Musikstücke, Gesetzestexte, Kunstbeiträge, Religionsdispute usw.) von Einzelnen nicht mehr überschaut und bewältigt werden konnte. – Erst sehr viel später sollte sich der bürgerliche Anspruch auf Selbstbestimmung gegen die Kritiker als die Propheten zunehmend elitärer Kulturwertmaßstäbe kehren und angesichts der Unterhaltungskultur des kapitalistischen Markts, etwa von Bestsellerlisten, funktionslos werden (vgl. Kap. 7.5).

Eine spezielle Bedeutung für den Strukturwandel des Öffentlichen hat ein Zeitschriftentypus übernommen, den man als Moralische Wochenschriften bezeichnet: wöchentlich erscheinende »Sittenschriften«. Hier wurden meist anonym oder von fiktiven Verfassern Gedichte, Fabeln, Briefe, Lieder, Epigramme, Satiren, Erzählungen, Dialoge, Diskurse über Sittlichkeit, Moral und guten Geschmack, auch Literatur- und Sprachkritik bis hin zu Preisausschreiben angeboten, in einfachem, persönlichem, verständlichem Stil gehalten, womit ganz neue Leserschichten angesprochen wurden. Leserbriefe wurde eingerückt, um die Journal-Leserbindung zu bestärken. Sogar eigene Beiträge der Leserinnen und Leser wurden eingefordert.

Die Moralischen Wochenschriften vermittelten ein neues Denken, geprägt von der naturrechtsphilosophischen Überzeugung von der grundsätzlichen Gleichheit aller Menschen, von einer vernunftgeleiteten Beurteilung der Welt und der Menschen, von einem frauenfreundlichen Ton, von Weltläufigkeit und Kosmopolitismus. Immer wieder wurden

Die Moralischen Wochenschriften

| Abb 10

Titel der deutschen Zeitschrift »Die Zuschauerin« (1747), nach der englischen Vorlage »The Female Spectator«

Moral und der tugendhafte Mensch beschworen und klassisch bürgerliche Werte und Normen propagiert wie Selbstdisziplin, Strebsamkeit, Askese, Fleiß und Triebkontrolle als Basis des ökonomischen Erfolgs (Wolfgang Martens).

Bevorzugte Zielgruppe waren die Frauen, deren Emanzipation (im Rahmen der bürgerlichen Geschlechterordnung) immer wieder gefordert wurde. Dabei war allerdings eine Verschiebung zu beobachten: von der aufgeklärten, dem Mann ebenbürtigen Frau (1720–1740) über ein ambivalentes Bild der Frau, teils »vernünftig«, teils aber auch empfindsam-tugendhaft (1740–1750), bis zu einem Bild der »schönen Weiblichkeit« (ab 1750) als »schwaches Geschlecht«, exklusiv mit den Rollen der Gattin, Mutter, Hausfrau (Helga Brandes).

> **Merksatz**
>
> Charakteristisch für die Moralischen Wochenschriften war das »Edutainment«: Belehrung und Unterhaltung, Bildung durch Unterhaltung (Elke Maar).

Typologische Ausdifferenzierung

Die typologische Ausdifferenzierung der heterogenen Zeitschrift basierte auf der fortschreitenden Spezialisierung der Einzelwissenschaften wie Theologie, Jurisprudenz, Medizin, Philosophie, Pädagogik, Geschichte, Geographie, Ökonomie und Naturwissenschaften, der Ausdifferenzierung des kulturellen Systems in Teilbereiche wie Literatur, Theater, Malerei, Bildende Kunst, Musik, der Entstehung neuer Lesergruppen wie vor allem der Frauen, einer sich verbreitenden Vielfalt von Themen und neuen Kommunikations- und Unterhaltungsbedürfnissen unterschiedlichster sozialer Schichten und Gruppen. Paradoxerweise war es gerade die je begrenzte, keineswegs massenhafte Präsenz der Zeitschrift in allen Einzeldisziplinen und Kultursegmenten, welche die gesamtgesellschaftliche Dominanz des Mediums begründete.

Zwei Verschiebungen
– **Zunehmende Orientierung am breiten Publikum**

Analog zu den beiden benannten Vorläufern ergab sich bis um 1830 eine zweifache Verschiebung:
▶ Die gelehrten, wissenschaftlichen, berufsbezogenen Zeitschriften differenzierten sich fachwissenschaftlich weiter aus wie zum Beispiel im naturwissenschaftlich-technischen Sektor, tendierten aber verstärkt auch zu kulturspezifischen, freizeitbezogenen Einzelzeitschriften wie zum Beispiel geographische Zeitschriften zu Reisejournalen oder medizini-

sche Zeitschriften zu hygienisch-medizinischer Volksaufklärung. Maßgeblich war hier eine zunehmende Orientierung am breiten Publikum.

▶ Die Familienzeitschriften, speziell die Moralischen Wochenschriften, entwickelten sich zu Frauenzeitschriften und letztlich zur immer größer werdenden Gruppe der allgemeinen Unterhaltungszeitschriften, die später auch den Typus des Magazins hervorbrachten. Gutes Beispiel wären die expliziten Modezeitschriften wie »Die Allgemeine Mode-Zeitung«, »Zeitung für die elegante Welt« oder »Leipziger Modemagazin«, womit das Informationsgefälle zwischen Stadt und Land, zwischen Metropole und Provinz verringert wurde und sich auch untere soziale Schichten angesprochen fühlten. Die kritischen und moralischen Impulse der Moralischen Wochenschriften und auch noch partiell der Frauenzeitschriften waren hier allerdings eher ins Gegenteil verkehrt.

– Zunehmender Trend zur affirmativen Unterhaltung

Weiterführende Literatur

Joachim Kirchner: Das deutsche Zeitschriftenwesen, seine Geschichte und seine Probleme. Teil I: Von den Anfängen des Zeitschriftenwesens bis zum Ausbruch der Französischen Revolution. Leipzig 1942; 2 Teile Wiesbaden 1958/1962
Seinerzeit bahnbrechende Studie mit einer faktografischen Bestandsaufnahme, die heute noch in Teilen den Stand der Forschung repräsentiert.

Wolfgang Martens: Die Botschaft der Tugend. Die Aufklärung im Spiegel der deutschen Moralischen Wochenschriften. Stuttgart 1965
Grundlegendes älteres Standardwerk, mit den Schwerpunkten auf der Gattungsproblematik, der Marktplazierung, der vermittelten Weltanschauung, dem Bild der Gesellschaft und dem Verhältnis zur Literatur.

Jörg Scheibe: Der »Patriot« (1724–1726) und sein Publikum. Untersuchungen über die Verfassergesellschaft und die Leserschaft einer Zeitschrift der frühen Aufklärung. Göppingen 1973
Exemplarische Fallstudie zu den beteiligten Autoren und Mitarbeitern sowie zum Publikum und seiner spezifischen Rezeption.

Eva-Maria de Voss: Die frühe Literaturkritik der Aufklärung. Untersuchungen zu ihrem Selbstverständnis und zu ihrer Funktion im bürgerlichen Emanzipationsprozess. Diss. Bonn 1975
Ältere Fallstudie zur Rolle der Kritik und der Kritiker für die Geschmackserziehung im Kampf gegen feudale Standesprivilegien.

Siegfried Seifert: Die Entwicklung der kritischen Literaturinformation im 18. Jahrhundert in Deutschland. Diss. Humboldt-Universität Berlin. Berlin 1981
Funktionsbestimmung aus marxistisch-leninistischer Sicht.

Helga Brandes: Der Wandel des Frauenbildes in den deutschen Moralischen Wochenschriften. Vom aufgeklärten Frauenzimmer zur schönen Weiblichkeit. In: Wolfgang Frühwald u. a. (Hrsg.), Zwischen Aufklärung und Restauration. Sozialer Wandel in der deutschen Literatur (1700–1848). Tübingen 1989, S. 49–64
Knapp zusammenfassende Thesen aus feministischer Sicht.

Elke Maar: Bildung durch Unterhaltung: Die Entdeckung des Infotainment in der Aufklärung. Hallenser und Wiener Moralische Wochenschriften in der Blütezeit des Moraljournalismus, 1748–1782. Pfaffenweiler 1995
Fallstudie zur Bedeutung des neuen Wertekanons und seiner Vermittlung.

Ernst Fischer, Wilhelm Haefs, York-Gothart Mix (Hrsg.): Von Almanach bis Zeitung. Ein Handbuch der Medien in Deutschland 1700–1800. München 1999
Sammelband mit zahlreichen guten Beiträgen – Standardwerk für die Geschichte der Zeitschrift.

Jürgen Wilke: Grundzüge der Medien- und Kommunikationsgeschichte. Von den Anfängen bis ins 20. Jahrhundert. Köln 2000
Übergreifende Pressegeschichte unter Einbeziehung auch der Zeitung, mit besonderer Berücksichtigung politischer und rechtlicher Gesichtspunkte, bis in die Anfänge des 20. Jahrhunderts.

Übungs- und Wiederholungsfragen

33 Welches war das Schlüsselmedium der bürgerlichen Gesellschaft?
34 Definieren Sie das Medium Zeitschrift.
35 Wie viele Zeitschriftentitel gab es vor 1700 und wie viele um 1830?
36 Welche neue Handlungsrolle des kulturellen Systems bildete sich im 18. Jahrhundert heraus?
37 Was war charakteristisch für die Moralischen Wochenschriften?
38 Wohin entwickelten sich die klassischen Familienzeitschriften des 18. Jahrhunderts?

Weiterführende Arbeitsaufgaben
▶ Recherchieren Sie, welche individuellen Personen sich damals in besonderem Maße als Kritiker profilierten und in welchen Bereichen?
▶ Vergleichen Sie Leserbriefe in den Moralischen Wochenschriften mit Leserbriefen in heutigen Frauen- und Unterhaltungszeitschriften.
▶ Informieren Sie sich ausführlich über die typologische Ausdifferenzierung der Fachzeitschrift innerhalb einer wissenschaftlichen Disziplin Ihrer Wahl und beurteilen Sie die Bedeutung des Mediums Zeitschrift für den damaligen fachwissenschaftlichen Diskurs.

Zusammenfassung

Die fünfte Periode der Mediengeschichte war geprägt von einem Strukturwandel des Öffentlichen, von der repräsentativen Öffentlichkeit des Absolutismus zur bürgerlichen Marktöffentlichkeit mit ihrem Pendent der Privatsphäre oder Familienöffentlichkeit. Getragen, initiiert, stimuliert wurde der gesamtgesellschaftliche Aufstieg des Bürgertums von den neuen Druckmedien, insbesondere der Zeitung, dem Brief, dem Buch und der Zeitschrift.

Die Zeitung etablierte sich als das erste gesamtgesellschaftliche, gruppen- und klassenübergreifende Kommunikationsmedium der Mediengeschichte. Der standardisierte Geschäftsbrief und vor allem der Privatbrief beförderten die bürgerliche Individualkommunikation und ihre Institutionalisierung als Staatspost. Die heterogene Zeitschrift gilt mit der Ausbildung des Kritikers als neuer Handlungsrolle des kulturellen Systems als das Schlüsselmedium der bürgerlichen Gesellschaft – ein zentrales Kommunikationsforum für den bürgerlichen Selbstvergewisserungsprozess: Partizipationsimpuls, Referenzfaktor, Kristallisationspunkt, Multiplikationsinstanz.

Andere Medien waren in diesen umfassenden Verbund eingefügt: das Plakat mit seinen politischen und kommerziellen Verwertungskontexten, ebenso Flugblatt und Flugschrift insbesondere im politischen System, auch bereits als Propagandainstrument »von unten«.

Die übergreifenden Funktionen der bürgerlichen Medienkultur des 18. Jahrhunderts waren Identitätsstiftung und Entsinnlichung. Das zeigte sich auch in der bürgerlichen Usurpation der traditionellen und nun überholten Menschmedien. In der sechsten Periode des Medienwandels im Industrie- und Massenzeitalter bis 1900 sollte sich die Gegenbewegung dazu einstellen – auf der Grundlage jener ideologischen Impulse, die beim Nischenmedium Theater für die Fotografie, den Film und das Fernsehen bereits ausgebildet wurden.

Periode VI: Medienwandel im Industrie- und Massenzeitalter (1830–1900)

6

Übersicht

6.1 Von den Druckmedien zu den elektronischen Medien: die dritte Medienrevolution

6.2 Zeitung und Journalismus als System

6.3 Das »Zwischenmedium« Telegraf

6.4 Zeitschrift und Illustration

6.5 Die Fotografie – Medium des Kleinbürgers

6.6 Visualisierungsschübe: Bilderbogen, Blatt, Ansichtskarte, Plakat

6.7 Die neuen Medien Telefon und Schallplatte

6.8 Vom Buch zum Heft: transmediale Expansion

6.9 Die Anfänge des Films als komplexes System

Das 19. Jahrhundert sah einen weiteren fundamentalen Umbruch in der Geschichte der Medien: von der Dominanz der Druckmedien zur Dominanz der elektronischen Medien, die dann das 20. Jahrhundert bestimmen sollten. Er gilt nach den Wechseln vom Matriarchat zum Patriarchat und von den Mensch- zu den Druckmedien als die dritte Medienrevolution. Maßgeblich waren dabei Merkmale, wie sie schon früher aufgetreten sind, insbesondere die Ausdifferenzierung (zum Beispiel bei der Zeitung), die befristete Statthalterfunktion von »Zwischenmedien« (zum Beispiel beim Telegrafen) und der Funktionensynkretismus (zum Beispiel beim Film).

Der gesellschaftliche Wandel in dieser sechsten Periode war

Vier gesellschaftliche Schlüsselphänomene	durch vier Schlüsselphänomene geprägt, die in engem Zusammenhang miteinander standen und vor denen die medienkulturellen Umwälzungen betrachtet werden müssen.
– Bevölkerungswachstum	Dabei handelte es sich erneut um einen *Bevölkerungsboom*, von 29,3 (1830) auf 56 Millionen Menschen (1900). Nach einem zögerlichen Wachstum, insbesondere auf dem Land, folgte im Kontext der Industrialisierung ein sprunghafter Zuwachs ab 1860, insbesondere in den Städten. Trotz dieser gewaltigen Bevölkerungsverdichtung wurde die anfängliche Massenverarmung und Bevölkerungsmigration (»Pauperismus«) abgelöst durch Wachstum, Steigerung der Erträge, Verbesserung des Lebensstandards, Verlängerung der durchschnittlichen Lebenserwartung.
– Technikboom	Das war nur möglich durch den *Technikboom* der Zeit. Das 19. Jahrhundert gilt als das »Jahrhundert der Erfindungen«. Die Entdeckungen der Naturwissenschaften hatten direkt wie indirekt enorme Bedeutung für die Lebensgestaltung der Menschen. Das neue Weltbild der Menschen wurde abstrakt, mathematisch, verwissenschaftlicht. Die Zahl prägender technischer Erfindungen reicht von der Dampflokomotive über den Elektromotor bis zur Sicherheitsnadel, vom Fahrrad über den Kühlschrank bis zur Glühlampe, vom Stahl über die Schreibmaschine bis zum Auto. Es war das »technische Zeitalter«.
– Industrialisierung	Natürlich handelte es sich dabei um ein Merkmal der *industriellen Revolution*: den Wandel von der einfachen zur kapitalistischen Warenproduktion, vom Handelskapital zum Industriekapital, von der agrarischen zur industriellen Herstellung, vom Handwerker zum Lohnarbeiter in den Fabriken. Einem ersten Abschnitt der Mechanisierung oder Maschinisierung folgte die Generation der Gründer und Unternehmer und in einem dritten Abschnitt die Ausbildung von monopolistischen Konzernen und Kartellen und damit auch von Großbanken und Aktiengesellschaften.
– Schichtendifferenzierung	Das führte auch im sozialen Bereich zu strukturellen Veränderungen. Das alte Modell der bürgerlichen Öffentlichkeit, aufgebaut nach den traditionellen Ständen (Adel, Bürgertum, Bauernschaft, »Vierter Stand«) zerbrach und war am Ende des Jahrhunderts in einer kapitalistischen Massengesellschaft durch ein neues Modell sozialer Schichten abgelöst. Die neue

Schichtenpyramide wurde angeführt von den Unternehmern, Industriekapitänen, adeligen Agrarkapitalisten und der kleinen Gruppe des politisch herrschenden Adels: bestimmt von Macht und wirtschaftlichem Reichtum. Die neuen Mittelschichten waren breit und vielfältig ausdifferenziert, vom Rechtsanwalt und Arzt über den Lehrer und leitenden Angestellten bis zum subalternen Beamten, kleinen Ladenbesitzer und Handwerker. Die sozialen Unterschichten reichten vom Lohnarbeiter über Dienstboten und Tagelöhner bis hinunter zum städtischen Pöbel der Bettler, Huren und Diebe.

Von den Druckmedien zu den elektronischen Medien: die dritte Medienrevolution

6.1 |

Gesellschaftlicher Wandel und Medienwandel bezogen sich aufeinander. Das Bevölkerungswachstum indiziert wie schon früher schubartige Neuerungen in der Medienkultur, etwa neue Medienangebote als Reaktion auf eine zunehmende Orientierungslosigkeit der Menschen in der Massengesellschaft. Der Technikboom erstreckte sich auch auf Medientechnik; »Technik« wurde nun nicht mehr verstanden als Darstellungs- oder rhetorische Technik (Menschmedien), als architektonische Gestaltung (Gestaltungsmedien) oder als Schreibkunst (Schreibmedien), sondern als Maschine, als vergegenständlichte Technologie – schon bei den Druck- und Bindetechniken und vollends bei Fotografie, Telegrafie, Schallplatte, Radio, Film und Fernsehen (und in Grundlegung auch der späteren digitalen Medien). Die Industrialisierung hatte ihre Auswirkungen insbesondere auf die Etablierung einer sich entwickelnden Medienindustrie. Und die Schichtendifferenzierung lässt eine diversifizierte Nachfrage und damit zumindest wieder eine quantitative Zunahme der Einzelmedien erwarten.

Gesellschaftlicher Wandel und Medienwandel

Es begann mit einem sich ab 1830 boomartig entwickelnden Zeitungsmarkt und der Etablierung des Journalismus als medienübergreifendem System, der Krise der Fachzeitschrift und der Unterhaltungsdominanz von Familienzeitschriften und Illustrierten, dem Aufstieg und Niedergang des neuen Mediums Bilderbogen speziell für die Unterschichten und die untere Mittelschicht. Aber schon früh traten auch Medien ganz neuer Art auf den Plan, die man später unter die Gruppe der elektronischen Medien rechnen sollte, wie der Telegraf und die Fotografie.

In der Mitte des Jahrhunderts prägte die politische Bedeutung des Flugblatts die Entstehung der öffentlichen Meinung etwa bei der Revolution 1848, aber auch beim Ausbruch des deutsch-französischen Kriegs 1870/71, verstärkt durch vielfältige neue Versionen des Mediums Blatt im Alltag. Ähnlich ragte die politische und die kommerzielle Rolle des Plakats im boomenden Kapitalismus heraus. Bei den Medien der Individualkommunikation, der Ansichtskarte und dem Telefon, gab es fundamentale Veränderungen. Beim Medium Buch sind Diversifikation und Expansion des Buchmarkts hin zum Heftchen und Massenbuch im Kolportagevertrieb zu beobachten. Mit der Entwicklung der Schallplatte und spätestens mit den Anfängen des neuen Mediums Film und seiner Bedeutung im städtischen Industrieproletariat um 1900 lässt sich erkennen, dass sich bis zur Jahrtausendwende ein fundamentaler Wandel von Medien und Kultur vollzogen hatte, der sich seinerseits auf den gesamtgesellschaftlichen Wandel prägend auswirkte.

> **Merksatz**
>
> Die Zahl der gesellschaftlich relevanten Einzelmedien nahm im 19. Jahrhundert wie auch früher schon in Phasen des Übergangs wieder zu: diesmal von 12 auf 16.

Kapitalisierung

Als übergreifende Befunde zur Medienkultur des 19. Jahrhunderts lassen sich formulieren: Medien als Orientierungs- und Steuerungssysteme wurden zunehmend kapitalisiert, d.h. Kultur wurde immer stärker dem ökonomischen Teilsystem untergeordnet. Außerdem muss gelten: Ab dem Ende dieser Periode

Unterhaltung

tendierte Medienkultur immer stärker zur Unterhaltung. Beides sollte in den folgenden Perioden der Medienkulturgeschichte bis heute beibehalten werden.

Allerdings lässt sich die dominante Funktion der Medienkultur speziell des 19. Jahrhunderts im Gesamtüberblick noch präziser bestimmen. Maßgeblich war einmal eine direkte Wendung gegen die bürgerliche Kultur der dominanten Printmedien des

Versinnlichung

18. Jahrhunderts, die Wiederentdeckung der »Sehsucht« und generell von Sinnlichkeit. Der »Bildhunger« der Zeitgenossen nach einer Periode dürrer Abstraktifikation verhalf zunächst der bebilderten Zeitschrift zum Aufschwung: der Illustrierten. Witz-

blätter und Karikaturen trugen zur breiten Visualisierung der neuen Massenunterhaltungskultur bei. Einen ersten Schwerpunkt setzte die neue Fotografie, in der die sichtbare Wirklichkeit selbst sich zu veranschaulichen schien, gleichsam als Ikone des Realen. Andere Medien wie der Bilderbogen, das Blatt, das Plakat, die Ansichtskarte und vor allem der Film folgten demselben Prinzip.

Zweite Funktion war die schichtenspezifische Zurichtung dieser Visualisierung und Versinnlichung. Das gilt insbesondere für die vielen Einzelmedien als solche, die sich ausdifferenzierten wie etwa die Zeitung – tendenziell in die Parteipresse (obere Mittelschicht), die Meinungspresse (mittlere Mittelschicht), die Heimatzeitung (untere Mittelschicht) und den Generalanzeiger (Unterschichten) – oder das Bibliothekssystem (Fachbibliothek, Universitätsbibliothek, Volksbibliothek, Leihbücherei) oder auch die Fotografie – zunächst Hoffotografie (obere Mittelschicht), dann Wissenschafts- und Reisefotografie (mittlere Mittelschicht), dann Porträtfotografie (untere Mittelschicht) bis schließlich hin zum Fotoapparat für jedermann (Knipser). Auch andere Medien wie insbesondere der Film eroberten sich nach und nach alle Schichten und Gruppen der Gesellschaft. Teilweise blieben Medien aber auch schichtspezifisch – so Telegraf und Telefon für die oberen, der Bilderbogen dagegen für die unteren sozialen Schichten. Damit wurden die Menschen in einer unübersichtlich gewordenen, nivellierenden Massengesellschaft medial integriert und konnten sich zugleich medial positionieren.

Stratifikation

> **Merksatz**
>
> **Die zwei dominanten Funktionen spezifisch der Medienkultur des Industrie- und Massenzeitalters waren übergreifend Versinnlichung und Stratifikation medialer Kommunikation.**

Abgesehen von diesen zwei übergreifenden Funktionen veränderten vier neue Medien den Akt der Vermittlung grundsätzlich: Fotografie, Telefon, Schallplatte und Film. Sie stehen für Medialisierung als Reproduktion von Wirklichkeit. Die Fotografie war Reproduktion von visueller Live-Wirklichkeit. Das Telefon übermittelte ergänzend zur optischen Wirklichkeit ein Stück der akustischen Wirklichkeit. Die Schallplatte folgte ebenfalls diesem Trend, indem sie analog zum Foto ein Stück Wirklichkeit arretierte, allerdings nicht der sichtbaren, sondern der

Vermittlung als Reproduktion von Wirklichkeit

> **Merksatz**
>
> Medien haben schon immer Wahrnehmung gesteuert und Wirklichkeit orientierend zugerichtet, und der Wandel der Medienkultur vom Bericht über Wirklichkeit zur scheinbaren Mimesis, wie er im 19. Jahrhundert mit den elektronischen Medien begonnen wurde, war nur ein Wandel der Ästhetik.

akustischen Wirklichkeit. Und auch der Film suggerierte direkte Wiedergabe von Wirklichkeit mit dem Anschein unverstellter Unmittelbarkeit.

Tatsächlich handelt es sich dabei ausnahmslos jeweils um mediale Gestaltung von Wirklichkeit, die sich in unterschiedlicher Weise nur der Illusion von Authentizität bedient. Und nur in dem Maße konnte der Eindruck entstehen, »wirkliche« Wirklichkeit würde hier zunehmend von »medialer«, d.h. von Pseudo-Wirklichkeit überlagert und ersetzt, in dem die notwendigen neuen Medienkompetenzen bei den Menschen noch nicht ausgebildet waren.

Weiterführende Literatur

Knut Borchardt: Die Industrielle Revolution in Deutschland. München 1972
Knapper guter Überblick.

Wilhelm Treue: Gesellschaft, Wirtschaft und Technik Deutschlands im 19. Jahrhundert. München 1975
Ältere kurze Darstellung nach Schlüsselsektoren.

Wolfram Siemann: Gesellschaft im Aufbruch. Deutschland 1849–1871. Darmstadt 1990
Kompetenter zeitgeschichtlicher Überblick.

Werner Faulstich und Corinna Rückert: Mediengeschichte in tabellarischem Überblick von den Anfängen bis heute, 2 Teile. Bardowick 1993
Annalistische Darstellung mit Quellenangaben, für die gesamte Medienkultur sowie unterschieden nach den Einzelmedien.

Sehsucht. Das Panorama als Massenunterhaltung des 19. Jahrhunderts. Ausstellungskatalog Bonn 1993. Frankfurt/Main 1993
Guter Überblick über verschiedene Formen, die internationale Verbreitung und die Funktionen des Panoramas, mit zahlreichen Abbildungen.

Hans-Ulrich Wehler: Deutsche Gesellschaftsgeschichte. Zweiter Band: Von der Reformära bis zur industriellen und politischen »Deutschen Doppelrevolution«, 1815–1845/49. München 1987; Dritter Band: Von der »Deutschen Doppelrevolution« bis zum Beginn des Ersten Weltkrieges, 1849–1914. München 1995
Klassiker der Zeitgeschichtsschreibung.

Kaspar Maase: Grenzenloses Vergnügen. Der Aufstieg der Massenkultur 1850–1970. Frankfurt/Main 1997
Versuch einer Gesamtdarstellung unter Einbeziehung von Radio, Heft, Film, Fernsehen, aber auch von Kirmes, Fußball, Jugendschutz, Terror und »Wonnen der Gewöhnlichkeit«.

Heinz-Gerhard Haupt und Geoffrey Crossick: Die Kleinbürger. Eine europäische Sozialgeschichte des 19. Jahrhunderts. München 1998
Beschreibt den Übergang von den Zünften zur neuen sozialen Schicht mit Akzenten u. a. auf Kleinbetrieben, Familie, Wohnviertel, politischen Präferenzen und Kultur und Geselligkeit.

Übungs- und Wiederholungsfragen

1 Welche drei Merkmale, welche die Mediengeschichte immer wieder geprägt haben, waren auch bei der dritten Medienrevolution maßgeblich?
2 Nennen Sie die vier Schlüsselphänomene, die in engem Zusammenhang miteinander den gesellschaftlichen Wandel in der sechsten Periode der Mediengeschichte geprägt haben.
3 Was versteht man unter dem Wandel von der Stände- zur Schichtengesellschaft im 19. Jahrhundert?
4 Worin besteht die dritte Medienrevolution?
5 Welche zwei Merkmale prägten die Medienkultur des 19. Jahrhunderts in zunehmenden Maße und kontinuierlich bis heute?
6 Welche beiden dominanten Funktionen gelten für die Medienkultur des 19. Jahrhunderts insgesamt?
7 Welche vier neuen Medien veränderten den Akt der Vermittlung im 19. Jahrhundert in welcher Hinsicht?

Weiterführende Arbeitsaufgaben

▶ Informieren Sie sich über die verschiedenen Konzepte von »Unterhaltung« und versuchen Sie eine eigene Definition mit Blick auf den historischen Wandel von Unterhaltung.
▶ Inwiefern hat sich Mediengeschichte im 19. Jahrhundert als Wahrnehmungsgeschichte verändert? Vergleichen Sie Vermittlung als Reproduktion von Wirklichkeit mit früheren rezeptionssteuernden Vermittlungsprozessen z. B. bei den Menschmedien. Wo liegen Ähnlichkeiten und Unterschiede?

6.2 | Zeitung und Journalismus als System

Bei der Zeitung gab es zwei auf den ersten Blick gegenläufige Tendenzen, die bei genauerem Hinsehen aber als zusammengehörige Funktionen erkennbar sind: erstens *Ausdifferenzierung*, etwa nach Gattungen, Schichten, Lesergruppen, Teilöffentlichkeiten, und zweitens *Konsolidierung* gemäß Organisation, Institutionalisierung und Professionalisierung der Nachrichteninformation quer zu verschiedenen Nachrichtenmedien.

Ausdifferenzierung

Die Ausdifferenzierung vollzog sich auf dem Hintergrund einer quantitativen Ausweitung. Speziell politische Zeitungen erschienen nun vier-, fünf- und sechsmal wöchentlich, und die Zahl der täglich erscheinenden Zeitungen verdoppelte sich, vor allem als Träger unterschiedlicher politischer Richtungen und Standpunkte. Das Medium erfuhr insgesamt eine »Politisierung« (Ulrich Saxer). 1897 lieferten nicht weniger als 64 Blätter in Deutschland, speziell in Großstädten mit starker Konkurrenz, mehrere Ausgaben am Tag aus, teils auch mit Sonntagsausgaben. Auch der Umfang nahm zu, meist wegen der Anzeigen und der damals verbreiteten Beilagen und Beiblätter. Die Preise sanken, was die Verbreitung der Zeitung stark beförderte und Neugründungen als Wirtschaftsunternehmen stimulierte.

– Politisierung

– Ökonomisierung

Ab den 80er Jahren erreichte die Ökonomisierung des Mediums mit dem neuen Zeitungstyp des Generalanzeigers einen ersten Höhepunkt. Erfindungen wie die dampfbetriebene Schnellpresse und dann die Rotationsmaschine erlaubten den profitablen Druck sehr großer Auflagen.

| Abb 11

Bebilderung eines Artikels in der »Berliner Illustrirten Zeitung« (1893) – »Der Papst sendet den amerikanischen Katholiken durch den Phonographen seinen Segen«.

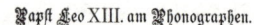

– Sparten und Ressorts

Ausdifferenzierung vollzog sich aber auch in qualitativer Hinsicht. So spielte seit den 70er Jahren die Aufmachung eine größere Rolle (Schlagzeilen, Seitengliederung usw.). Man unterschied verstärkt in Sparten und Ressorts, in Genres und nach lokalen Schwerpunkten. Der Leitartikel verbreitete sich und der politische Teil wurde ergänzt durch einen Handels- und Wirtschaftsteil, einen Sportteil, ein Feuilleton mit dem Zeitungsroman, eine neue Rubrik für Vermischtes und Gerichtsurteile, einen Lokalteil und einen speziellen Anzeigenteil. In der zweiten Hälfte des 19. Jahrhunderts nahm die Bebilderung der Zeitung und auch der Zeitschrift (»Illustrierte«) stark zu, zunächst als Textillustration wie bei den Flugblättern, dann aber auch mit dem Ziel einer eigenen Bildberichterstattung. Erst ab der Jahrhundertwende ging das Medium Foto mit der Zeitung eine zukunftsträchtige Symbiose ein.

> **Merksatz**
>
> Das vielleicht wichtigste Merkmal der Zeitungsentwicklung im 19. Jahrhundert in Deutschland war der Umschwung von der Finanzierung primär aus dem Vertriebserlös zur Finanzierung primär aus dem Anzeigenerlös.

Ab den 50er Jahren, nach dem Fall des Intelligenzzwangs 1850 (vgl. Kap. 5.2), wurde die Zeitung immer weniger aus dem Verkauf und immer stärker aus den akquirierten Anzeigen finanziert. Diese »Kapitalisierung« des Mediums Zeitung, ähnlich der des Mediums Buch in der vorangegangenen Periode, wurde erstmals mit dem »Generalanzeiger« erfolgreich umgesetzt.

– Generalanzeiger

Fast in jeder Stadt wurde ein solcher Generalanzeiger angeboten – Vorläufer der Universalpresse und der Massenpresse vom Typ Kaufzeitung in unserem heutigen Sinn.

Zur Konsolidierung der Zeitung als medienübergreifendes System der Nachrichtenberichterstattung gehört die politische wie die ökonomische Dimension. Als Massenmedium war die Zeitung zunächst einmal nicht mehr primär einer bürgerlich-aufklärerischen, einer obrigkeitlich-herrschaftlichen oder einer politisch-parteilichen Öffentlichkeit zuzuordnen, sondern vielmehr einer kommerzialisierten oder Scheinöffentlichkeit. Spätestens zur Jahrtausendwende erschien die Massen- und Boulevardpresse hauptsächlich als Motor kapitalistischer Gewinnerwirtschaftung. Paradigmatisch dafür war die zunehmende Pressekonzentration, die auch Nachrichtenagenturen betraf (vgl. Kap. 6.3). So wurde das Zeitungswesen im Kaiserreich von drei Berliner Konzernen beherrscht:

Konsolidierung

– Medienkonzentration

> **Definition**
>
> Der Generalanzeiger als neuer Zeitungstyp ist definiert nach folgenden Faktoren: sehr viel Werbung, Lokalbezug, politische Neutralität, Aufnahme von Leserbriefen, Preisausschreiben, enge Leser-Blatt-Bindung, anfangs gratis und später extrem günstig in Abonnementform auf dem Markt angeboten.

▶ *Rudolph Mosse* begann mit Inseraten für Zeitschriften wie die »Gartenlaube« und die »Fliegenden Blätter«, gründete eine Agentur mit systematischen Marktanalysen, betrieb eine gezielte Öffentlichkeitsarbeit, gründete Zeitungen neu, kaufte andere auf und wurde mit zahlreichen Unterhaltungsbeilagen, wenig Politik, vielen Gratisexemplaren und einem niedrigen Bezugspreis erfolgreich.

▶ *Leopold Ullstein* kam aus dem Papiergeschäft und wurde zu seinem Konkurrenten. Er erwarb ebenfalls eine Reihe von Zeitungen, optimierte die Vertriebsmethoden, achtete auf die Kapazitätsauslastung seiner Druckereien und orientierte sich inhaltlich-thematisch an Sensationen, Katastrophen, Kriminalität, mit ganzseitigen Tittelbildern als Blickfang, ganz gemäß dem Geschmack der Massenleser. Durch die Diversifikation seiner verlegerischen Aktivitäten in Form von Buch- und Zeitschriftenverlagen verringerte er das verlegerische Risiko.

▶ *August Scherl* schließlich verlegte zunächst Billigromane, kaufte und gründete dann neue Zeitungen, gab das erste Adressbuch mit Inseraten heraus, diversifizierte seinen Blätterwald ebenfalls unter Hinzufügung von Zeitschriften und wurde auch durch Bilanzbetrügereien reich.

Die Vielzahl der Blätter und ihre steigende Bedeutung innerhalb des politischen Systems katapultierten das Medium insgesamt jedoch auch in den Rang einer »vierten Gewalt« im Staat.

– Professionalisierung

Herzstück dieser gesellschaftlichen Aufwertung war die Professionalisierung des »Journalismus« – der Journalist war nicht mehr wie früher Literat, Schriftsteller, Hans Dampf in allen Gassen oder ein gescheiterter Beamter, Lehrer, Jurist, sondern er etablierte sich als eigenständige Handlungsrolle und als Beruf. Die in der Forschung genannten Zahlen für »Zeitungsleute« sind zwar sehr widersprüchlich, aber man kann in jedem Fall von einer kontinuierlichen Zunahme neben- und vor allem hauptberuflicher Journalisten ausgehen. Um die Jahrhundertwende soll es in Deutschland rund 2500 Zeitungsredakteure gegeben haben. Sie grenzten sich immer stärker ab von anderen zeitungsspezifischen Berufsgruppen wie den Nachrichtenbeschaffern, den Anzeigenakquisiteuren, den Setzern, Druckern, Graphikern, Zeichnern usw. Journalisten spezialisierten sich zugleich ressortspezifisch (Nachrichten-, Lokal-, Feuilleton-, Sportredakteur usw.) und bildeten eine redaktionsinterne Hierarchie aus (vom Chefredakteur über den Ressortleiter bis zum Informanten und Lehrling). Sie arbeiteten in der Regel medienübergreifend (Zeitung, Zeitschrift, Blatt, Heft usw.). Schon früh schlossen sie sich zu berufsspezifischen Verbänden zusammen. Bereits 1864 trat in Eisenach erstmals der Deutsche Journalistentag zusammen, 1895 wurde in Heidelberg der Verband deutscher Journalisten und Schriftstellervereine als Dachverband gegründet (um nur zwei wichtige Jahreszahlen als Beispiele zu nennen). Diese Organisationen trugen wesentlich zu einem spezifischen journalistischen Selbstverständnis bei (Jörg Requate) und prägten auch die Rekrutierung und Ausbildung des Nachwuchses. Es war der Journalist, der trotz einer gewissen Heterogenität im Berufsbild mit seinem letztlich positiven Image als bürgerlicher Beruf akzeptiert wurde und zum Garanten eines breiten Meinungspluralismus avancierte.

Weiterführende Literatur

Kurt Koszyk: Deutsche Presse im 19. Jahrhundert. Geschichte der deutschen Presse Teil II. Berlin 1966
Älteres Standardwerk mit klassisch publizistikwissenschaftlicher Verschränkung politischer, juristischer und kommunikationsgeschichtlicher Aspekte.

Hans-Wolfgang Wolter: Generalanzeiger – Das pragmatische Prinzip. Zur Entwicklungsgeschichte und Typologie des Pressewesens im späten 19. Jahrhundert mit einer Studie über die Zeitungsunternehmungen Wilhelm Girardets (1838–1918). Bochum 1981
Älterer, immer noch anregender Beitrag zur Erforschung des Generalanzeigers.

Philomen Schönhagen: Die Zeitung der Leser. Die Idee der Leserbeteiligung in der Heimatzeitung des 19. Jahrhunderts. München, Mühlheim 1993
Exemplarische Fallstudie zu verschiedenen Aspekten und Formen der Leserbeteiligung.

Ulrich Saxer: Die Zeitung als politische Sozialisationsinstanz. In: Relation I (1994), S. 19–48
Gute knappe Darstellung unter Beachtung von Wandel, Funktionalität und Öffentlichkeitsbezug.

Jörg Requate: Journalismus als Beruf. Entstehung und Entwicklung des Journalistenberufs im 19. Jahrhundert. Deutschland im internationalen Vergleich. Göttingen 1995
Standardwerk mit Schwerpunkt Deutschland: Sozialgeschichte und Berufsrolle in der Öffentlichkeit.

Jürgen Wilke: Grundzüge der Medien- und Kommunikationsgeschichte. Von den Anfängen bis ins 20. Jahrhundert. Köln, Weimar, Wien 2000
Übergreifende Pressegeschichte mit besonderer Berücksichtigung politischer und rechtlicher Gesichtspunkte bis in die Anfänge des 20. Jahrhunderts.

Rudolf Stöber: Deutsche Pressegeschichte. Einführung, Systematik, Glossar. Konstanz 2000
Versuch einer knappen Darstellung, zweigeteilt in 15.–18. Jh. und 19./20. Jh.

Kai Lückemeier: Information als Verblendung. Die Geschichte der Presse und der öffentlichen Meinung im 19. Jahrhundert. Stuttgart 2001
Eigenwilliger kritischer historischer Abriss, der die Presse als wesentlichen Faktor gesellschaftlichen Wandels (tendenziell negativ) verortet.

Übungs- und Wiederholungsfragen

8 Welche beiden auf den ersten Blick gegenläufigen Tendenzen prägten die Geschichte der Zeitung im 19. Jahrhundert?
9 Was war das wichtigste Merkmal der Zeitungsentwicklung in Deutschland im 19. Jahrhundert?
10 Welcher neue Zeitungstyp entstand im 19. Jahrhundert?
11 Wie heißen die drei Berliner Konzerne, die das Zeitungswesen im Kaiserreich beherrscht haben?
12 Was meint die These von der Entstehung des »Journalismus als System«?

Weiterführende Arbeitsaufgaben

▶ Vergleichen Sie die Einteilung in Sparten und Ressorts bei der Zeitung im 19. Jahrhundert mit der heutigen Situation. Wo gibt es Ähnlichkeiten, wo Unterschiede und welche Bedeutung haben sie?
▶ Informieren Sie sich ausführlicher über die damaligen journalistischen Berufsverbände und vergleichen Sie sie mit den heutigen.

6.3 | Das »Zwischenmedium« Telegraf

»Zwischenmedium«

Vergleichbar dem Medium Almanach in der fünften Periode der Medienkulturgeschichte (Kap. 5.6) muss auch das neue Medium Telegraf als ein »Zwischenmedium« gelten. Einerseits bereits elektrisch, andererseits, im Ausdruck des Telegramms, noch ganz Schreib- bzw. Druckmedium, verdeutlicht der Telegraf insofern die Phase des Übergangs. Mit dem Telegraf als Medium

6.3 Das »Zwischenmedium« Telegraf

der Individualkommunikation erfuhr das damals wichtigste Massenmedium Zeitung eine fundamentale Veränderung. In den 40er Jahren in Preußen, Bremen, Bayern, Württemberg und anderen Ländern eingeführt und in den 50er und 60er Jahren etabliert, geriet es ab den 70er Jahren in Konkurrenz zum Telefon und war damit bereits vor der Jahrhundertwende wieder im Niedergang begriffen.

Bereits 1794 war die alte Idee des optischen Telegrafen in Frankreich als Nachrichtentransportsystem etabliert, 1834 in Preußen die erste Telegrafenlinie in Betrieb genommen. Sie war begrenzt auf die militärische Nutzung und nur bei schönem Wetter und am Tage zu gebrauchen. Als Samuel F.B. Morse in den USA den neuen Schreibtelegrafen erfand (»Morseschreiber«), der sich ab 1848 weltweit verbreitete, trat der elektrische Telegraf an seine Stelle und revolutionierte die Informationsvermittlung in dreifacher Hinsicht: Erstens wurden dazu viele neue Telegrafenlinien aufgebaut, die zu einem dichten Netzwerk weltweit verbunden wurden – im 20. Jahrhundert sollte sich ähnlich das World Wide Web etablieren (Kap. 8.2). Zweitens lag die Initiative im privatwirtschaftlichen Bereich, d.h. in Amerika war der Telegraf von Anfang an für politische und wirtschaftsbezogene bzw. private Nachrichten offen. Drittens und vor allem wurde die enorme Geschwindigkeit der Nachrichtenübermittlung zu einem neuen Standard: »in 28 Minuten von London nach Kalkutta« (Hans Pieper).

Vom optischen zum ...

... elektrischen Telegrafen

In Deutschland wurde die Ausbreitung des Telegrafen durch die Kleinstaaterei und die Anbindung an die staatliche Post stark behindert. Erst ab den 70er Jahren erhöhte sich die Zahl der Telegrafenstationen von 6100 (1876) über 15380 (1890) bis zu 38500 (1913) und auch der übermittelten Telegramme von 9,8 Millionen (1872) allein in Preußen bis auf 35,2 Millionen (1897). Auch hier konnten Wirtschaft und Handel sich schließlich des Mediums bedienen: Damit wurden mehr Märkte zugänglich. Preise konnten schneller verglichen und ausgehandelt werden.

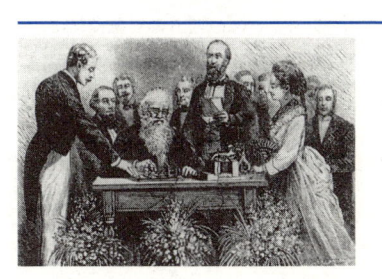

| Abb 12

Morse bei seiner Verabschiedung im Jahre 1871

> **Merksatz**
>
> Mit dem Telegrafen wurde der »Nachrichtenverkehr« zu einem Faktor globaler wirtschaftlicher Wertschöpfung.

Zwischenhändler wurden durch den direkten Kontakt zwischen Produzenten und Abnehmern ausgeschaltet. Lagerbestände ließen sich kleiner halten. Preise wurden dadurch niedriger usw. Der Verkehr der Banken wurde optimiert, Börsennachrichten gerieten ins Zentrum der Aufmerksamkeit (»Ticker«). Und nicht zuletzt bildete sich eine ganz neue Medienindustrie heraus (Morsegeräte, Telegrafenmasten, Leitungen usw., auch der neue Beruf der Telefonistin).

Von den Korrespondentenbüros ...

Die medienkulturell wichtigste Bedeutung aber erhielt der Telegraf als Instrument der Nachrichtenübermittlung für die Zeitung. Aus den früheren Korrespondentenbüros als einem »Hilfsgewerbe der Presse« (Isabell Voigt, vgl. auch Mediengeschichte von den Anfängen bis 1700, Kap. 4.2, 4.7 u. Kap. 5.5), von denen die kleinen und mittleren Zeitungsbetriebe ihre Auslandsnachrichten erwarben und einfach abdruckten, entwickelten sich nun Nachrichtennetzwerke und -agenturen, die sich schnell des neuen Telegrafen bedienten und sich als »De-

... zu den Telegrafenbüros

peschenbüros« oder »Telegraphen-Büros« am Markt etablierten. Hier sammelten, bündelten, bearbeiteten und verkauften professionelle Journalisten eingehende Nachrichten aus aller Welt in einer derartigen Geschwindigkeit, dass sie die meisten Zeitungen in direkte Abhängigkeit brachten. Das gilt insbesondere für die »großen Vier«: *Havas* deckte Frankreich, Südeuropa, die französischen Kolonialgebiete und den Nahen Osten ab; *Reuters* das britische Kolonialreich, die Türkei und den Fernen Osten; *Wolff* die deutschen Länder, Rußland, Skandinavien und den Balkan; und *Associated Press* Nordamerika und später Kanada, Mexiko und die Philippinen. Sie arrangierten sich mit den jeweiligen Nationalstaaten, die in dieser Form ihre Kontroll- und Zensurinteressen optimal umsetzen konnten; denn weitergereicht wurde nur, was jeweils politisch genehm war.

Weiterführende Literatur

Karl Knies: Der Telegraph als Verkehrsmittel. Tübingen 1857 (als Faksimiledruck herausgegeben und kommentiert von Hans Wagner. München 1996)
Zeitgenössische Studie zur Verbreitung eines aufregend aktuellen neuen Mediums.

Rita Seidel: Verkehrsmittel Telegraph. Zur Geschichte der Telegraphie im 19. Jahrhundert bis 1866 unter besonderer Berücksichtigung des Raumes Hannover-Bremen. Diss. Hannover 1980
Detaillierte Fallstudie mit dem Versuch, die übergreifenden Anfänge des Mediums mit empirischer Regionalgeschichtsforschung zu verbinden.

Horst A. Wessel: Die Entwicklung des elektrischen Nachrichtenwesens in Deutschland und die rheinische Industrie. Von den Anfängen bis zum Ausbruch des Ersten Weltkrieges. Wiesbaden 1983
Umfassendes Standardwerk als Beitrag zur Industrie- und Firmengeschichte, mit den Zäsuren um 1866/67 und zum Beginn der 1880er Jahre.

Jürgen Wilke (Hrsg.): Telegraphenbüros und Nachrichtenagenturen in Deutschland. Untersuchungen zu ihrer Geschichte bis 1949. München u.a. 1991
Mit Teilstudien u.a. zur Entstehung von Nachrichtenbüros, zur Telegraphen-Union und zur Transocean GmbH.

Joseph Reindl: Der Deutsch-Österreichische Telegraphenverein und die Entwicklung des deutschen Telegraphenwesens 1850–1871. Eine Fallstudie zur administrativ-technischen Kooperation deutscher Staaten vor der Gründung des Deutschen Reiches. Frankfurt/Main u.a. 1993
Detaillierte Spezialstudie zur juristischen und politischen Bedeutung früher Organisationsformen, speziell des DÖS.

Annteresa Lubrano: The Telegraph. How Technology Innovation Caused Social Change. New York, London 1997
Technikfundierte Sozialgeschichte am Beispiel des Telegrafen insbesondere in den USA.

Hans Pieper (Bearbeitung Kilian Künzi): In 28 Minuten von London nach Kalkutta. In: Museum für Kommunikation (Hrsg.), In 28 Minuten von London nach Kalkutta. Bern 2000, S. 119–239
Bahnbrechender Beitrag zum Verständnis des Telegrafen als eines gesellschaftsrelevanten Mediums auf Zeit.

Übungs- und Wiederholungsfragen

13 Inwiefern kann man den Telegrafen als Zwischenmedium bezeichnen?
14 Welches Medium wurde durch den Telegrafen tiefgreifend verändert?
15 In welcher Hinsicht revolutionierte der elektrische Telegraf die Informationsvermittlung?
16 Wodurch wurde die Ausbreitung des Telegrafen in Deutschland behindert?

17 In was verwandelte der Telegraf den »Nachrichtenverkehr«?
18 Nennen Sie die vier großen Nachrichtenagenturen des 19. Jahrhunderts.

Weiterführende Arbeitsaufgaben
▶ Informieren Sie sich ausführlicher über die Herausbildung der großen vier Nachrichtenagenturen und ihrer Arrangements mit den Regierungen zahlreicher Länder.
▶ Welche Rolle spielen welche Nachrichtenagenturen für welche Zeitungen (und andere Medien) heute? Welche Probleme bestanden damals, welche gibt es heute?

6.4 | Zeitschrift und Illustration

Die Zeitschrift verlor im 19. Jahrhundert ihre Bedeutung als Schlüsselmedium der bürgerlichen Gesellschaft (vgl. Kap. 5.9), weil sich die bürgerliche Gesellschaft zur kleinbürgerlichen Industrie- und Massengesellschaft gewandelt hat. Gleichwohl hat sich ihr Aufstieg quantitativ fortgesetzt (Jürgen Wilke): von 1054 (1847) auf 5632 Titel (1902). Die qualitativen Veränderungen betreffen die weitere Zunahme der Rundschau-, Fach- und Spezialzeitschriften, die Familienzeitschriften, die Illustrierten und schließlich auch die Witzblätter.

Rundschau-, Fach- und Spezialzeitschriften

Die Zunahme der Rundschau-, Fach- und Spezialzeitschriften war vor allem der Nachfrage kleinerer, eher elitärer oder spezialisierter Publika geschuldet. Das gilt für »Revuen« wie die »Deutsche Viertel-Jahrsschrift«, »Westermanns Monatshefte« oder »Die Fackel«, aber auch für Fachzeitschriften in den verschiedenen Wissenschaftsdisziplinen, z.B. in der Medizin von 16 (um 1830) über 72 (1867) bis auf 352 (1902) Neugründungen (Robert Kootz), und für Spezialbereiche wie beispielsweise Sport.

Merksatz

Die Zeitschriftenkultur des 19. Jahrhunderts war dominant geprägt von einem enormen Unterhaltungsboom, der sich insbesondere in Familienzeitschriften, Illustrierten und Witzblättern zum Ausdruck brachte.

6.4 Zeitschrift und Illustration

Wichtiger waren die Publikumszeitschriften als die Nachfolger der früheren Moralischen Wochenschriften.

Familienzeitschriften

Einer der Hauptvertreter der neuen Familienzeitschrift war die »Gartenlaube« (1853–1944) von Ernst Keil. Zwischen 1852 und 1890 sollen insgesamt über 150 Familienzeitschriften neu gegründet worden sein. Ziel war es, zu unterhalten, zu belehren, nützlich zu sein »für alle«. Die Familie stand im Vordergrund, aber nicht mehr die bürgerliche, von der Aufklärung geprägte Familie, sondern die Kleinfamilie als soziale Gruppe und Institution speziell der unteren Mittelschicht. Unterhaltung war hier Zerstreuung, Kurzweil und Belustigung, Belehrung in affirmativ-träumerischer Flucht zu Heim und Herd, emotionale Selbstbestätigung begrenzt auf die Behaglichkeit der eigenen vier Wände: Entspannung um jeden Preis. Das hieß: keine Polemik, keine kontroversen Themen, vielmehr Konservatismus, Harmoniesucht, Happy end; keine Politik, keine Konfessionen, kein kritisches Denken, sondern Volkstümlichkeit und die Idylle häuslicher Gemütlichkeit; nichts Anstößiges, Emanzipierendes, Forderndes, vielmehr Plüsch, Friedlichkeit und Romantik. Triviale Unterhaltungsromane unterschiedlicher Genres in Fortsetzungen, etwa von Eugenie Marlitt, explizite Leserorientierung und eine extensive Bebilderung waren charakteristisch. Frauen und Töchter stellten die größte Lesergruppe. In Abonnements wurden die Hefte über Kolporteure an die Endverbraucher zugestellt – eine enorme Konkurrenz zum Sortimentsbuchhandel.

| Abb 13

Titelseite der »Gartenlaube«

Der Erfolg der illustrierten Familienzeitschriften beförderte einen generellen Trend zur Illustrierung von Zeitschriften. Erstes Beispiel der deutschen Illustrierten war die Leipziger »Illustrirte Zeitung« (1843–1944) von Johann Jakob Weber, sehr viel erfolgreicher später die »Berliner Illustrirte Zeitung« (1891–

Entstehung und Aufschwung der Illustrierten

1945) von Kurt Korff. Sie war bereits »als Bildzeitung gedacht« (Joachim Kirchner), erschien wöchentlich und bediente sich neuer Methoden des Direktvertriebs. Eine wichtige Rolle bei der Verbreitung der illustrierten Zeitschriften spielten auch die gewerblichen Journal-Lesezirkel, die sich von 1865 bis 1890 auf über neunhundert verdreifachten. Sie wurden damals von Buchhandlungen als Nebengewerbe betrieben, lagen als »Lesemappen« überall in Cafés, Bibliotheken, Hotels, Rasiersalons aus wie noch heute in Arztpraxen, und jedes Einzelexemplar wurde damit von einer Vielzahl von Personen gelesen. Es entsprach dem damaligen Leseinteresse großer Bevölkerungsgruppen, auch politische und Sachinformationen in wöchentlicher Kondensierung und mit Bildern aufbereitet zu konsumieren. Nicht weniger als ein Drittel bis zur Hälfte des Seitenumfangs dieses Zeitschriftentyps bestand aus Bildern. Mit dem ausgehenden Jahrhundert und der technischen Verbesserung der Fotografie (Kap. 6.5) war es schließlich möglich, dem »Bildhunger« der Zeitgenossen noch besser nachzukommen. Nach der Jahrhundertwende setzte sich der Trend zur schnellen, authentischen und naturgetreuen visuellen Dokumentation, wie er für die Pressefotografie charakteristisch werden sollte, in der Illustrierten durch.

> **Merksatz**
>
> Der neue Typ der Illustrierten unterschied sich inhaltlich und im Format deutlich von den traditionellen Familienzeitschriften.

Mit dem Funktionsverlust der Familie, der zunehmenden Konkurrenz mit anderen Medien und der Zunahme illustrierter Beilagen zu Tagespresse und Sonntagszeitungen ab den 90er Jahren war die Familienzeitschrift einem allmählichen Verfall ausgesetzt. Die Illustrierte übernahm das größere Format der Zeitung und orientierte sich auch inhaltlich stärker an der laufenden Nachrichtenvermittlung der Tagesblätter.

Witz- und Satirezeitschriften

Schließlich erschien auch eine Vielzahl an Witz- und Satirezeitschriften wie zum Beispiel die »Fliegenden Blätter« (1844–1944) von Kaspar Braun oder der »Simplizissimus« (1896–1944) von Thomas Theodor Heine. Ihre Themen waren zu einem großen Teil politische Karikaturen über das Verhalten der Obrigkeiten. Entsprechend häufig gab es Verbote und Auflagen der Zensur, Prozesse, Beschlagnahmungen und Verurteilungen. Behandelt wurden aber auch alltagsbezogene allgemeine Themen wie Modetorheiten, Laster wie Tabakschnupferei oder Völlerei und die neu aufkommenden elektrischen Medien. Die Witzzeitschriften dienten so auch der allgemeinen Meinungsbildung mit den Stilmitteln der Wort- und Bildsatire bis hin zur Erheiterung durch zeitlosen Humor, Anekdoten und allgemeine Scherze. Ihre Textformen waren vielfältig (Skizzen, Aphorismen, Briefe, Interviews, Novellen, Schauergeschichten, Berichte usw.), oft mit integrierten Bildern und Illustrationen.

Als eine meist unterschlagene, aber seinerzeit ebenfalls erfolgreiche Variante müssen auch die »pikanten Unterhaltungszeitschriften« wie zum Beispiel »Das kleine Witzblatt« (ab 1896) erwähnt werden. Hier ging es um Tabuverletzung, um Erotik, Lüsternheit, Intimes, um Pornografie. Die Werbeanzeigen (erotische Schriften, Aktfotos, Mittel gegen Impotenz oder zur Empfängnisverhütung usw.) machten bis zu fünfzig Prozent des Heftumfangs aus.

Weiterführende Literatur

Friedrich Wendel: Das neunzehnte Jahrhundert in der Karikatur. Berlin 1924
Knappe Darstellung mit vielen Beispielen in dem Bemühen, die entscheidenden politischen Vorgänge des Jahrhunderts im Spiegel der Bildsatire darzustellen.

Joachim Kirchner: Das deutsche Zeitschriftenwesen. Seine Geschichte und seine Probleme. Teil II: Vom Wiener Kongreß bis zum Ausgang des 19. Jahrhunderts. Wiesbaden 1962
Immer noch unverzichtbarer Klassiker der Forschung.

Dieter Barth: Zeitschrift für alle. Das Familienblatt im 19. Jahrhundert. Ein sozialhistorischer Beitrag zur Massenpresse in Deutschland. Diss. Münster 1974
Ältere, noch brauchbare Studie mit Schwerpunkten auf Gattungsbestimmung und Verlagsgeschichte.

Heidemarie Gruppe: »Volk« zwischen Politik und Idylle in der »Gartenlaube« 1835–1914. Frankfurt/Main, München 1976
Ideologiekritische Fallstudie.

Hartwig Gebhardt: Illustrierte Zeitschriften in Deutschland am Ende des 19. Jahrhunderts. Zur Geschichte einer wenig erforschten Pressegattung. In: Buchhandelsgeschichte (1983), 2. Börsenblatt für den Deutschen Buchhandel, Fr. Ausg., Nr. 48 (16. 6. 1983), S. B41-B65
Innovativer Beitrag zu verschiedenen Einzeltiteln.

Ursula E. Koch: Der Teufel in Berlin. Von der Märzrevolution bis zu Bismarcks Entlassung. Illustrierte politische Witzblätter einer Metropole 1848–1890. Köln 1991
Umfassende Darstellung mit sehr vielen Beispielen – spannender Versuch, mit alternativen medialen Quellen Zeitgeschichte neu zu schreiben.

Birgit Wildmeister: Die Bilderwelt der »Gartenlaube«. Ein Beitrag zur Kulturgeschichte des bürgerlichen Lebens in der zweiten Hälfte des 19. Jahrhunderts. Würzburg 1998
Spezialuntersuchung der Abbildungen in der »Gartenlaube« mit einem umfangreichen Verzeichnis der beteiligten Künstler jeweils mit Werkverzeichnis.

Hartwig Gebhardt: »Halb kriminalistisch, halb erotisch«: Presse für die »niederen Instinkte«. Annäherungen an ein unbekanntes Kapitel deutscher Mediengeschichte. In: Kaspar Maase und Wolfgang Kaschuba (Hrsg.), Schund und Schönheit. Populäre Kultur um 1900. Köln, Weimar, Wien 2001, S. 184–217
Einer der ganz seltenen Beiträge, wegweisend zum ansonsten unterschlagenen Gegenstandsbereich.

Georg Jäger: Das Zeitschriftenwesen. In: Ders. (Hrsg.), Geschichte des deutschen Buchhandels im 18. und 19. Jahrhundert, Bd. 1: Das Kaiserreich 1870–1918, Teil 2. Frankfurt/Main 2003, S. 368–389
Knapper guter Überblick in einem Sammelband, der zahlreiche weitere exzellente Beiträge zum Buchhandel enthält.

Übungs- und Wiederholungsfragen

19 Was waren die Nachfolger der früheren Moralischen Wochenschriften im 19. Jahrhundert?
20 Was prägte die Zeitschriftenkultur des 19. Jahrhunderts übergreifend?
21 Nennen Sie die beiden wichtigsten Satirezeitschriften des 19. Jahrhunderts.

Weiterführende Arbeitsaufgaben

▶ Vergleichen Sie die Ausgabe einer Illustrierten des 19. Jahrhunderts mit einer Illustrierten heute. Worin bestehen die ästhetischen und ideologischen Unterschiede?
▶ Analysieren Sie einige Hefte der »Gartenlaube« im Hinblick auf Werte des Kleinbürgertums.
▶ Welche »pikanten« Unterhaltungszeitschriften gibt es heute bzw. welche Medien haben entsprechende Funktionen übernommen?

Die Fotografie – Medium des Kleinbürgers 6.5

Das erste neue Medium des 19. Jahrhunderts war die Fotografie. Ihre Geschichte begann zeitgleich mit dem Anfang der sechsten Periode der allgemeinen Medienkulturgeschichte. Bisher wurde sie bevorzugt eingeschränkt als Technikgeschichte oder als Kunstgeschichte geschrieben. Aus medienhistorischer Sicht gehören eher ihre kulturellen und sozialen Funktionen und deren Wandel in der Gesellschaft des 19. Jahrhunderts ins Zentrum.

Technikgeschichtlich stehen nach Vorläufern wie der Camera obscura die erste erhaltene Fotografie von Joseph Nicéphore Nièpce (1826/27) im Vordergrund, die erste Salzpapierkopie (Kalotypie) von William Fox Talbot (1835) und die erste Aufnahme auf Jodsilberplatte (Daguerreotypie) von Louis Mandé Daguerre (1837). Die produktionsorientierte Faszination an den technischen Gestaltungsmitteln erklärt sich daraus, das das Werkzeug quasi aus sich selbst heraus zu wirken schien. »Nur« durch Licht, total selbsttätig schien hier Wirklichkeit abgebildet bzw. vermittelt werden zu können – der Akt der Vermittlung im Apparat gewann mit der Fotografie scheinbar Autonomie.

Technikgeschichte

Merksatz

Die Fotografie war das erste Medium, das Unabhängigkeit vom menschlichen Eingriff suggerierte und totale Objektivität und Authentizität der Kommunikation versprach.

Auch Fotogeschichte als Teil von Kunstgeschichte verdankt sich dieser scheinbaren Verselbstständigung der Vermittlung: Handelte es sich bei der Fotografie nur um krude Wiedergabe von Wirklichkeit oder um Kunst, war sie nur reproduktiv oder originär? Die damalige heftige Debatte zielte unter Bezugnahme auf die Malerei vor allem darauf, den Kunstcharakter des neuen Mediums nachzuweisen bzw. abzuwehren. Das Bildungsbürgertum des 19. Jahrhunderts mit seinem Kunstmonopol sah durch die Fotografie seine kulturelle Herrschaft bedroht. Die der Kunst verpflichteten Maler nutzten die Fotografie entsprechend nur als Hilfsmittel: Zum ersten war es kostengünstig und bequem, fremde Landschaften oder Nacktmodelle nach Fotovorlagen zu malen statt sich um die Originale zu bemühen. Zum zweiten dienten Fotos als Dokumentationen von Gemälden und künstlerischen Baudenkmälern. Dass Fotografie als Medium beides vermag: Reproduktion von Wirklichkeit ebenso wie

Kunstgeschichte

künstlerische Gestaltung, wurde erst im 20. Jahrhundert wirklich anerkannt. Die zahlreichen Fototheorien, die sich nur auf Fotoästhetik beziehen, sind denn auch eher Teil von Kunstgeschichte als Einzelmediengeschichten im umfassenden Sinn.

Einige wenige fototheoretische Beiträge haben immerhin die Wirklichkeitsreproduktion als Merkmal des neuen Mediums erkannt. Demnach machte die Fotografie das Abbild von Welt zu deren Repräsentation (Roland Berg) – entweder als Registrieren (Talbot), als Wahrnehmen (Walter Benjamin) oder als Imaginieren (Roland Barthes).

> **Merksatz**
>
> Fotografie ist das erste technische Medium, das gespeicherte Live-Wirklichkeit transportiert: Reproduktion als Arretierung visueller Anschauung.

Nach der Phase der bürgerlichen Abstraktifikation wurde mit diesem Medium wieder die Sinnlichkeit, die Anschaulichkeit, die Körperlichkeit in den Mittelpunkt gestellt.

Der »Sinn« der Fotografie: Selbstinszenierung

Der »Sinn« des neuen Mediums bestand darin, dass es einen neuen Bedarf befriedigte, der mit den anderen Medien nicht zu befriedigen war: die visuelle Selbstinszenierung (Jens Jäger). Die Fotografie war von Anfang an primär Porträtfotografie: in einer ersten Phase als Ersatz für das gemalte Porträt beim Adel, in einer zweiten Phase bei der großbürgerlichen Elite bis hin zu den Gründervätern und Industriekapitänen in Nachahmung klassischer feudaler Selbstdarstellung, als Wandschmuck für Halle und Wohnzimmer, und in einer dritten Phase bei der mittleren und besonders der unteren Mittelschicht, dem Kleinbürgertum. Es war letztendlich der Kleinbürger, der selbst zum »Knipser« wurde und sich und seine Familie in der richtigen Pose inszenierte, fotografierte und als eigene »Ahnengalerie« ins Fotoalbum klebte. Diese Selbstinszenierung im Foto, als eine auf das Repräsentative angelegte Inszenierung, realisierte ihre Statusfunktion in immer breiteren Bevölkerungskreisen.

> **Merksatz**
>
> Es war die für jedermann per Foto zugängliche und erschwingliche soziale Verortung und Selbstvergewisserung des Kleinbürgers, die im Kern die Entstehung und Verbreitung des Mediums Fotografie als ein neues komplexes Kommunikationssystem des 19. Jahrhunderts erklärt.

Ergänzend sei dabei auf die universelle Nutzbarkeit des neuen Mediums hingewiesen, die ebenfalls ihre Verbreitung beförderte. Frühe wichtige Genres waren neben der Porträtfotografie vor allem die Aktfotografie, die Reisefotografie und die Außenseiterfotografie (Kriminelle, Kranke). Trotz der ganz verschiedenen Funktionen handelte es sich auch hier um Varianten der Porträtfotografie: das nackte Ich, das fremde Ich, das kranke und das verbrecherische Ich.

| Abb 14

Der Porträtfotograf als Wanderfotograf (um 1876)

Daneben etablierten sich noch zahlreiche andere Genres, von der Landschaftsfotografie über die Sportfotografie bis zur Werbefotografie. Gegen Ende des Jahrhunderts, etwa mit der Schnappschussfotografie, hatte die Fotografie ihren exklusiven Charakter verloren und war zum Massenmedium für jedermann geworden. Dabei lief die Entwicklung zunächst vom einzelnen Fotografen, erst im stationären Atelier, dann als Wanderfotograf, hin zum fotografischen Gewerbe. Bereits 1867 gab es allein in Berlin 123 selbstständige Fotografen, 1875 waren insgesamt 4574 Personen im Fotogewerbe beschäftigt. Dann folgte der Schritt über vereinsmäßig organisierte Amateurfotografen bis hin zum »Dilettanten« oder »Liebhaberfotograph«, dem »Knipser« seit Ende der 80er Jahre. Mit dem Aufkommen der Kodakkamera und des Zelluloidfilms ab 1888 sowie der Einrichtung von Großkopieranstalten, die extrem billige Bildkopien anbieten konnten, war der Prozess der Vergesellschaftung abgeschlossen und das Medium verschwand gleichsam in der gesichtslosen Alltäglichkeit.

Multifunktionalität

Weiterführende Literatur

Erich Stenger: Siegeszug der Photographie in Kultur, Wissenschaft, Technik. Seebruck am Chiemsee 1950
Altes Standardwerk (orig. 1938), mit sehr breiter Darstellung der »Anwendungsgebiete«.

Ellen Maas: Die goldenen Jahre der Photoalben. Fundgrube und Spiegel von gestern. Köln 1977
Ausstellungskatalog, mit dem über das Album spezifische Funktionen der Fotografie erschlossen werden – mit vielen Abbildungen.

Helmut Gernsheim: Geschichte der Photographie. Die ersten hundert Jahre. Frankfurt/Main u. a. 1983
Älteres Standardwerk aus einer Hand, mit den Akzenten auf Technik und Genres.

Beaumont Newhall: Geschichte der Photographie. 5., erweit. Aufl. München 1989/98
Klassiker mit zahlreichen Bildbeispielen, allerdings auf Fotografie als Kunst beschränkt.

Ludwig Hoerner: Das photographische Gewerbe in Deutschland 1839–1914. Düsseldorf 1989
Einzigartige, teils parteiliche Studie zur Institutionalisierung und Organisation des Mediums in Deutschland.

Susanne Regener: Die optische Inventarisierung des Menschen im Polizeiwesen und in der Psychiatrie. In: Fotogeschichte, Jg. 10 (1990), H. 38, S. 23–38
Wegweisender Beitrag zu den frühen Genres der Fotogeschichte – in einer Zeitschrift, die als Fundgrube für zahllose andere exemplarische Studien herausragender Qualität gelten muss.

Thomas Wiegand: Ferdinand Tellgmann. Gewerbsmäßiges Porträtieren in Malerei und Fotografie um 1850. Kassel 1994
Eine der seltenen Fallstudien, in denen der damalige Konflikt zwischen Malern und Fotografen sowie der Übergang vom Einzelfotografen zum Gewerbe anschaulich werden.

Timm Starl: Knipser: Die Bildgeschichte der privaten Fotografie in Deutschland und Österreich von 1880 bis 1980. München, Berlin 1995
Erste umfassende Thematisierung des Laien, Dilettanten, Amateurs und seiner Bedeutung für die Geschichte des Mediums, mit zahlreichen Bildbeispielen.

Jens Jäger: Gesellschaft und Photographie. Formen und Funktionen der Photographie in Deutschland und England 1839–1860. Opladen 1996
Umfassendes Standardwerk zum Zusammenhang von Fotografie und Gesellschaft im 19. Jahrhundert, mit einem supranationalen Vergleich.

Michel Frizot (Hrsg.): Neue Geschichte der Fotografie. Köln 1998
Sehr breiter internationaler Ansatz, mit sehr vielen, zumeist ausgezeichneten Einzelbeiträgen – jedoch eher additiv als integrativ.

Ronald Berg: Die Ikone des Realen. Zur Bestimmung der Photographie im Werk von Talbot, Benjamin und Barthes. München 2001
Fundierte und präzise Auseinandersetzung mit drei klassischen Fototheorien und ein Versuch der Bilanz.

Übungs- und Wiederholungsfragen

22 Welches war das erste neue Medium des 19. Jahrhunderts?
23 Welche drei Namen verbindet man mit dem Beginn der Fotogeschichte?
24 Was begründete die Faszination am neuen Medium Fotografie?

25 Womit lässt sich im Kern die Entstehung und der »Sinn« der Fotografie im 19. Jahrhundert erklären?
26 Nennen Sie die vier wichtigsten Fotogenres zum Anfang der Fotografie.
27 Mit welcher Art Fotografie wurde das Medium Ende des 19. Jahrhunderts zum Massenmedium?

Weiterführende Arbeitsaufgaben
▶ Bemühen Sie sich um alte Fotos und Fotoalben auf Flohmärkten u.ä. Welche Art Fotografie dominiert?
▶ Erkunden Sie in Ihrer Familiengeschichte Fotos Ihrer Vorfahren und vergleichen Sie sie mit Ihrem eigenen Fotoalbum und ggf. dem Ihrer Kinder. Gibt es Unterschiede und wie lassen sie sich erklären?
▶ Nehmen Sie mit einer Digitalkamera ein Stück Wirklichkeit auf und manipulieren sie das Dargestellte von Grund auf. In welcher Hinsicht unterscheiden sich die beiden Bilder (nicht)?

Visualisierungsschübe: Bilderbogen, Blatt, Ansichtskarte, Plakat

6.6 |

Der schon mehrfach erwähnte »Bildhunger« der Zeitgenossen, ihre »Sehsucht« zeigte sich nicht nur mit dem neuen Medium Fotografie und nicht nur in breiter Front bei der Zeitschrift, sondern vergleichbare Visualisierungsschübe prägten auch zahlreiche andere Printmedien, allen voran das neue Medium Bilderbogen. Auch dabei handelt es sich um ein »Zwischenmedium«, das von den 30er bis in die 80er Jahre des 19. Jahrhunderts wichtige Funktionen der Unterhaltung, Belehrung, Information, Erbauung für die Unter- und Mittelschichten übernahm, bevor es gegenüber Bilderbüchern, Illustrierten, Fotografien, den »laufenden Bildern« und vor allem den Comic-Strips in Zeitungen und im Medium Heftchen seinen Mediencharakter wieder verlor. Vorläufer waren die Andachtsbildblätter des 13. und 14. Jahr-

Bilderbogen

– Charakterisierung

hunderts, die Flugblätter des 15. bis 17. Jahrhunderts und die Kalender des 17. und 18. Jahrhunderts. Charakteristisch für die handkolorierten Einblattdrucke waren: die Bilddominanz bei der Text-Bild-Verknüpfung, die narrative Reihung von Bildern zu einer Geschichte wie beim früheren Medium Erzählerin, die Reime nach dem Vorbild der Balladen- und Bänkelsänger mit ihren Moritatentafeln, eine Bogengröße (ca. 35x45 cm) deutlich größer als das Blatt auf der einen und deutlich kleiner als das Plakat auf der anderen Seite, eine massenindustrielle Fertigung in arbeitsteiliger Produktion wie bei der Zeitung und beim Buch – auch hier wieder ein Funktionensynkretismus. Die Gesamtauflagen der Bilderbogen erreichten zwischen 1860 und 1870 einen jährlichen Umsatz von bis zu 100 Millionen Exemplaren: ein Massenmedium.

– Typen

Neben den so genannten »humoristischen« Bilderbogen – insbesondere die allseits bekannten Geschichten von Wilhelm Busch (»Max und Moritz«) und von Heinrich Hoffmann (»Struwwelpeter«) – dominierten Aktualitätenbogen, mit denen leseunkundige Zeitgenossen auf dem Land über mehr oder weniger aktuelle Ereignisse der Zeitgeschichte informiert wurden; Lehrbogen mit Allgemeinwissen etwa zu Tiergruppen, zu Formen des Handwerks oder zu alten Sagen und sonstigem Kulturgut; und Kinderbogen als explizite Einweisung in die Moral im Alltagshandeln, in gute Sitten beim Essen und Trinken usw., mit klar pädagogischer Funktion. Als die beiden wichtigsten Varianten gelten der Neuruppiner Bilderbogen, der sich vor allem an die Unterschichten und ein ländliches Publikum wandte, und der Münchener Bilderbogen, der differenzierter gehalten war, um auch die unteren Mittelschichten in den Städten zu erreichen.

> **Merksatz**
>
> **Der Bilderbogen war Ratgeber und moralische Instanz, Informations- und Bildungsquelle und leichte Unterhaltung, dominiert von der konservativ-traditionellen Normenstruktur des Kleinbürgertums mit Werten wie Nationalstolz, Heldentum, Heimatliebe, Familiensinn, Frömmigkeit, Fleiß und Gehorsam.**

Blatt

– Typen

Der Visualisierungsschub im Medium Blatt betraf neben dem politischen Flugblatt insbesondere seine Varianten in der Alltagskultur. Das waren im kirchlich-sakralen Bereich insbesondere Andachtsbilder, Beichtzettel, Kommunionbilder und Sterbebilder, im profanen öffentlichen oder privaten Alltag u.a. die

Abb 15

Liebigbilder zum Motiv »Das Reisen vor 100 Jahren und jetzt«

Abziehbilder, Diplome und Ehrungen auf Luxuspapier, Etiketten jeglicher Art, Fotografiekarten, Genrekarten (Juxkarten, Aprilscherzkarten, Blumenkarten usw.), Theater- und Konzertkarten, Reklamekarten, Spielkarten, Tanzkarten oder Visitenkarten, nicht zuletzt auch die Banknote und die Briefmarke als Sonderformen.

Bereits relativ gut erforscht sind die Sammelbilder, eine Erfindung des 19. Jahrhunderts. Bekannteste Beispiele sind die Sammelbilder der Schokoladenfabrik Stollwerck ab den 60er Jahren, mit einem Millionenabsatz und jährlich 100 000 verkauften Alben, sowie die farbigen Sammelbilder von Liebig's Fleischextrakt ab den 70er Jahren. Diese Bilder erreichten um 1900 Auflagen bis zu 3 Millionen Exemplaren. Insgesamt gab es etwa 11 500 Liebigbilder in zwölf Sprachen in vierzehn Ländern.

Ursprünglich sollten damit lediglich neue Absatzmärkte er-

– Funktionen

schlossen werden, d. h. das Sammelbild war Instrument des Marketing in dem Bemühen um Kundenbindung bei Markenartikeln. Dann wurden die kommerziellen Werbeinteressen aber von den psychosozialen Unterhaltungsbedürfnissen überlagert. In zahllosen Themenbereichen und Personen- und Motivgruppen (z. B. Soldaten, Kochen, Zirkus, Kinder, Blumen, Märchen, Helden, Stimmungen, Natur usw.) wurden Informationen, oft auch exotischer Art, in Form von Überblicken vermittelt, geprägt von positivistischer Weltanschauung, affirmativ.

Ansichtskarte

Während Bilderbogen und Sammelbild eher bei den unteren Schichten der Bevölkerung verbreitet war, wurden *Ansichtskarte* und *Plakat* eher gesamtgesellschaftlich genutzt. Die Ansichtskarte basierte auf der Postkarte, die in Deutschland nach österreichischem Vorbild und im Zuge organisatorischer Umwälzungen bei der Post ab 1870 eingeführt worden war. Ab 1875 trat die Bildpostkarte mit vielfältigen Varianten auf den Plan. Sie durfte auch privatwirtschaftlich hergestellt und vertrieben werden. Auch hier entstand bald eine riesige Bandbreite an Themen und Motiven.

Merksatz

Das Sammelbild gewährte kleinbürgerliche »Daseinsbewältigung« und Weltentdeckung (Heinz-Peter Mielke): Welt wurde aufgespürt, erworben, getauscht, vervollständigt, geordnet und konserviert. Das schuf Sicherheit in kompensatorischer Selbstvergewisserung.

– Typen

Man kann die Ansichtskarten der damaligen Zeit in mehreren Gruppen zusammenfassen: *Starporträts* gestalteten Serien von Fürsten, Sängern, Musikern, Künstlern, Schauspielern und von zeitgenössischen Schönheiten und Berühmtheiten. Zu den *Genrekarten* gehörten Scherz- und Juxkarten, Liebeskarten, Nackedei- und Erotikkarten, Liedkarten, Duftkarten, Karten aus Bade-, Moor- und Kurorten oder auch »alkoholische« Grußkarten, die vom Besuch im Münchener Hofbräuhaus oder einer anderen Gaststätte berichteten. Verbreitet waren insbesondere die *Gelegenheitskarten*, wie sie zu bürgerlichen Ritualen verwendet wurden: Weihnachts- und Neujahrskarten, Osterkarten, Glückwünsche zu Geburts- und Namenstag, Karten zu Kommunion, Verlobung, Hochzeit usw. Schließlich gab es in einem von Mobilität geprägten Zeitalter in großer Fülle auch *Ansichtskarten* mit Städteansichten oder Abbildungen von Urlaubsorten, wie wir sie noch

– Funktionen

6.6 Bilderbogen, Blatt, Ansichtskarte, Plakat

heute mehr oder weniger lustvoll verwenden. In den 90er Jahren gingen die Medien Postkarte, als Variante des Briefs, und Fotografie mit der fotografischen Ansichtskarte einen massenhaft genutzten Medienverbund ein.

Die Ansichtskarte war entsprechend den verschiedenen Anlässen multifunktional. Übergreifend war sie geprägt von einer reduzierten Kommunikation: Nur eine knappe Mitteilung war möglich, eine einfache Sprache erlaubt, die einem oft auch noch vom Bildtext abgenommen wurde, so dass die bloße Unterschrift des Absenders genügte. Die Ansichtskarte dient vor allem dazu, sich beim Adressaten in Erinnerung zu rufen und damit den Kontakt aufrecht zu erhalten.

> **Merksatz**
>
> **Die Ansichtskarte als Variante des Mediums Brief erlaubte erstmals eine standardisierte, ritualisierte, von eigener Anstrengung befreite und damit problemlose und schnelle Kurzkommunikation, die auf breite gesellschaftliche Akzeptanz stieß.**

Um 1895 sollen in Europa rund eine Milliarde Kartengrüße jährlich verschickt worden sein. Um 1900 waren in Deutschland rund 30 000 Menschen in der Produktion der Bildpostkarte beschäftigt. Medien- und mentalitätsgeschichtlich ist die Ansichtskarte bis heute noch nicht umfassend erforscht.

Das *Plakat* schließlich erlebte in Deutschland mit dem Schritt von der Anschlagwand zur Säule einen enormen Aufstieg. Gemeint sind hier weniger die gedruckten Wandbilder, die gleichsam privat, aber in einer Flut von von fotografierten Ölgemälden oder als Kupferstich, Lithografie oder Stahlstich in den Schlaf- und Wohnzimmern der Mittelschichten aufgehängt wurden: »Die heilige Familie«, Rembrandts »Mann mit dem Goldhelm«, die barbusige »Zigeunerin« oder der »Röhrende Hirsch«. Vor allem das öffentliche Plakat boomte mit der Einführung der Anschlagsäulen 1855 in Berlin durch Ernst Theodor Litfaß. Ursprünglich sollten hier Informationsmedium, Bedürfnisanstalt und Trinkwasserversorgung gebün-

Plakat

| Abb 16

Presseinformation und Werbeblatt anlässlich der Einführung der Anschlagsäulen 1855

delt werden, aber es blieb dann allein bei der »Litfaßsäule« als Informationsmedium. Die Behörden unterstützten die neuen Anschlagsäulen, indem sie »wildes Plakatieren« komplett untersagten, auch verfolgten und bestraften, nicht zuletzt aus Eigeninteresse an Kontrolle und Zensur.

Man kann beim Plakat die bekannten drei Typen unterscheiden: erstens *politische Plakate,* die allerdings meist obrigkeitliche Anschläge waren oder von den Parteien zu konkreten, singulären Anlässen wie z.B. Wahlen eingesetzt wurden. Sie waren anfänglich reine Textplakate.

– Politische Plakate

Zweitens gab es die *kommerziellen Werbeplakate*: Schaufensterplakate als Blickfang für die Vorübereilenden; Artisten- und Zirkusplakate, die überall in der Stadt aufgehängt wurden und sensationsheischend verstärkt auf Illustration und graphische Gestaltung setzten; Werbeplakate mit Produktwerbung für Markenartikel und Luxusgüter, vor allem in den 90er Jahren. Mit dem Straßenbau und mit der Ausdehnung des Eisenbahnnetzes wurde das Plakat auch außerhalb von Städten auf dem flachen Land verbreitet: »Streckenreklame« an Eisenbahnlinien und Straßen, »Bahnhofsreklame« an allen Lokal-, Neben- und Kleinbahnen im Kaiserreich.

– Kommerzielle Werbeplakate

Drittens verbreitete sich das *künstlerische und kulturelle Plakat.* Meist ging es auch dabei um konkrete Anlässe: eine Theateraufführung, eine Varietéveranstaltung, ein Maskenball, eine Industrieausstellung usw. Im Unterschied zu den anderen Typen wurde das künstlerische und kulturelle Plakat tatsächlich auch von Künstlern gestaltet – angewandte Kunst, oft als »Kunst der Straße« bezeichnet. Dieser Typus verselbstständigte sich mit internationalen Plakatausstellungen und eigenen Richtungen wie insbesondere den deutschen Jugendstilplakaten, die in einen internationalen Verbund mit dem Medium Zeitschrift, mit dem Theater sowie anderen künstlerischen Stilrichtungen eintraten.

– Künstlerische und kulturelle Plakate

Merksatz

Das Medium Plakat hatte am Ende des Jahrhunderts mit der Litfaßsäule seine gesellschaftliche Akzeptanz durchgesetzt und – mit dem bewussten Einbeziehen des Betrachters in die Gestaltung als Appell – seine ästhetisch-kommunikative Entwicklung abgeschlossen.

Weiterführende Literatur

Die Bildpostkarte in Deutschland. Auch ein Spiegel ... der Kulturgeschichte. Katalog zur Ausstellung. Altonaer Museum in Hamburg. Hamburg 1965
Seinerzeit innovativer Versuch mit gutem Anschauungsmaterial.

Elfriede Moser-Rath: Deutsche Bilderbogen für jung und alt – Scherz und Ernst in einem Massenmedium des 19. Jahrhunderts. Einführung in die Ausstellung. Katalog Göttingen 1974
Mit interessanten Abbildungen als Illustrationen.

Elke Hilscher: Die Bilderbogen im 19. Jahrhundert. München 1977
Älteres Standardwerk zu Erscheinungsform, Kommunikatoren, Inhalten, Rezipienten und der juristischen Konditionierung des Bilderbogens.

Detlev Lorenz: Liebigbilder. Große Welt im Kleinformat. Berlin 1980
Knappe anschauliche Darstellung mit schönen themenspezifischen Beispielbildern.

Erich Wasem: Sammeln von Serienbildchen. Entwicklung und Bedeutung eines beliebten Mediums der Reklame und Alltagskultur. Landshut 1981
Standardwerk mit Schwerpunkten u. a. auf der historischen Entwicklung, Inhalten und sozialpsychologischen Funktionen.

Hans-Peter Mielke: Vom Bilderbuch des Kleinen Mannes. Über Sammelmarken, Sammelbilder und Sammelalben. Köln 1982
Archivarisches Verzeichnis von Motiven, Themen, Serien, Editionen usw. mit kurzen erläuternden Essays und zahlreichen Bildbeispielen.

Christa Pieske: Das ABC des Luxuspapiers. Herstellung, Verarbeitung und Gebrauch von 1860 bis 1930. Unter Mitarbeit von Konrad Vanja und anderen. Berlin 1983
Verdienstvolle Pionierarbeit und Standardwerk zum Blatt als Alltagsmedium, bis heute leider nicht nennenswert weitergeführt.

Robert Lebeck und Gerhard Kaufmann (Hrsg.): Viele Grüße ... Eine Kulturgeschichte der Postkarte. Dortmund 1985
Umfangreiche Sammlung von Beispielen nach Themenkreisen mit einem knappen sachkundigen Abschlussessay.

Stefan Brakensiek, Regine Krull und Irina Rockel (Hrsg.): Alltag, Klatsch und Weltgeschehen: Neuruppiner Bilderbogen. Ein Massenmedium des 19. Jahrhunderts. Bielefeld 1993
Wichtiger Sammelband zu allen Aspekten des neuen Mediums am Beispiel Neuruppin.

Reinhard Wahren: Lieber Litfass! Eine Begegnung mit dem Berliner Reklamekönig. Berlin 1998
Unterhaltsam geschriebener Text zu einigen Aspekten der Säule und ihres »Erfinders«.

Übungs- und Wiederholungsfragen

28 Welches der Printmedien gilt als »Zwischenmedium« des 19. Jahrhunderts?
29 Nennen Sie die vier wichtigsten Typen des Bilderbogens.
30 Welche Normen und Werte prägten das Medium Bilderbogen?
31 Nennen Sie zehn Formen des Mediums Blatt im 19. Jahrhundert.
32 Welche Art von Kommunikation erlaubt die Ansichtskarte?
33 Wer hat in Deutschland wann und wo die erste Anschlagsäule aufgestellt?

Weiterführende Arbeitsaufgaben
▶ Recherchieren Sie bei einem Fanclub oder Sammler, der sich einer der Varianten des Mediums Blatt widmet. Machen Sie ein Interview über Formen, Motive und Gratifikation.
▶ Besuchen Sie das Bilderbogen-Museum in der brandenburgischen Kleinstadt Neuruppin und informieren Sie sich ausführlicher über dieses Medium.
▶ Verschaffen Sie sich einen Überblick über alle Ansichtskarten, die es von Ihrem Wohnort gibt. Welches Image wird durch diese Karten aufgebaut?

6.7 | Die neuen Medien Telefon und Schallplatte

Nach dem Telegrafen (Kap. 6.3) und der Fotografie (Kap. 6.5) stellten Telefon und Schallplatte zwei weitere neue technische Medien des 19. Jahrhunderts. Beide sind in den USA entstanden und erst nach geraumer Zeit in Deutschland verbreitet worden.

Entstehung in den USA

Als »physikalischer Apparat« 1861 von Philipp Reis erfunden und 1876 von Alexander Graham Bell zu einem »technischen Gerät« verändert, entwickelte sich das Telefon mit der Entstehung von Telefonnetzen und der Gründung der American Bell Company 1880 zu einem »Medium« im Sinne eines komplexen Systems. In diesem Jahr verfügten in den USA bereits 50 000 Teilnehmer über einen Fernsprechanschluss. Noch in den 90er Jahren setzte sich der Siegeszug in den Ländern Brasilien, Großbritannien, Frankreich, Belgien und Norwegen in atemberaubender Geschwindigkeit fort.

In Deutschland wurde es ab 1877 gebaut und unter der Bezeichnung »Fernsprecher« vertrieben. Charakteristisch war jedoch, dass es hierzulande als lokale Verlängerung des Telegrafen eingesetzt wurde, als »Hilfstelegrafenapparat« (Frank Thomas). So mussten Telegramme nicht mehr schriftlich, per Boten übermittelt werden, sondern ließen sich »fernmündlich« zustellen. Das Telefon wurde in das staatliche Telegrafenmonopol einbezogen und seine Möglichkeiten wurden speziell in der Erfüllung öffentlicher Aufgaben (Feuermeldung, ärztliche Hilfe, Warnung vor Gefahren, polizeiliche Einsätze usw.) gesehen. Außerdem diente es weniger dem wechselseitigen Sprechverkehr als dem Statusausweis der hierarchisch Höhergestellten gegenüber den Empfehlsempfängern und unteren Beamten. Private Bürger und Firmen scheinen an dem neuen Medium anfänglich nur wenig interessiert gewesen zu sein, zumal es juristisch in der Kompetenz der Behörden verankert war. Der öffentliche Telefonverkehr blieb bis weit ins 20. Jahrhundert hinein sehr bescheiden und auch die früh bedachte militärische Nutzung wurde erst im 1. Weltkrieg in die Praxis umgesetzt.

So dominierten zwei Funktionen (Werner Rammert): erstens das »Radiokonzept«, d.h. eine Opern- oder Theateraufführung oder ein Konzert wurde als Sendung live und gleichzeitig von mehreren Teilnehmern empfangen – eine Vorwegnahme des

Verbreitung in Deutschland

| Abb 17

Deutsche Telefon-benutzungs-anweisung (1881)

Funktionen

späteren Radios, aber nur für Privilegierte. Zweite Funktion war das erwähnte »Transportkonzept«, die schnellere Verbreitung von Telegrammen in Form einseitiger Weitervermittlung. Die dritte und eigentlich innovative, medienspezifische Funktion des Telefons, nämlich das »Verständigungskonzept« im Sinne eines direkten Gesprächs zwischen Personen bei örtlicher Abwesenheit und der Gleichzeitigkeit und Wechselseitigkeit des Sprechens, wie es sich in den USA schnell durchgesetzt hat, wurde in Deutschland als privates Medium erst in den 1970er Jahren etabliert. Diese merkwürdige Verzögerung ist nicht nur durch das staatliche Monopol zu erklären, sondern belegt auch, dass für das Telefon hierzulande lange Zeit kein spezifischer Bedarf gegeben war; es trat angebotsorientiert auf, als bloße Ergänzung eines umfassenden Pakets von Kommunikationsdienstleistungen (Horst A. Wessel).

> **Merksatz**
>
> Beim Telefon in Deutschland dominierten zunächst das »Radiokonzept« und das »Transportkonzept«, erst im späten 20. Jahrhundert das »Verständigungskonzept«.

Immerhin wurde mit dem Telefon unbestreitbar ein Stück akustischer Wirklichkeit übertragen, ebenso wie die Fotografie (Kap. 6.5) ein Stück der visuellen Wirklichkeit vermittelte. Im oralen Charakter des Mediums wurde gegenüber der vorangegangenen mediengeschichtlichen Periode einer vornehmlich literalen Medienkultur also ein weiterer Teil der unterschlagenen Sinnlichkeit zurückgewonnen. Das gilt auch für das neue Medium Schallplatte. Die Schallplatte steht mit keinem der bislang bekannten traditionellen »Sound«medien wie zum Beispiel Seher, Aoide, Prediger oder Sänger in einem wie auch immer gearteten Zusammenhang, sondern muss ebenfalls in Analogie zum Foto gesehen werden.

Übertragung und Arretierung akustischer Wirklichkeit

> **Merksatz**
>
> Die Schallplatte ist technische Arretierung von Live-Wirklichkeit, nicht optisch wie beim Foto, sondern akustisch, und naturgemäß nicht zeitlich punktuell, sondern präsentativ.

Die Schallplatte entstand in den USA ab 1877 mit der Erfindung von Thomas Alva Edison, zunächst ebenfalls als eine Art Zusatz- oder Nebengerät, und zwar als Ersatz für den Stenographen bzw. als Diktiergerät und als Apparat zur Wiedergabe von Klängen und Geräuschen. Zunächst waren Schallplatte und Grammophon als technische Sensationen eher dem Spielzeug-

6.7 Die neuen Medien Telefon und Schallplatte

bereich zugeschlagen. Als aber in den 90er Jahren zum ersten die Schallwellen nicht mehr auf Walzen, sondern auf einer Scheibe als Trägermedium eingeschnitten wurden, und zwar nicht mehr in Hoch- und Tiefschrift, sondern, bei gleichbleibender Rillentiefe, als Seitenschrift, als zum zweiten ab 1893 die ersten Grammophon-Gesellschaften gegründet wurden, in Washington, Philadelphia, London, Hannover und Paris, als zum dritten 1896 das erste federgetriebene Abspielgerät für Platten auf den Markt trat und zum vierten ab 1897 Schellackplatten in den Handel kamen, begann die Verbreitung des neuen Mediums.

> **Merksatz**
>
> Im Unterschied zur ursprünglich angebotenen Nutzung als Diktiergerät setzte sich die Schallplatte bedarfsspezifisch erst als ein Trägermedium speziell für Musik durch.

Entscheidend waren jedoch nicht technische Erfindungen oder kommerzielle Organisation, sondern ein bestimmter Bedarf, der durch andere Medien nicht befriedigt werden konnte.

Hintergrund war ein allgemeiner Wandel der Musikkultur im letzten Drittel des 19. Jahrhunderts, geprägt von einer tiefgreifenden Ausdifferenzierung und verbunden mit einem generellen »ästhetischen Verfall« in der Massengesellschaft. Zwischen klassischer Musik oder »Kunstmusik« mit elitärem Bildungsanspruch einerseits und volkstümlichen Liedern und »Gassenhauern« andererseits bildete sich im Zuge der Schichtendifferenzierung der Industriegesellschaft ein neuer Musiktypus heraus: Salonmusik für die Repräsentationsbedürfnisse sozialer Aufsteiger und zur populären Unterhaltung der Kleinbürger. Diese neue »musikalische Öffentlichkeit« (Irmgard Keldany-Mohr) verlangte öffentliche Zugänglichkeit und Verfügbarkeit für jeden, Funktionalisierung für unterschiedliche Segmente der Massen, privat-individuelle Verfügbarkeit für jeden Einzelnen, passives Hören statt aktives Musizieren. Dem konnte allein die Schallplatte entsprechen. Spätestens als Enrico Caruso 1902 eine erste auch technisch befriedigende Musikschallplatte aufnahm, von der bis 1904 bereits eine Million Exemplare verkauft waren und die Caruso bis zu seinem Tod 1921 zum Multimillionär machen sollte, erkannte man die überragende Bedeutung der neuen Technik für die kommerzielle Musikkultur und der Siegeszug des neuen Mediums begann.

Bedarfsgemäße Umfunktionalisierung zum musikalischen Trägermedium

In Deutschland wurde die Schallplatte sehr viel schneller aufgegriffen als das Telefon. Um 1900 sollen hierzulande bereits mehr als zwei Millionen »Tonkonserven« verkauft worden sein. Auch deutsche Plattenfirmen etablierten sich am Markt. Neue Vertriebswege wurden aufgebaut, und im August 1900 erschien das erste Heft der »Phonographischen Zeitschrift«. Allerdings liegen umfassende Forschungsarbeiten hierzu noch nicht vor.

Weiterführende Literatur

Irmgard Keldany-Mohr: »Unterhaltungsmusik« als soziokulturelles Phänomen des 19. Jahrhunderts. Regensburg 1977
Innovative Studie zur Entstehung der Unterhaltungsmusik, die sich auch für die Entstehung des Mediums Schallplatte nutzen lässt.

Günter Große: Von der Edisonwalze zur Stereoplatte. Die Geschichte der Schallplatte. Berlin 1981, 2., überarb. Aufl. 1989
Knappe Darstellung, die wie viele andere auch den großen Forschungsbedarf für die Anfänge der Schallplatte in Deutschland erkennen lässt.

Horst A. Wessel: Die Entwicklung des elektrischen Nachrichtenwesens in Deutschland und die rheinische Industrie. Von den Anfängen bis zum Ausbruch des Ersten Weltkrieges. Wiesbaden 1983
Umfassendes Standardwerk als Beitrag zur Industrie- und Firmengeschichte, mit den Zäsuren um 1866/67 und zum Beginn der 1880er Jahre.

Jörg Becker (Hrsg.): Telefonieren. Marburg 1989
Sammelband mit guten Beiträgen u. a. zur Industrie- und Sozialgeschichte des Telefons im ausgehenden 19. Jahrhundert.

Jörg Becker (Hrsg.): Fern-Sprechen. Internationale Fernmeldegeschichte, -soziologie und -politik. Berlin 1994
Sammelband mit zahlreichen guten Beiträgen, u. a. zu Frühgeschichte und Nutzungswandel des Telefons in den USA und Deutschland.

Frank Thomas: Telefonieren in Deutschland. Organisatorische, technische und räumliche Entwicklung eines großtechnischen Systems. Frankfurt/Main, New York 1995
Interessante Studie zur Genese des Telefons als System, mit Schwerpunkt auf Deutschland und dem 20. Jahrhundert.

Stefan Münker und Alexander Roesler (Hrsg.): Telefonbuch. Beiträge zu einer Kulturgeschichte des Telefons. Frankfurt/Main 2000
Sammelband mit zahlreichen guten Beiträgen, primär allerdings zum Telefon im 20. Jahrhundert.

Übungs- und Wiederholungsfragen

34 In welchem Land wurden Telefon und Schallplatte erfunden?
35 Warum hat sich das Telefon in Deutschland erst so spät als allgemeines Verständigungskonzept etabliert und welche beiden anderen Konzepte dominierten stattdessen?
36 Wie definiert sich die Schallplatte in Bezug auf die Wirklichkeit?
37 Welche Funktion war der Schallplatte ursprünglich zugedacht und welche Funktion setzte sich dann durch?
38 Welcher Wandel der Musikkultur im 19. Jahrhundert produzierte die Nachfrage nach welchem neuen Musiktypus mit welchen Funktionen?

Weiterführende Arbeitsaufgaben
▶ Informieren Sie sich über die bestehenden Ansätze einer Theorie des Telefons.
▶ Erarbeiten Sie Eckdaten einer Geschichte der Schallplatte unter Einschluss des Abspielgeräts als Technikgeschichte.
▶ Versuchen Sie auf Flohmärkten, über eine Anzeige oder durch Recherche im Familienumfeld alte Schellackplatten zu finden und sie abzuspielen. Vergleichen Sie das Ergebnis mit Vinylplatten, der CD und neueren Speichermöglichkeiten.

Vom Buch zum Heft: transmediale Expansion 6.8

Auch das Leitmedium der bürgerlichen Medienkultur, das Buch, erfuhr in der Industrie- und Massengesellschaft des 19. Jahrhunderts einen fundamentalen Wandel: Insgesamt verlor das Buch seine literarische, seine kulturelle und damit seine gesamtgesellschaftliche Bedeutung. Das gilt nicht für den klassischen Literaturbetrieb als Markt selbst, wohl aber für das Medium Buch im Verhältnis zu allen anderen, speziell den neuen elektronischen Medien.

Zwei strukturelle Neuerungen

Man kann dabei zwei strukturelle Neuerungen unterscheiden: Erstens wurden die traditionellen Formen und Instanzen des etablierten Systems Buch weiter institutionalisiert und konsolidiert. Zweitens entwickelten sich aber auch neue Vertriebsformen neben dem etablierten Markt. Insoweit der *Buch*markt dabei zu einem *Massen*markt verändert wurde, hat er sich im Prinzip in einen *Heft*markt verwandelt und ging damit in einem allgemeinen *Medien*markt auf – eine transmediale Expansion.

Institutionalisierung und Konsolidierung
– Autor

Die Konsolidierung des Buchmarkts betraf alle sechs relevanten Teilbereiche oder Instanzen:

▶ Zwar wurden die Honorare der *Autoren* durch den Konkurrenzkampf mancher Verlage punktuell etwas angehoben, aber weder die rechtliche Lage noch die gesellschaftliche Anerkennung noch die Einkünfte insgesamt verbesserten sich in nennenswertem Umfang. Daran änderten auch diverse Gründungen von Interessenverbänden (z.B. Allgemeiner Deutscher Schriftstellerverband 1878) wenig. Buchautoren publizierten in der Regel auch in zahlreichen anderen Medien und arbeiteten nach wie vor häufig »nebenberuflich« (Lehrer, Geistliche, Beamte, Wissenschaftler etc.). Das Jahr 1867 ging als »Klassikerjahr« in die Geschichte ein, weil sämtliche Werke aller vor dem 9. 11. 1837 verstorbenen Autoren für frei erklärt wurden und speziell der Verlag Cotta seine Monopolstellung verlor.

> **Gesetzesannahme**
>
> Neben Ausdifferenzierung und Funktionensynkretismus muss auch die Hybridform einer transmedialen Expansion, fundiert durch diverse Formen des Medienverbunds, als ein Wandlungsprinzip der Mediengeschichte gelten.

– Verleger

▶ Beim *Verlagswesen* stieg die Zahl der Buchtitel insgesamt an von rund 14000 (1840) auf über 24000 (1900) und die Zahl der Verlage, von den Sortimentsbuchhandlungen weitgehend getrennt, verdoppelte sich. Gleichwohl gab es bei zunehmender Konkurrenz zu den anderen Medien (Zeitschrift, Blatt, Bilderbogen usw.) auch hier eine Stagnation, der man durch verstärkte Ausdifferenzierung und Spezialisierung (auch Schulbuchverlag, Sortiment für Bahnhofsbuchhandlungen, Direktvertrieb) und vertikale, horizontale und multimediale Konzentration zu begegnen suchte.

6.8 Vom Buch zum Heft: transmediale Expansion

▶ Auch die Zahl der *Buchhandlungen* nahm zu, von gut 1000 (um 1850) auf fast 1900 (um 1880), doch die Konkurrenz in Form von Leihbüchereien und dem so genannten »Kolportagebuchhandel« (vgl. unten) machte den Sortimentsbuchhändlern schwer zu schaffen. Auch deshalb wurde 1887 vom Börsenverein für den deutschen Buchhandel (gegründet 1825) die »Krönersche Reform« beschlossen. Damit konnten Bücher nicht mehr zu Schleuderpreisen oder mit ruinösen Großrabatten auf den Markt geworfen werden.

– Buchhändler

▶ Im *Bibliothekssektor* überschritten die Leihbüchereien ihre Blütezeit und erlebten allmählich ihren Niedergang. Zugleich nahm man Abschied von der Universalbibliothek und zunehmend bildeten sich immer stärker ganz verschiedene Bibliothekstypen heraus (Landes-, Universitäts-, Instituts-, Hand-, Fach-, Volksbibliothek). Damit wurde auch der Gelehrtenbibliothekar anachronistisch und die Handlungsrolle des Bibliothekars professionalisiert.

– Bibliothekar

▶ Wie sich die Instanz des *Buchkritikers* veränderte, wurde bislang noch kaum erforscht. Anzunehmen ist ein tendenzieller Wandel vom Kritiker als moralischem Zensor zum Kritiker als Selektionsinstanz bei der Buchbeschaffung für Bibliotheken.

– Buchkritiker

▶ Beim *Lesen* wird von der Forschung mit Recht ein »Leseboom«, eine »Demokratisierung des Lesens« (Wolfgang R. Langenbucher) angenommen, mit einem Anstieg der Lesefähigkeit etwa von 10 % auf 25 % der Bevölkerung (um 1850) bzw. einer Reduktion der Analphabetenrate auf bis zu 10 % der erwachsenen Bevölkerung (um 1900). Allerdings betrifft das das Lesen insgesamt, also auch von Zeitung, Zeitschrift, Bilderbogen, Kalender, Blatt und Heft. Das Bücherlesen speziell, für das keine verlässlichen Daten zur Verfügung stehen, dürfte sich schon aufgrund der nach wie vor hohen Buchpreise und der sinkenden Bedeutung des Bildungsbürgertums insgesamt nur unwesentlich erhöht haben.

– Buchleser

Definition

Unter der »Krönerschen Reform«, benannt nach dem Stuttgarter Großverleger und damaligen Vorstand des Börsenvereins Adolf Kröner, versteht man die Einführung eines festen Ladenpreises für jedes Buch, an den sich Verleger und Buchhändler gegenüber dem Publikum einheitlich zu halten hatten. (Er gilt in Deutschland, Österreich und der Schweiz noch heute.)

Transmediale Expansion

Zahlreiche Verleger setzten zur Überwindung der Krise verstärkt neue Instrumente ein: Da Papier zunehmend nicht mehr aus Hadern und Lumpen, sondern aus Holzschliff und ab 1874 aus Zellstoff hergestellt wurde, was sehr viel billiger war und in unbegrenzten Mengen zur Verfügung stand, und weil Rollenrotationsmaschinen mit enormem Output zur Verfügung standen, war Massenproduktion angesagt. Beispielsweise gründete Friedrich Arnold Brockhaus damals sein »Conversationslexikon«, Carl Joseph Meyer seine »Groschen-Bibliothek der Deutschen Classiker für alle Stände« und Anton Philipp Reclam seine »Universal-Bibliothek«. Solche massenhaft hergestellten Bücher hielten sich an das Reihenkonzept, d.h. an die Stelle des einzelnen Werks traten Sammlungen von Büchern, die als Einheit angeboten und in kontinuierlicher Abfolge gekauft wurden. Das wiederum erlaubte Niedrigpreise, womit das einzelne Buch auch für neue Lesergruppen erschwinglich wurde.

– Massenproduktion

– Reihenkonzept

– Niedrigpreise

– Kolportagehandel

Es wäre jedoch irreführend, in diesem Zusammenhang wie bisher von »Buch« zu sprechen. Neu war die Literaturart »Kolportageroman« und seine Vermittlung in »Lieferungen«. Quasi am traditionellen Buchhandel vorbei wurden in der zweiten Hälfte des 19. Jahrhunderts durch herumreisende (»fliegende«) Händler, insbesondere auch auf dem ansonsten mit Buchhandlungen wenig versorgten Land und in Kleinstädten, Abonnements eingeworben für triviale, standardisierte Unterhaltungsromane, die in regelmäßigen Lieferungen an den Mann und vor allem die Frau gebracht wurden. Da vorab gezahlt werden musste, gab es für den Verleger kaum ein Risiko. Interessant dabei ist die mediale Transformation: Die Kolportageromane waren zwischen 900 und 2400 Seiten lang und wurden als Hefte von 32 bis 48 Seiten in Fortsetzungen verkauft. Man schätzt die Zahl auf bis zu 1200 Romane zwischen 1842 und 1900. Der Berliner Verlag August Weichert expedierte allein im Jahr 1899 nicht weniger als 25 Millionen Heftchenlieferungen seiner verschiedenen Romane.

| Abb 18

Der Kolporteur in einer nachträglich idealisierten Gestaltung des Verkaufsgesprächs

– Heftlieferungen

Der Medienwandel machte es möglich, die Romanfolgen oft an einem Handlungshöhepunkt, teilweise sogar mitten im Satz abzubrechen, um den Appetit auf die Fortsetzung wachzuhalten. Inhaltlich ging es um breit gestreute Themen, die wieder an frühere Medien wie Erzählerin und Bänkelsänger erinnern: Helden, grausames Geschick, Armut, Gewalt und Sadismus, Kindsmord, lebende Leichen, Geister und Gespenster, Erotik, Giftmischerin, Einsiedler, Unschuld, grausame Verbrechen, Sensationen, Schauer- und Kriminalfälle (Rudolf Schenda). Für den populären Roman dieser Machart haben sich zahlreiche Subgenres herausgebildet.

Von der Folge des Lieferungsromans ...

Da von den Kolporteuren neben diesen Romanlieferungen auch die Billigreihen mit Werken von Goethe, Heine, Shakespeare und anderen Klassikern sowie Lexika und Sachbücher angeboten wurden, konnten große Teile der Bevölkerung mit einer breiten Palette an Lesestoffen versorgt werden, die zur Generation der Erstalphabetisierten gehörten, deren Eltern noch Analphabeten waren und die selbst nur einige Jahre Volksschule genossen hatten (Mirjam Storim).

> **Merksatz**
>
> **Der Kolportage»buch«handel bedeutete faktisch die transmediale Expansion des Buchs zum Heft und leistete damit die Vermittlung neuer Literatursorten in neuen Distributionsformen an neue Lesergruppen und damit eine Ausweitung des Buchmarkts zum Medienmarkt.**

Die transmediale Verbreitung von Kolportageliteratur bereitete den Weg und Erfolg der späteren Romanheftchen vor, die dann über den Zeitschriften-, Reise- und Versandbuchhandel sowie Kioske und Kaufhäuser vertrieben wurden.

... zum Romanheftchen

Weiterführende Literatur

Rudolf Schenda: Studien zur Sozialgeschichte der populären Lesestoffe 1770–1910. Frankfurt/Main 1970, 1977
Seinerzeit wegweisende Studie mit enormer Materialfülle übergreifend zu den populären Lesestoffen der Zeit, allerdings mit nur gelegentlicher und randständiger Erwähnung der involvierten Medien.

Reinhard Wittmann: Buchmarkt und Lektüre im 18. und 19. Jahrhundert. Beiträge zum literarischen Leben 1750–1880. Tübingen 1982
Wichtiger Sammelband mit zahlreichen innovativen Beiträgen zu zentralen Aspekten des Buchmarkts.

Gerd Schulz: Buchhandels-Ploetz. Abriß der Geschichte des deutschsprachigen Buchhandels von Gutenberg bis zur Gegenwart. 5., aktualisierte Aufl. Freiburg, Würzburg 1990
Knappe verlässliche Zusammenstellung wichtiger Daten, aber ohne Zusammenhänge und Erklärungen.

Alberto Martino: Die deutsche Leihbibliothek. Geschichte einer literarischen Institution (1756–1914). Wiesbaden 1990
Umfangreiches Standardwerk mit Bezugnahme u.a. auf sozialen Wandel, Zensur, Erfolgsautoren, Kritik und Funktionen.

Reinhard Wittmann: Geschichte des deutschen Buchhandels. München 1991
Älteres Standardwerk mit einem guten Überblick aus einer Hand.

Gunter Kosch und Manfred Nagl: Der Kolportageroman. Bibliographie 1850 bis 1960. Stuttgart, Weimar 1993
Bibliographie der Romane mit einer guten Einleitung und weiteren Materialien im Anhang.

Gabriele Scheidt: Der Kolportagebuchhandel (1869–1905). Eine systemtheoretische Rekonstruktion. Stuttgart 1994
Enthält u.a. eine detaillierte Beschreibung der Produktion eines erfolgreichen Kolportage- oder Lieferungsromans mit den entsprechenden Marketingstrategien.

Stephan Füssel, Georg Jäger und Herrmann Staub (Hrsg.): Der Börsenverein des deutschen Buchhandels 1825–2000. Frankfurt/Main 2000
Knapper historischer Überblick zum Jubiläum, aus der (parteilichen) Sicht des Jubilars.

Georg Jäger (Hrsg.): Geschichte des Deutschen Buchhandels im 19. und 20. Jahrhundert, Bd. 1: Das Kaiserreich 1870–1918, Teil 1. Frankfurt/Main 2001; und Teil 2. Frankfurt/Main 2003
Umfangreiches neues Standardwerk zahlreicher kundiger Autorinnen und Autoren mit detailliertem Augenmerk auf den vielen neuen Bucharten der Zeit.

Übungs- und Wiederholungsfragen

39 Welche beiden strukturellen Neuerungen prägten den Wandel des Mediums Buch im 19. Jahrhundert?
40 Welche Bedeutung hatte das Jahr 1867 für den Buchmarkt der Zeit?
41 Was versteht man unter der »Krönerschen Reform«?
42 Was bedeutete der Kolportagehandel erstens für das Medium Buch, zweitens für den Handel, drittens für die Instanz des Lesers und viertens für den Markt insgesamt?

Weiterführende Arbeitsaufgaben
▶ Informieren Sie sich ausführlicher über die Umstände und Formen der Professionalisierung des Bibliothekars als Berufsrolle.
▶ Beschaffen Sie sich einige der Lieferungen eines alten Kolportageromans und untersuchen Sie die Übergänge von Heft zu Heft. Vergleichen Sie das Übergangsprinzip mit den Fortsetzungsromanen in Zeitungen und manchen Zeitschriften heute.

Die Anfänge des Films als komplexes System 6.9

Der Charakter einer Medienrevolution innerhalb der sechsten Periode der Mediengeschichte verdankt sich mit den anderen elektronischen Medien ganz besonders dem Medium Film. Er vereint die oben genannten übergreifenden Merkmale der Medienkultur des ausgehenden 19. Jahrhunderts – Kapitalisierung, Unterhaltung, Versinnlichung, Stratifikation, Vermittlung als Reproduktion von Wirklichkeit (Kap. 6.1) – in paradigmatischer Weise. Das lässt sich zunächst bei den technischen Vorläufern und dem gesellschaftlichen Bedarf andeuten, dann bei den wichtigsten Filmemachern Auguste und Louis Lumière sowie George Méliès, bei den frühen Produktionsformen und schließlich bei der Rezeption im Jahrmarkt- und Wanderkino.

Es gab eine ganze Reihe von technischen Vorläufern wie etwa die bereits erwähnte Laterna magica des 18. Jahrhunderts, die Fotografie oder auch die Erfindung des Zelluloid als materieller Basis für den biegsamen Endlosstreifen des Films. Sie wurden von verschiedenen Personen zu unterschiedlichen, aber stets unvollkommenen Synthesen zusammengebracht. So baute beispielsweise Ottomar Anschütz 1886/87 den Tachyskop (»Schnellseher«), mit dem »lebende Bilder« sensationell zu kleinen Geschichten ausgebaut und vorgeführt wurden (z.B. Kellner stolpern, Zimmerleute frühstücken), aber er benutzte noch Glasplatten. Oder Thomas Alva Edison nutzte bereits in seinem Kinetoskop das beidseitig perforierte Zelluloid und bot seine »lebenden Fotografien« ab 1893 an (z.B. »Tanzende Girls«), aber nicht

Technische Vorläufer

Auguste und Louis Lumière

in einem Saal mit einer Leinwand für ein größeres Publikum, sondern in einer kleinen Maschine mit einem Guckloch für den einzelnen Betrachter, der einen Nickel einwerfen musst (»Nickel-Odeon«). Erst den Brüdern Lumière gelang der Durchbruch: Am 28. Dezember 1895 führten sie mit ihrem Kinematographen in Paris erstmals öffentlich und gegen Eintrittspreis Filme vor. Deshalb gilt dieser Tag für viele als der »Geburtstag« des Films. Bei diesen Filmen handelte es sich um realistische Alltagsszenen (z.B. »Arbeiter verlassen die Lumière-Werke«, »Die Ankunft des Zuges« oder »Der begossene Rasensprenger«), die gleichwohl als Sensationen galten.

Der gesellschaftliche Bedarf

Die Entstehung und Verbreitung des neuen Mediums Film war »fällig«, weil es einen entsprechenden gesellschaftlichen Bedarf gab, den kein anderes Medium abdeckte. Der Lebensraum der Menschen wurde durch die entstehende Massengesellschaft anonymisiert. Die traditionelle soziale Ordnung löste sich auf und brachte Orientierungslosigkeit mit sich. Die industrielle Arbeit provozierte eine größere Nachfrage nach Unterhaltung und Zerstreuung. Der einzelne Mensch wurde ohnmächtig und fremdbestimmt. Es war der Film, der es den Menschen ermöglichte, dem gesellschaftlichen Wandel durch eine neue psychosoziale Wirklichkeitspositionierung zu begegnen. Unterm Vorzeichen bloßer Reproduktion von Wirklichkeit stellte der Film Illusion und Imagination bereit und tauschte sie gegen reale (triste) Wirklichkeit, die zumindest für die Dauer des Filmerlebnisses vergessen werden konnte. Der Kinofilm erwies sich als brauchbarer Mechanismus zur Kompensation und damit Lebenshilfe für viele.

> **Merksatz**
>
> **Der Film übernahm vom traditionellen Theater die Live-Inszenierung in der Aufführung, von der Fotografie die Abbildung und Sinnlichkeit sichtbarer, authentischer Wirklichkeit, wobei das Einzelbild in einen kontinuierlichen Bewegungsablauf eingegliedert wurde, und vom längst schon vergessenen Primärmedium Erzähler bzw. Bänkel- und Moritatensänger die Enthebung von Raum und Zeit, das Erzählen von fiktionalen Geschichten.**

Funktionensynkretismus

Wieder entstand ein neues Medium als Funktionensynkretismus, indem der Film spezielle Teilleistungen unterschiedlicher Vorläufermedien aufgriff und neu bündelte.

Die Anknüpfung an den traditionellen Erzähler geschah durch einen weiteren frühen Filmemacher, der die dokumentarähnlichen Reproduktionsfilme der Lumières ersetzte durch »Zauberfilme«: George Méliès. Bei ihm gab es Geister, Teufel, kostümierte Schauspieler, Kulissen, einen Drehplan, narrative Dramaturgie – kurzum: phantastische Bilder von einer anderen, einer fiktionalen Wirklichkeit. Er war ein Illusionist, der sich »realer« Bilder bediente, um im Kopf seiner Zuschauer eine neue, »imaginative« Realität hervorzurufen. Méliès war der erste Regisseur der Filmgeschichte und insofern steht er auch am Anfang des Films in der Form, die uns heute am vertrautesten ist: des narrativen Spielfilms. Von 1896 bis 1900 drehte er rund 60 Filme, darunter u.a. Märchen, Feen- und Geistergeschichten oder Horror- und Zaubergeschichten.

George Méliès

> **Merksatz**
>
> **Mit Méliès gelang der Schritt vom visuellen Zeigen zum visuellen Erzählen und vom Zuschauerkollektiv zum individuellen Kinozuschauer, so wie wir heute noch Film »erleben«.**

Das neue Medium erwies sich rasch auch als kommerziell zukunftsträchtig. In Frankreich begann früh die kapitalistische Filmindustrie. Als die Brüder Lumière 1897 ihre Patente an den französischen Schausteller Charles Pathé verkauften, gründete dieser das Unternehmen Pathé Frères. Von da an wurden Filme marktorientiert und fabrikmäßig hergestellt, standardisiert, international verkauft – Massenware. Pathé Frères dominierte zwei Jahrzehnte lang den Filmemarkt in Frankreich und ganz Europa, zeitweise auch in den USA.

Pathé Frères

In Deutschland gab es vergleichbare Bemühungen. So stellte die Schokoladen- und Süßwarenfabrik Ludwig Stollwerck den Kinematographien der Lumières zusammen mit Schokoladen- und Bonbonautomaten überall auf Bahnhöfen auf und erwirtschaftete damit nicht nur enorme Umsätze und Gewinne, sondern machte auch Millionen Menschen mit dem Kinematographen vertraut und bewirkte eine enorme Akzeptanz des neuen Mediums für einen neuen Medienmarkt. Aber auch der Regisseur, Kameramann, Dramaturg, Entwickler, Kopierer und Vorführer Oskar Messter leistete einen wesentlichen Beitrag zur Etablierung des Films, als er die Malteserkreuzschaltung von Pierre Jules César Janssen verbesserte und in den Kinoprojektionsapparat einbaute. Damit war ein ruckfreier Übergang von Einzelbild zu Einzelbild möglich und die Suggestion einer kontinuierlichen Bewegung nahm zu. Weil Messter zugleich alle

Ludwig Stollwerck

Oskar Messter

Zweige der Filmapparate- und Filmbearbeitungstechnik optimierte und organisatorisch in einer Hand zu vereinen suchte, legte er den Grundstock der späteren deutschen Filmindustrie und gilt als »der erste Marktführer für kinematographische Produkte«.

Von der stationären Aufführung für die Mittelschichten ...

Doch nicht nur Produktion und Vertrieb waren eng miteinander verknüpft, auch die Rezeption prägte den Aufschwung des Films. Anfänglich wurden zehn bis zwölf kurze Filme in einem Zeitraum von fünfzehn bis dreißig Minuten stationär zur Aufführung gebracht, etwa in einem Varieté. Das brachte erhebliche Nachteile mit sich: die Beschränkung des Angebots, die Kürze der Zeit, also auch die Limitierung des Eintrittsgeldes, die Begrenztheit der Besucherplätze usw. Und für das gehobene bürgerliche Publikum wurde die Filmunterhaltung rasch schal, sobald sich die Faszination der »technischen Novität« erschöpft hatte. Deshalb verlagerte sich die Distribution verstärkt auf Vorführungen durch Schausteller auf mobilen Jahrmärkten und durch Wanderkinos. Auf Messen, Rummelplätzen, zu Kirchweih- und Schützenfesten, aber auch in eigens angemieteten Räumlichkeiten in kleineren Städten und Gemeinden wurden Filme so lange gezeigt, wie es Publikum gab, dann zog man weiter. Das hatte zwei gewichtige Auswirkungen:

| **Abb 19**

Anfänge der Filmindustrie in Deutschland mit Oskar Messter

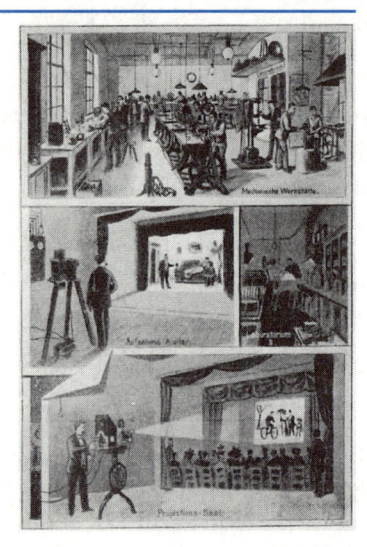

... zum Wanderkino für die Unterschichten

▶ Erstens erschloss das ambulante Kinogewerbe ein ganz neues Publikum: Verkäuferinnen, kleine Büroangestellte, Gelegenheitsarbeiter, Hausangestellte, Kleinbürger, die »Proletarierklasse«, nicht zuletzt auch Immigranten, die dem visuellen Medium auch ohne Kenntnisse der deutschen Sprache folgen konnten. Der Kinofilm fand Interesse bei ganz verschiedenen sozialen Schichten der Industrie- und Massengesellschaft und sollte sich deshalb nach der Jahrhundertwende zu einem kulturdominanten Medium entwickeln.

▶ Zweitens verlagerte sich der Schwerpunkt des Interesses von der bloßen Wiedergabe längst bekannter Wirklichkeit zu den »Zauberfilmen«, von der authentischen Reproduktionen zu Fiktion und Vision, von den »dokumentarischen« Filmen zu deftiger Komik und Clownerien, Verbrechen, Sentimentalitäten, auch zu Delikatem und Erotischem.

Der erste Langfilm: »Die Reise zum Mond« (1902) von Méliès, nach Vorlagen von Jules Verne und Herbert G. Wells, stellte in diesem Sinne den ersten Höhepunkt der frühen Filmgeschichte dar.

Weiterführende Literatur

C.W. Ceram: Eine Archäologie des Kinos. Reinbek 1965
Unwissenschaftliche, aber unterhaltsam geschriebene Darstellung der frühen Filmgeschichte von den Vorläufern über Lumière und Méliès bis zu Messter und der frühen Filmindustrie (reich bebildert).

Friedrich von Zglinicki: Der Weg des Films. Textband. Hildesheim, New York 1979
Detaillierte Darstellung der Anfänge der Filmgeschichte in 36 Kapiteln, von der Laterna magica, dem Lebensrad und anderen Vorläufern über die Brüder Skladanowsky, das Ladenkino und die ersten Berliner Filmstätten bis zur Ufa, der Filmindustrie im Ausland und dem ersten Tonfilm.

Georges Méliès – Magier der Filmkunst. Kintop – Jahrbuch zur Erforschung des frühen Films, H. 2. Basel, Frankfurt/Main 1993
Themenheft zu Méliès mit zahlreichen interessanten Beiträgen.

Herbert Birett: Lichtspiele. Der Kino in Deutschland bis 1914. München 1994
Knapper Versuch einer Gesamtbilanz in Querschnitten (Pionierzeit, Frühgeschichte, Gründerzeit) und in ausgewählten Längsschnitten (Filmästhetik, Technik, Wirtschaft, Filmwirkung).

Martin Loiperdinger: Film & Schokolade. Stollwercks Geschäfte mit lebenden Bildern. Frankfurt/Main, Basel 1999
Spannende Rekonstruktion der Anfänge des Films unter Rekurs u.a. auf Edisons Guckkasten und Lumières Kinematograph, unter besonderer Berücksichtigung der Verbreitung durch Stollwercks Automaten und mit ausführlichen Besprechungen der gezeigten dokumentarähnlichen Städtebilder und aktuellen Ereignisse.

Elisabeth Ezra: Georges Méliès. The birth of the auteur. Manchester, New York 2000
Gute knappe Einführung in Ästhetik, Dramaturgie und Bedeutung von Méliès mit Hinweisen zu den Standardwerken der Forschung.

Thomas Elsaesser: Filmgeschichte und frühes Kino. Archäologie eines Medienwandels. München 2002
Vielfältige Einzelstudien zur Filmgeschichte, u.a. zu Edison, Lumière, der entstehenden Institution Kino, auch zu Griffith, Fritz Lang und anderen Filmformen.

Übungs- und Wiederholungsfragen

43 Welcher Tag gilt allgemein mit welcher Begründung als der »Geburtstag« des Mediums Film?
44 Was zeigen die Filme der Brüder Lumière, was die Filme von Méliès?
45 Welche drei Medien trugen zum Funktionensynkretismus beim neuen Film bei?
46 Welche zwei Namen haben für die Verbreitung des Films in Deutschland große Bedeutung gehabt?
47 Welcher Wandel vollzog sich bei der Distribution des Films und welche unterschiedlichen Zuschauergruppen wurden damit erreicht?

Weiterführende Arbeitsaufgaben
▶ Erforschen Sie die Reaktionen der zeitgenössischen Presse auf die »Sensation« des neuen Mediums Film und diskutieren Sie die Argumente Pro und Contra.
▶ Informieren Sie sich ausführlicher über die sozialpsychologische Situation Ende des 19. Jahrhunderts im Deutschen Reich und die Umstände für den gesellschaftlichen Bedarf an der Traummaschine Kinofilm.
▶ Wann hat die Film- und Kinogeschichte in Ihrem Wohnort angefangen?

Zusammenfassung

Der Medienwandel im Industrie- und Massenzeitalter sah die dritte Medienrevolution: von der Dominanz der Druckmedien, wie sie das 18. Jahrhundert bestimmt hatte, zur Dominanz der elektronischen Medien, die dann das 20. Jahrhundert prägen sollten. Als die maßgeblichen Funktionen der Medienkultur des 19. Jahrhunderts gelten Versinnlichung und Stratifikation.

Im Rahmen der gesamtgesellschaftlichen Umbruchprozesse waren die Printmedien gekennzeichnet erstens von Ausdiferenzierung und zweitens von Konsolidierung. Das gilt vor allem für die Zeitung, bei der sich der Journalismus als System etablierte, aber auch für das Buch, bei dem sich die Hybridform einer transmedialen Expansion als prägend erwies. Ihre dritte Veränderung bestand in einer weitgehenden Bebilderung und Unterhaltungstendenz. Dieser allgemeine Visualisierungsschub gilt allen voran für die Familienzeitschrift, die Illustrierte und die Witzblätter, dann aber auch für das »Zwischenmedium« Bilderbogen, das Blatt, die Ansichtskarte und das Plakat.

Die neue »Sehsucht« und Wirklichkeitsorientierung charakterisierte auch die Geschichte der elektronischen Medien, die ab 1830 mit der Fotografie einsetzte: Reproduktion von Live-Wirklichkeit als Arretierung visueller Anschauung. Ihren »Sinn« fand die Fotografie in der Selbstinszenierung letztlich des Kleinbürgers, ihr Boom verstärkte sich bis zur Jahrhundertwende mit ihrer Multifunktionalität. Das »Zwischenmedium« Telegraph, mit dem der Nachrichtenverkehr zu einem Faktor globaler wirtschaftlicher Wertschöpfung wurde, trug erheblich zum Bedeutungsanstieg der Zeitung bei, kündigte im Prinzip aber bereits das Telefon an. Die zukunftsträchtigen neuen Medien Telefon und Schallplatte waren eher angebots- als bedarfsbezogen und benötigten deshalb geraume Zeit bis zur Durchsetzung ihrer gesamtgesellschaftlichen Nutzung, speziell in Deutschland. Der Film schließlich, auch wenn er seine gesellschaftliche Dominanz erst nach der Jahrhundertwende voll entfalten sollte, hatte bereits zum Ausgang der sechsten Periode der Mediengeschichte jene spezifischen Leistungen ausgebildet und als komplexes System organisiert, die ihn bis heute als Medium sui generis charakterisieren.

7 | Periode VII: Die neue elektronische Welt (1900–1990)

Übersicht

7.1 Zeitung und Zeitschrift bis zur Weimarer Republik

7.2 Die neue Radioöffentlichkeit

7.3 Die politische Instrumentalisierung der Medien im Dritten Reich

7.4 Unterhaltungsmedien: 100 Jahre Film und Schallplatte

7.5 Entwicklungsphasen des Buchs: vom Kulturmedium über das Massenmedium bis zum Elitemedium

7.6 Alltagsmedien: Blatt, Heft, Brief, Foto, Plakat, Telefon

7.7 Die Speichermedien Tonband/Kassette und Video als »Zwischenmedien«

7.8 Die Bedeutung der Presse für die demokratische Medienöffentlichkeit nach 1945

7.9 Die Ökonomisierung der Medien und das Fernsehen als Leitmedium

Vorläufigkeit der Darstellung

Da bis heute noch keine Aufarbeitung und Gesamtdarstellung der Mediengeschichte des 20. Jahrhunderts vorliegt, sind die folgenden Ausführungen stärker von Vorläufigkeit geprägt als die Darstellung der ersten sechs Perioden der Mediengeschichte bis um 1900. Das liegt zum einen an der relativen Nähe der Geschichtsschreibung zu diesem Zeitabschnitt, zum andern an der enormen Komplexität der Sachverhalte, die wir aus eigenem Erleben als höchst differenziert wahrnehmen. Trotz der kaum überschaubaren Vielzahl der zur Verfügung stehenden Teilstudien und Befunde soll versucht werden, die großen Linien medienkultureller Veränderungen und ihrer wesentlichen Zäsuren und Akzente zumindest in ersten Umrissen (und prinzipiell durchaus korrekturbedürftig) aufzuzeigen. Mindestens drei Befunde scheinen dafür bereits festzustehen:

▶ Erstens war die siebte Periode der Mediengeschichte, von 1900 bis um 1990, geprägt von der Dominanz der elektronischen Medien. Das gilt insbesondere für die Medien Radio, Film, Schallplatte und Fernsehen, bedingt auch für Tonband/Kassette, Video, Foto und Telefon.

▶ Zweitens gab es unter den vielfältigen Gebrauchsweisen und Zwecken der einzelnen Medien eine Hauptfunktion, die in Gesellschaft und Öffentlichkeit, zumindest in Deutschland, eine herausragende Bedeutung erlangt hat: Herrschaft. In der ersten Hälfte des Jahrhunderts handelte es sich bevorzugt um politische Herrschaft im Sinne von propagandistischer Instrumentalisierung, in der zweiten Hälfte um ökonomische Herrschaft, verstanden als Indienstnahme fast des gesamten kulturellen Systems durch Wirtschaftsinteressen und Werbeindustrie. Kommunikationsmedien wurden zunehmend von den beiden wichtigsten Interaktionsmedien Macht und Geld überlagert. Speziell die elektronischen Medien Radio und Fernsehen – sei es infolge großer gesellschaftlicher Umwälzungen wie den beiden Weltkriegen und ihrer Folgen, sei es aufgrund eines enormen Kapital- und Investitionsbedarfs – zielten gemäß ihrer besonders großen Reichweite und der ihnen aneignenden Massenorientierung primär auf Indoktrination und Ausbeutung, jeweils unter dem Deckmantel von Unterhaltung.

Drei wesentliche Befunde

– Dominanz der elektronischen Medien

– Hauptfunktion der Medienkultur: politische und ökonomische Herrschaft (Macht, Geld)

> **Merksatz**
>
> **Hauptfunktion der Medienkultur des 20. Jahrhunderts war politische und ökonomische Herrschaft.**

▶ Drittens vollzog sich übergreifend eine generelle Theatralisierung der Medien, speziell der öffentlichen und der politischen Kommunikation. Die schöne neue elektronische Welt des 20. Jahrhunderts war strategisch instrumentalisiert, ihre Medien fungierten zuallererst als Betäubungsmedien. Mit Recht hat man deshalb für diese Periode von einer Werbe- und Inszenierungsgesellschaft gesprochen.

– Theatralisierung medialer Kommunikation ...

Wohl nicht ganz zufällig hat sich dabei das klassische Medium Theater als komplexes Kommunikationssystem mit gesellschaftlicher Relevanz verabschiedet. Die allgemeine »Entgrenzung des Theaters« bzw. die »Theatralisierung des Lebens«, die »Fusion von Theater und Wirklichkeit« (Erika Fischer-Lichte) ab dem Beginn des neuen Jahrhunderts brachten Krise, Zerfall und Niedergang des Theaters *als Medium* und seine Verwandlung in Kunst. Sie charakterisierte sich bevorzugt als Klassiker-Inszenierung in der bildungsbürgerlichen Nische, aber auch mit Neuansätzen wie z.B. dem Politischen Theater, Epischen Theater, Dokumentartheater, Schauspieler-Theater, Freien Theater, Regie-Theater bis hin zum Volkstheater im Fernsehen und anderen Hybridformen. Die Theatergeschichte des 20. Jahrhunderts war nur noch Kunstgeschichte.

... und Niedergang des Theaters als Medium

Diese Wende vom Medium zur Kunst konnte auch schon in früheren Fällen wie etwa bei der altägyptischen Skulptur (Mediengeschichte von den Anfängen bis 1700, Kap. 1.4) und generell den traditionellen Gestaltungsmedien oder auch bei den Menschmedien Tanz (ebd., Kap. 2.1) und Sänger (z.B. ebd., Kap. 4.3) beobachtet werden. Die Ursache für das Ende des Mediums Theater sah man im Kern auch darin begründet, dass nach dem unvorstellbaren Grauen der beiden Weltkriege und dem barbarischen Progrom der Deutschen an den Juden dem guten alten Opferritual und seiner klassischen Profanisierung (ebd., Kap. 2.3) beim besten Willen kein »Sinn« mehr abgewonnen werden konnte, weder mit neuen Stücken noch mit den verzweifelten Ritualen ewiger Neuinszenierungen. Zudem wurden problemlos die Lücken an Spiel und theatraler Unterhaltung in der Medienkultur des Alltags durch die konkurrierenden elektronischen Medien kompensiert.

> **Merksatz**
>
> Im Verlauf des 20. Jahrhunderts verlor das Theater seinen Mediencharakter und wurde zur Kunst.

7.1 | Zeitung und Zeitschrift bis zur Weimarer Republik

Das professionalisierte und bereits früh von Konzentrationstendenzen geprägte System des Pressejournalismus (Kap. 6.2) spielte Anfang des 20. Jahrhunderts immer noch eine maßgebliche Rolle in der kleinbürgerlichen Massenöffentlichkeit. Deutlich erweist sich wieder Mediengeschichte als Teil von Gesellschaftsgeschichte, Medienkultur als gesellschaftsprägender Faktor.

Die Zahl der Zeitungen, überwiegend parteilos, aber doch einer politischen Richtung zugehörig, erreichte mit leichten Schwankungen, insbesondere infolge der Retardierung während des 1. Weltkriegs, zwischen 1903 und 1932 durchschnittlich 3700 Titel. Damit gab es trotz der vielen Lokalausgaben derselben Stammzeitung noch eine extrem pluralistische Pressekultur, wirtschaftlich aber vielfach schwach und kaum überlebensfähig. In dieser zerklüfteten Presse spiegelte sich die Zersplitterung der damaligen Gesellschaft und ein eklatanter Mangel an Grundkonsens (Jürgen Wilke). Völkische, nationalsozialistische, linksradikale, bürgerliche, kirchliche bzw. konservative, liberale, katholische, sozialdemokratische, kommunistische Zeitungen, viele mit nur geringen Auflagen, lieferten sich erbitterte Kämpfe untereinander mit teils fatalen gesellschaftlichen Auswirkungen.

Zeitungen

Zugleich war die Situation beeinträchtigt durch Presseverbote, Zensur, Notverordnungen und die Kontrolle des Nachrichtenflusses über die Nachrichtenagentur WTB (Wolff's Telegraphisches Bureau) bis hin zu handgreiflicher Gewalt. Zahlreiche Blätter gingen rasch wieder ein, die Lücken wurde von nicht weniger Neugründungen gefüllt. Die Generalanzeiger, politisch konform, waren auch redaktionell den Wünschen der Inserenten aufgeschlossen (Harry Pross). Zwar fanden in der Weimarer Republik insgesamt 20 Millionen Zeitungsexemplare Tag für Tag ihre Leser, aber nur in fragmentierten, partei- und wirtschaftspolitisch bestimmten Teilöffentlichkeiten, die durch den raschen Wechsel der Regierungen vollends unübersichtlich geworden waren.

> **Merksatz**
>
> **Die deutsche Presse insgesamt trug durch ihre politisch negative, konfliktorientierte, kleinparteilich-konfrontative Berichterstattung wesentlich dazu bei, den 1. Weltkrieg mental in der deutschen Bevölkerung vorzubereiten.**

Zwei Grundtendenzen sind festzuhalten: Typisch für den Versuch *politischer* Reglementierung der Presse durch den Staat war die »Deutsche Allgemeine Zeitung«. Sie hatte schon seit jeher offiziösen Charakter innegehabt und wurde 1925 von der Zellstoff

Politische und wirtschaftliche Einflüsse

| Abb 20

Originalbild in der
»Berliner Illustrirten
Zeitung« (1929)

Bilder vom Tage

Beisetzung Gustav Stresemanns. Der Leichenzug und die riesige Volksmenge auf dem Platz der Republik.

AG übernommen, um sie zum publizistischen Verlautbarungsorgan der preußischen Regierung zu machen. Auch von Seiten der Wirtschaft gab es solche Versuche; viele Unternehmer und Manager des Großkapitals lehnten nach 1918 die Republik und die demokratische Staatsform ab, weil sie parlamentarische Kontrolle fürchteten. Typisch für solche *wirtschaftlichen* Einflüsse auf die Presse, sofern sie nicht anonym über Bankenkredite wirksam wurden, waren etwa die »Münchener Neuesten Nachrichten«. Sie wandelten sich ab 1921 von einer großen unabhängigen süddeutschen Zeitung zu einem Blatt mit markant industriefreundlicher Berichterstattung, in welche die Gesellschafter in den Krisenjahren ab 1930 auch persönlich massiv eingriffen. Im Nationalsozialismus sollten politische und wirtschaftliche Einflussnahmen erfolgreich zusammenwirken.

Zeitschriften

Bei den Zeitschriften veränderten sich die Zahlen stärker: Nach einer Höchstzahl von 5600 (1902) gingen die Titel zurück auf 3800 (1919), um dann anzusteigen auf knapp 5000 (1921), wieder zu sinken auf rund 3700 (1923) und dann erneut zu steigen auf 7600 (1932). Nur 950 davon waren Freizeit- und Publikumszeitschriften, der Rest ideologische, parteipolitische, kulturpolitische und natürlich fachwissenschaftliche Titel. Der beliebteste Zeitschriftentypus der Weimarer Republik war die Illustrierte, speziell nach Überwindung von Inflation und Währungsreform. Deshalb kann man die 20er Jahre als Hochzeit des deutschen Bildjournalismus mit einem Boom der Fotografie bezeichnen. Neu entstand auch die Programmpresse mit ihren Informationen zu den Medien Film und Hörfunk; sie expandierte bis 1929 und erlebte ihre ersten »goldenen Jahren« von 1934 bis 1941 (Thomas Bauer).

> **Merksatz**
>
> **Die Verlagerung von den Print- zu den elektronischen Medien wurde durch zahlreiche Verbundformen der Zeitschrift vorangetrieben.**

Besondere Aufmerksamkeit muss dem Medienkonzern zukommen, der von dem Deutschnationalen Alfred Hugenberg aufgebaut und dann in den Dienst der Nationalsozialisten gestellt wurde. Einige wenige Stationen in Hugenbergs Karriere sollen das andeuten: Hugenberg, der als Vorstandsvorsitzender der Friedrich Krupp AG ab 1909 und als Vorsitzender des Bergbau-Vereins ab 1911 eine Schlüsselposition in der deutschen Schwerindustrie innehatte, gründete 1914 eine Auslands-Anzeigen-Gesellschaft und benannte sie 1917 in Allgemeine-Anzeigen-Gesellschaft um – schließlich war die Schwerindustrie einer der größten Anzeigenkunden. Ein Jahr später kaufte er sich bei der Anzeigenexpedition Hasenstein & Vogler ein, übernahm deren Filialnetz und alle Pachtblätter und wurde zugleich für die Deutschnationale Volkspartei (DNVP) Mitglied der deutschen Nationalversammlung. Er überstand den Konkurrenzkampf mit Rudolph Mosse, der in der Weltwirtschaftskrise Konkurs anmelden musste, übernahm bis 1925 den Scherl-Verlag und sicherte sich als heimlicher Besitzer der Telegraphen-Union, dem wichtigsten Konkurrenten der WTB, den Zugriff auf eine große Zahl von Zeitungen, die er mit seinen Diensten versorgte. Charakteristisch war, dass er nicht nur Anzeigen lieferte, sondern auch Bilder und politisch rechtslastige Artikel. Bei immer mehr Zeitungsverlagen wurde er Mitgesellschafter oder Kommanditist. Außerdem bot er ab 1922 für hunderte von Provinzzeitungen fertige Matern an, mit Artikeln zu überregionalen Themen und mit Anzeigen, von denen Abgüsse nur noch in die Druckmaschinen einzusetzen waren. Im Jahr 1924 soll er damit 1000 Blätter bzw. 35 % aller deutschen Zeitungen versorgt haben (Kurt Koszyk). Politisch ging es ihm um die Bekämpfung des parlamentarisch-demokratischen Systems und die Außenpolitik der Weimarer Republik, teils in Zusammenarbeit mit anderen repu-

Der Hugenberg-Konzern

blikfeindlichen Kräften von rechts, etwa der NSDAP. Anfang 1927 kaufte er sich in die Universum-Film AG (Ufa) ein und übernahm den Aufsichtsratsvorsitz. Dabei handelte es sich um einen Konzern mit 71 Tochtergesellschaften, darunter 37 Filmtheatergesellschaften mit 117 Kinos. Hugenberg war es dabei weniger um die Produktion von Spielfilmen getan als vielmehr um die Ufa-Wochenschau, als Stumm- und als Tonfilm, mit der er nationalkonservative Akzente setzte.

Der Besitzer des Konzerns blieb hinter den unüberschaubaren Verflechtungen der vielen Firmen eher verborgen. Hugenbergs politische Ambitionen wurden jedoch nur kurzzeitig belohnt, als er zum Minister im ersten Kabinett Hitlers avancierte. Dann allerdings musste er rasch große Teile seines Mediumimperiums an die Nationalsozialisten abgeben. Immerhin wird der Partnerschaft mit Hugenberg zugeschrieben, dass es Adolf Hitler gelang, sich und seine Partei aus der innenpolitischen Isolierung zu lösen.

> **Merksatz**
>
> In Hugenbergs Ufa waren die Medien Zeitung, Zeitschrift, Foto und Film nach Maßgabe wirtschaftlicher und politisch konservativer Interessen in einem Großkonzern gebündelt.

Weiterführende Literatur

Peter Gay: Die Republik der Außenseiter. Geist und Kultur in der Weimarer Zeit: 1918–1933. Frankfurt/Main 1970
Versuch einer Gesamtdarstellung der Kultur- und Geistesgeschichte der Zeit aus amerikanischer Sicht.

Kurt Koszyk: Deutsche Presse 1914–1945. Geschichte der deutschen Presse, Teil III. Berlin 1972
Älteres, aber immer noch unverzichtbares Standardwerk mit ausführlicher und detaillierter Darstellung aus klassisch publizistikwissenschaftlicher Sicht, unter besonderer Berücksichtigung der politischen Verhältnisse und ausgewählter einzelner Zeitungen.

Walter Laqueur: Weimar. Die Kultur der Republik. Frankfurt/Main u. a. 1977
Versuch einer Zusammenfassung der wesentlichen Kulturströmungen und ihrer Repräsentanten aus zeitgeschichtlicher Sicht, abgesehen von Theater und Film jedoch ohne besondere Berücksichtigung der damaligen Medienkultur.

Jürgen Wilke: Grundzüge der Medien- und Kommunikationsgeschichte. Von den Anfängen bis ins 20. Jahrhundert. Köln, Weimar, Wien 2000
Darstellung der Geschichte von Zeitung und Zeitschrift, mit politischen und juristischen Akzenten, bis zum Ende des Kaiserreichs.

Harry Pross: Zeitungsreport. Deutsche Presse im 20. Jahrhundert. Weimar 2000
Aperçuhafter Versuch einer Gesamtdarstellung der neueren Pressegeschichte in 7 Phasen, mit einer Abgrenzung der ersten zwei Abschnitte von 1900–1918 (»Aufschwung«) und von 1918–1933 (»Glanz und Ignoranz«).

Konrad Dussel: Deutsche Tagespresse im 19. und 20. Jahrhundert. Münster 2004
Jüngster Versuch einer Gesamtdarstellung von der Erfindung des Drucks bis in die 90er Jahre des letzten Jahrhunderts, bevorzugt an politischen Eckdaten als den Zäsuren orientiert.

Übungs- und Wiederholungsfragen

1. Mit welchen drei Befunden lässt sich schon jetzt die siebte Periode der Mediengeschichte (1900–1990) charakterisieren?
2. Was geschah mit dem traditionellen Medium Theater im Verlauf des 20. Jahrhunderts?
3. Welches war die Hauptfunktion der Medienkultur des 20. Jahrhunderts?
4. Auf welche gesellschaftliche Problematik verweist die zersplitterte Pressesituation bis zur Weimarer Republik?
5. Welche zwei Grundtendenzen prägten die Presse bis zur Weimarer Republik?
6. Was war der beliebtesten Zeitschriftentypus der Weimarer Republik?
7. Welches war der wichtigste deutsche Medienkonzern der 1920er Jahre?

Weiterführende Arbeitsaufgaben

▶ Suchen Sie andere Gesamtdarstellungen zur Medienkultur des 20. Jahrhunderts und vergleichen Sie kritisch im Hinblick auf Selektion, Gewichtung und Kohärenz.
▶ Analysieren Sie exemplarisch die Theatralisierung als Grundzug von Medien wie Hörfunk, Film und Fernsehen.
▶ Informieren Sie sich über das Presseangebot während der ersten drei Jahrzehnte des 20. Jahrhunderts in Ihrem Heimatort.
▶ Vergleichen Sie Ähnlichkeiten und Unterschiede der beiden Konzerne Hugenberg und Bertelsmann.

7.2 | Die neue Radioöffentlichkeit

Vor dem Sehen als dem Primat des optischen Zeitalters kam das Hören: »die Aura des Empfangs« (Habbo Knoch). Ohne Zweifel fungierte der Hörfunk für eine begrenzte Zeitspanne als das Leitmedium der deutschen Medienkultur. Man kann vielleicht sechs verschiedene Phasen der Geschichte des Hörfunks unterscheiden: das Radio mit der Aura des Fernhörens zur Zeit der Weimarer Republik, der Volksempfänger als Propagandamedium in der NS-Zeit, die Blütezeit in den 50er Jahren, der Niedergang gegenüber dem Fernsehen in den 60er Jahren, Ansätze einer Renaissance in den 70er Jahren und seine Kommerzialisierung in den 80er Jahren.

1923–1932

Der erste Abschnitt begann mit einem regelmäßigen Radioprogramm am 29. Oktober 1923 als »neuer Heimkultur«. Die Faszination, die das neue Medium damals umgab, lässt sich heute kaum noch nachvollziehen.

Aura authentischer Live-Übertragung

Die Begeisterung war so groß, die Verbreitung so rapide, dass Kritiker sich über den »Radiotismus« oder das »Radiofieber« beklagten. Anfänglich wurde noch per Kopfhörer, erst später über Lautsprecher gehört, der die Hörergruppen zur großen Pseudo-Hörer»gemeinschaft« zusammenzuschließen schien. Gemütlichkeit, Geselligkeit, Familienzentrierung galten als charakteristische Merkmale. Der Radioapparat war ein Heimgerät – seine Nutzung in der Freizeit ebenso alltäglich wie zentral. Das neue Medium, anfangs nur mit Abendprogramm, ab 1930 überwiegend als Ganztagesprogramm, fungierte in der Weimarer Republik als Integrationsmedium aus enger nationalpolitischer Sicht: »Radio als Vermittlung von Gegensätzen« (Renate Schumacher). Hans Bredow als Rundfunkkommissar sorgte für die staatliche Überwachung der regionalen Programme. Das Radio war niemals ein »Kommunikationsapparat« (Bertolt Brecht), sondern Senden und Hören waren von Anfang an getrennt. Neben Musik, im Verbund mit bzw. in Konkurrenz zur Schallplattenindustrie, und Live-Übertragungen (z.B. Zeppelinflüge) wurden auch Sportübertragung und Hörspielsendungen bevorzugt.

> **Merksatz**
>
> Anfänglich stand die Reproduktion von Wirklichkeit nach Maßgabe authentischer Live-Übertragung im Vordergrund des Interesses am Radio.

Eine erste »Blütezeit des Hörspiels« (Stefan Bodo Würffel) reichte von 1929–1934 (z.B. Alfred Auerbach, Ernst Johannsen, Hermann Kasack, Friedrich Wolf).

Zerstreuung, Unterhaltung, Ablenkung und dahinter politische Disziplinierung und Indoktrination haben im zweiten Abschnitt der Radiogeschichte, in der Zeit des Nationalsozialismus, das Medium gezielt zu einem »Führungsmittel« (Gerd Eckert) werden lassen. Der autoritäre Charakter des kleinbürgerlichen, von Ängsten bedrängten Massenmenschen wurde durch den medienspezifischen Verweis des Akustischen auf Imagination und Innerlichkeit ausgebeutet und die zentralistische Organisation des Rundfunks gleichgeschaltet. Der propagandistische Erfolg des Regimes war zu wesentlichen Teilen auf der ideologische Funktionalisierung des neuen Leitmediums aufgebaut. Reichspropagandaminister Joseph Goebbels gelang es, den Hörfunk über den Volksempfänger als »Waffe« einzusetzen, die im »Kampf der Ätherwellen« zwischen Deutschland und den Alliierten siegreich blieb – paradigmatisch dafür seine berüchtigte Sportpalastrede 1943, in der er den »totalen Krieg« proklamierte. Später wurde in der Medienforschung darüber debattiert, ob es Hitler ohne das Radio als Leitmedium bzw. in Zeiten des Fernsehens überhaupt hätte gelingen können, sich derart zwingend in Deutschland in Szene zu setzen.

1933–1945

Autoritäres Führungsmittel

| Abb 21

Kurt Günter: Kleinbürger am Radio (1927)

Nach Kriegsende wurden in den verschiedenen Besatzungszonen rasch neue öffentlich-rechtliche Landesrundfunkanstalten errichtet, bewusst dezentral, zensiert bzw. kontrolliert von den Alliierten (Entnazifizierung, »re-education programmes«). Das Vorbild der britischen BBC setzte sich in den drei westlichen Zonen durch: eine föderale Rundfunkstruktur, aus der 1950 die ARD entstand. Hauptaufgabe war hier bereits die Planung des neuen Mediums Fernsehen. Qualitätvolle Unterhaltungsmusik, Informations-, Bildungs-, Kulturprogramme und Hörspiele be-

1949–1958

Merksatz

Das Radio war das erste Medium in der Geschichte mit einem permanenten oder Ganztagesprogramm als Kommunikationsangebot.

stimmten das Angebot, letztere meist als Adaptionen der klassischen dramatischen und epischen Literatur, aber auch als Originalwerke (z.B. Günter Eich) und als genrespezifische Serien. Das war die »Blütezeit« (Horst O. Halefeldt) des deutschen Radios: das Ohr am Puls des Zeitgeschehens. Über Mittelwelle und UKW wurden bereits in der zweiten Hälfte der 50er Jahre regional mehrere Programme zur Auswahl ausgestrahlt, die mehr als 50% der Bevölkerung erreichten. Das Hauptabendprogramm zwischen 20 und 22 Uhr hatte für das Radio ähnliche Bedeutung wie in den 70er Jahren für das Fernsehen. »Bunte Abende« und Serien standen hier neben Konzertübertragungen, Quizsendungen und Hörspielen, unterbrochen von Großereignissen wie Fußballweltmeisterschaften, Olympischen Spielen, wichtigen Bundestagsdebatten.

Leitmedium

> **Merksatz**
>
> In den 50er Jahren fungierte das Radio primär als Kulturfaktor, mit Tendenz zur Unterhaltung.

1958–1971

Niedergang in Konkurrenz zum Fernsehen

Die vierte Phase sah den Hörfunk in Konkurrenz zum Fernsehen. Die Nutzung, besonders am Abend, sank ab auf bis unter 20%. Der Niedergang war unaufhaltsam, auch wenn das Radio neue Ansätze dagegensetzte: mehr aktuelle Nachrichten, Informationen, Magazine; stärker typisierte Programme für Hausfrauen, Jugendliche, Angestellte, Katholiken usw.; eine deutlichere Personalisierung bei den Moderatoren, DJs, Quizmastern; und mehr Spezialisierung im Serviceprogramm und bei Minderheitensendungen (Henning Wicht). Nicht zuletzt neue Bildungsprogramme und Ansätze zum »Neuen Hörspiel« als Schallspiel (z.B. Franz Mon, Ludwig Harig, Wolf Wondratschek, Peter Handke) trugen zur Entwicklung ganz unterschiedlicher Programmprofile bei.

1971–1985

Begleitmedium

In den 70er Jahren führten diese Bemühungen übergreifend wieder zu höheren Einschaltquoten und mehr Akzeptanz in der Bevölkerung. Allerdings wurden die Akzente nun neu gesetzt: Verkehrsinformationen bis hin zu eigenständigen Servicewellen, Dominanz der Musikfarbe Rock und Pop und größere Orientierung an jüngeren Hörerinnen und Hörern, stärkere Regionalisierung etwa über Fensterprogramme, Programmtypen bei Expandierung und Ausdifferenzierung nach Sendern (z.B. Bayern 1, 2, 3, 4) – in einem Wort: Aus dem Leitmedium wurde ein Begleitmedium (Stefan Kursawe).

Typisch dafür war etwa die Entstehung des seriellen Kurzhörspiels (z.B. die 5-minütige Serie »Papa, Charly hat gesagt ...« mit insgesamt 320 Folgen 1971–1991), das mit großem Erfolg auf zahlreichen Sendern lief: alltagstaugliche Konversation als »radiophone Unterhaltung« (Klaus Menger).

> **Merksatz**
>
> In den 70er Jahren wurde das bundesdeutsche Radio endgültig von einem Leitmedium zu einem Begleitmedium.

Mit der Einführung des dualen Rundfunksystems schließlich, mit dem auch der private Hörfunksektor erheblich ausgebaut wurde, setzte sich der Verbund von Lokal-/Regionalzeitungen und privaten Lokal-/Regionalsendern durch (»Verlegerrundfunk«). Kommerzielle Sender bedeuteten zuallererst: Werbefinanzierung, teils Regionalisierung, in jedem Fall Formatradio.

1985–heute

Ökonomisierung

Nach dem Vorbild alternativer »Freier Radios« insbesondere der AKW-Bewegung ab 1981 kamen später staatlich geförderte nicht kommerzielle Lokalradios, offene Kanäle und lokaler Bürgerfunk hinzu, um der totalen Kommerzabhängigkeit der Radioprogramme im Sinne publizistischer Vielfalt entgegenzuwirken.

Um 1990 wurde der Hörfunk zeitlich im statistischen Durchschnitt täglich länger genutzt als selbst das Fernsehen (2:57 vs. 2:13 Stunden:Minuten), aber in spezifischen Funktionszusammenhängen (außerhalb der Freizeit, während der Arbeit, im Auto, als musikdominante Servicewelle usw.). Und die Zahl der Radioempfänger war dank Zweit- und Drittgerät höher denn je. Der »Nebenbeihörer« ist seitdem die Norm geworden: das Radio Hintergrundmusik und Geräuschkulisse.

> **Merksatz**
>
> Beim Formatradio sind strategisch, auf der Grundlage von Marketingstudien, und fortlaufend empirisch kontrolliert Programmfolge, Musikfarbe und Moderationsstil in stündlichem Rhythmus exakt vorgegeben, um unverwechselbar Lifestyle und Musikgeschmack eines Publikumssegments möglichst genau zu treffen, dadurch Streuverluste bei der Werbung zu vermeiden und somit die Einnahmen des Senders durch Werbekunden zu erhöhen.

Weiterführende Literatur

Stefan Bodo Würffel: Das deutsche Hörspiel. Stuttgart 1978
Älteres, immer noch ergiebiges Standardwerk aus germanistischer Sicht.

Winfried B. Lerg: Rundfunkpolitik in der Weimarer Republik. München 1980
Standardwerk zur Entstehung des Radios und seiner Geschichte bis 1932 aus kommunikationspolitischer Perspektive.

Peter Dahl: Radio. Sozialgeschichte des Rundfunks für Sender und Empfänger. Reinbek 1983
Veranschaulichende Geschichte des Radios von den Anfängen bis zur Nachkriegszeit, mit kritischem Blick auf seine sozialen Auswirkungen.

Otfried Jarren und Peter Widlok (Hrsg.): Lokalradio für die Bundesrepublik Deutschland. Berlin 1985
Standardwerk und Bestandsaufnahme zum Lokalradio in den 70er Jahren.

Bernd-Peter Arnold und Siegfried Quandt (Hrsg.): Radio heute. Die neuen Trends im Hörfunkjournalismus. Frankfurt/Main 1991
Versuch einer Bestandsaufnahme zu den verschiedenen Formen des Radios in den 80er Jahren aus Sicht der Radiojournalisten selbst.

Klaus Goldhammer: Formatradio in Deutschland. Konzepte, Techniken und Hintergründe der Programmgestaltung von Hörfunkstationen. Berlin 1995
Darstellung des Radios als Hintergrundmedium und Musikdusche mit besonderer Berücksichtigung der 80er Jahre.

Joachim-Felix Leonhard (Hrsg.): Programmgeschichte des Hörfunks in der Weimarer Republik, 2 Bde. München 1997
Exemplarischer Ansatz für eine umfassende Erarbeitung einer Radioprogrammgeschichte.

Medien in Deutschland, Bd. 2: Rundfunk, 1. Teil. Konstanz 1998
Publizistikwissenschaftliche Darstellung der Geschichte des Hörfunks mit den Schwerpunkten: Vorgeschichte, Weimarer Republik, Nationalsozialismus, Westdeutschland, Ostdeutschland, nach der Wiedervereinigung.

Horst O. Halefeldt: Programmgeschichte des Hörfunks. In: Jürgen Wilke (Hrsg.), Mediengeschichte der Bundesrepublik Deutschland. Bundeszentrale für politische Bildung. Bonn 1999, S. 211–254
Knapper, pointierter Überblick über die Geschichte der Hörfunkprogramme nach Ende des 2. Weltkriegs.

Konrad Dussel: Deutsche Rundfunkgeschichte. 2., überarb. Aufl. Konstanz 2004
Versuch einer Gesamtdarstellung der Geschichte des Hörfunks und des Fernsehens mit organisations- und institutionengeschichtlichen Akzenten.

Stefan Kursawe: Vom Leitmedium zum Begleitmedium. Die Radioprogramme des Hessischen Rundfunks 1960–1980. Köln, Weimar, Wien 2004
Detaillierte und zugleich umfassende Programmgeschichte des Hörfunks exemplarisch für zwei Jahrzehnte Hessischer Rundfunk.

Übungs- und Wiederholungsfragen

8 Nennen Sie die sechs Phasen der Hörfunkgeschichte (Daten, zentrales Stichwort).
9 In welcher programmbezogenen Hinsicht war der Hörfunk in der Mediengeschichte innovativ?
10 Was heißt »Formatradio«?
11 Wie lange hörte man im statistischen Durchschnitt im Jahr 1990 in Deutschland Radio?

Weiterführende Arbeitsaufgaben
▶ Informieren Sie sich über alternative Konzepte zum Radio (z.B. Arbeiterradio, Piratensender, Freie Radios, Alternative Radios).
▶ Analysieren Sie mehrere Hörspiele Ihrer Wahl nach den bewährten Kategorien der Literatur- und Hörspielanalyse. Vergleichen Sie dabei Hörspiele unterschiedlicher Typen, Qualitätsniveaus und Epochen.
▶ Machen Sie sich mit dem »Panikhörspiel« 1938 von Orson Welles (»War of the Worlds«) vertraut und rezipieren Sie kritisch das Dokumentarfernsehspiel »Die Nacht, als die Marsmenschen Amerika angriffen« (1976) von Joseph Sargent, der mit historischen Bezügen und dem Rekurs auf medienspezifische Produktions- und Rezeptionsbedingungen die Hörspielwirkung zu erklären versuchte.

7.3 | Die politische Instrumentalisierung der Medien im Dritten Reich

Eine Gesamtdarstellung der Medienkultur im Dritten Reich liegt bislang noch nicht vor. Sieht man von weniger erforschten Medien wie Plakat und Flugblatt in dieser Zeit hier einmal ab, so muss man mindestens sechs Schwerpunkte unterscheiden: erstens den bereits erwähnten Hörfunk, zweitens das in der Entstehung begriffene und in Vorformen realisierte Fernsehen, drittens den Kinofilm, viertens das Medium Buch, fünftens die

Sechs Schwerpunkte

Printmedien, speziell Zeitung und Zeitschrift, und sechstens, nicht zuletzt, die Re-Institutionalisierung der traditionellen Mensch- und Gestaltungsmedien.

Übergreifend wirkte die Rundfunk- und Pressepolitik des Dritten Reichs mit dem konsequenten Aufbau zentralistischer Lenkungsapparate. Das Reichsministerium für Volksaufklärung und Propaganda unterstand Joseph Goebbels, dem bereits 1933 der komplette Rundfunk zur Überwachung und politischen Instrumentalisierung unterstellt wurde. Im selben Jahr wurde die Pressefreiheit außer Kraft gesetzt (z.B. Schriftleitergesetz). Sieben so genannte Reichskulturkammern wurden gegründet zur Kontrolle von Presse, Rundfunk, Film, Theater, Musik, bildender Kunst und Schrifttum. In einem unerhörten Prozess genereller Gleichschaltung aller Medien wurden überall unerwünschte Instanzen und Organisationsformen juristisch liquidiert oder ökonomisch ausgebremst. Die Medien wurden von nicht genehmen Personen insbesondere an der Spitze (Intendanten, Verleger, Schriftleiter usw.) »gesäubert«, d.h. diese wurden entlassen und die Leitungsstellen mit ideologisch genehmen Personen neu besetzt, die ihrerseits das gesamte Personal bis hinunter zu den Putzkolonnen politisch reglementierten. Bereits lange vor dem Krieg und vollends nach 1939 wurden die Sendungen, Artikel, Filme, Übertragungen, Kommunikationsprodukte und Events innen- und außenpolitisch weitgehend in den Dienst von Fehlinformation, Manipulation, Hetze, Diffamierung des Gegners gestellt bzw. den Zielen parteilicher Suggestion, konformer Emotionalisierung, der Immunisierung gegenüber Gegenargumenten oder wertemäßiger Bindung in neuen NS-Gruppierungen unterworfen. Auch wenn die Gleichschaltung nicht immer perfekt funktionierte, bestand die Grundtendenz in der totalen Funktionalisierung der Medienkultur für NS-Propaganda.

Definition

NS-Propaganda war die agitatorische Durchsetzung nationalsozialistischer Herrschaftsinteressen in allen öffentlichkeitsrelevanten Kommunikationsmedien ohne Kompromisse und Einschränkungen, als Vorstufe zum Terror: totalitäre Propaganda (Reinhard Döhl).

Hörfunk

Der *Hörfunk* als autoritäres Führungsmittel (vgl. Kap. 7.2) zielte umfassend auf eine Programmgestaltung als »Anpassung an das Niveau der breiten Masse«, mit Themen und Stoffen wie:

Krisenbewusstsein, Abrechnung mit der Weimarer Republik, Opfermythos, Volksgemeinschaft, Bauernromantik, historische Führerpersönlichkeiten oder der »große Krieg« (Wolfram Wessels). Das gilt für so genannte »Hörberichte« und kultische Reportagen, d.h. Live-Übertragungen nationalsozialistischer Ereignisse und Festakte, ebenso wie für den Schulfunk, der manipulierte Vorlagen für den Geschichtsunterricht lieferte; für »Hörfolgen« und erlebnisorientierte »Tonfolgen« über Weltereignisse in nationalsozialistischer Interpretation ebenso wie für fiktionale Hörspiele, die tendenziös an »Thing-Spiele« anknüpften oder auch scheinbar unpolitische Unterhaltung lieferten (z.B. Rolf Reißmann); für die später fortlaufende Kriegsberichterstattung von den diversen Fronten und vor allem für den Einsatz der Musik, bei dem neben einigen Klassikern (z.B. Wagner) nicht zuletzt auch Volksgesang, Chor und Marsch sowie bestimmte Instrumente (Fanfare, Trommel, Orgel etc.) dieser Programmmusik stark aufgewertet wurden. Alles zielte auf die Selbstinszenierung des Regimes. Eine »innere Front im Äther« (Gerhard Eckert) wurde auch dadurch aufgebaut, dass es den deutschen Rundfunkhörern verboten war, ausländische Sender zu hören, und selbst die Kinder dazu angehalten wurden, Verstöße ihrer Eltern bei den Blockwarten oder Behörden zu melden.

| Abb 22

Werbeplakat für den Volksempfänger (1933)

In den Herrschaftsapparat der Nationalsozialisten wurde auch das *Fernsehen* eingegliedert, begrenzt auf seine technisch noch wenig entwickelten Möglichkeiten und seine Verbreitung nur in Großstädten im »Kollektivempfang«, d.h. in öffentlichen Fernsehstuben. Propagandistisch wurde insbesondere die Übertragung der Olympischen Sommerspiele 1936 in Berlin ausgeschlachtet, wo bei schlechter Bildqualität und radioähnlichen Kommentaren die Faszination der Live-Übertragung über eigens entwickelte »Fernsehkanonen« als Wesensmerkmal des neuen Mediums sichtbar wurde (Knut Hickethier). Das kurze Abendprogramm war ansonsten von Fernsehspielen, aktuellen Nachrichten, Kinofilmausschnitten, Musik- und Chorübertragungen,

Fernsehen

Berichten wie vom Reichsparteitag bis hin zu frühen Kinder- und Jugendsendungen ausgefüllt. Von gesellschaftlicher Dominanz kann hier noch nicht die Rede sein.

Film

Ganz anders beim gut erforschten *Film* dieser Periode, der weitestgehend vereinnahmt wurde (vgl. im Gesamtüberblick Kap. 7.4): »ein Volk, ein Reich, ein Kino« (Bernd Kleinhans). Neben den gezielt entpolitisiert erscheinenden Unterhaltungsfilmen wurden auch ausgefeilte Propagandafilme eingesetzt, um das Volk manipulativ in den Griff zu nehmen. In dieser Beziehung herausragende Filme – nur Beispiele, um die Bandbreite anzudeuten – reichen von »Hitlerjunge Quex« (1933), »Jud Süß« (1940), »Wunschkonzert« (1940) und »Ich klage an« (1941) über »Die große Liebe« (1942), »Der große König« (1942) und »Die Abenteuer des Barons Münchhausen« (1943) bis zu »Kolberg« (1945). Und auch die berüchtigten Dokumentarfilme »Triumph des Willens« (1935) und »Olympia-Film« (1938) von Leni Riefenstahl gehören in diesen Kontext.

Buch

Häufig vergessen wird das Medium *Buch*. Beschlagnahmeaktionen, Säuberungen, Bücherverbrennungen und Verbote gegenüber Autoren, Verlagen und Buchhandlungen waren an der Tagesordnung. Das wandte sich insbesondere gegen Juden, aber auch gegen Intellektuelle und kritische Autoren (z.B. Heinrich Mann, Kurt Tucholsky, Arnold Zweig, Franz Werfel). Verlage wie der Ullstein-Konzern, in jüdischem Besitz, wurden »arisiert« – generell wollte man Literatur und Buchkultur »völkisch harmonisieren«. Schriftstellerverbände und Berufsorganisationen wie der Börsenverein des deutschen Buchhandels wurden gleichgeschaltet. Demgegenüber propagierte man das NS-Schrifttum in riesigen Auflagen, allen voran Adolf Hitlers »Mein Kampf« als (meist verschenkter) »Bestseller«. Auch Buchwochen, Ausstellungen, Lesungen, Buchpreise und speziell die Volksbibliotheken wurden dem totalen Herrschaftsanspruch der Diktatur unterworfen. Manche Autoren und Verleger retteten sich ins Exil, andere in die innere Emigration, nicht wenige arrangierten sich aber auch mit dem System. Der Bertelsmann-Verlag beispielsweise arbeitete im Wesentlichen mit der Wehrmacht und dem Propagandaministerium eng zusammen und stieg während des 2. Weltkriegs zum wichtigsten Lieferanten nationalistischer Massenliteratur auf. Die daraus erzielten wirtschaftlichen Erlöse ließen sich bis nach Kriegsende absichern und boten in der Stunde Null die finanzielle Voraussetzung für den Aufstieg zum internationalen Multimedienkonzern, als der sich die Bertelsmann AG heute darstellt.

Neben Radio und Film sollte vor allem die *Presse* »ein Klavier sein, auf dem die Regierung spielen kann« (Goebbels). Ebenso wie bei den anderen Medien und besonders im Medienverbund, etwa bei der Programmpresse, wurden Verleger, Journalisten, Verbände, Organisationen, auch die Nachrichtenagenturen sowie die Zeitungen selbst institutionell, rechtlich, wirtschaftlich und inhaltlich gezielt »gesäubert«, kontrolliert, manipuliert, »arisiert«, aufgekauft, parteipolitisch funktionalisiert. Insbesondere nach Beginn des 2. Weltkriegs wurde dabei der allgemeine Informationsfluss erheblich eingeschränkt.

Presse

Neben die Gleichschaltung trat verstärkt die Ausschaltung. Aus verschiedenen Gründen gelang bei den Medien Zeitung und Zeitschrift die Kontrolle aber nicht lückenlos; bestimmte Spielräume, Nischen und Ausnahmen blieben erhalten und schränkten die Erfolge der totalitären Presselenkung partiell ein (Jürgen Wilke).

Zunehmend Bedeutung erhielt stattdessen die NS-Parteipresse. Die bekanntesten Parteiorgane der NSDAP waren neben der NS-Gaupresse der »Völkische Beobachter«, der »Illustrierte Beobachter«, »Der Angriff« und das antisemitische Hetzblatt »Der Stürmer«. Zum damals größten Pressetrust der Welt entwickelte sich die »Franz Eher Nachfolger Verlags-GmbH« in Nazi-Besitz. Bereits 1937 gehörten ihr 122 Verlage mit etwa 230 Zeitungen und über 350 Lokalausgaben, 1943/44 150 Zeitungsverlage plus Druckereien, Zeitschriften und Bücher (Jürgen Wilke). Diese enorme Pressemacht zeigt sich besonders deutlich im Vergleich: 1939 gab es im Deutschen Reich noch knapp 2300 Zeitungen, davon 200 im Besitz der NSDAP (6,1 %), mit einer Gesamtauflage von 16 Millionen Exemplaren; 1944 nur noch 977 Zeitungen, davon aber 352 in NS-Besitz (20,7 %), mit einer Gesamtauflage von 25,1 Millionen Exemplaren. Speziell der »Völkische Beobachter« wandelte sich mit der Machtergreifung zum staatsoffiziel-

Merksatz

Die Zeitungslandschaft schrumpfte im Nationalsozialismus von rund 4700 Titeln (1932) auf nur noch 977 (1944).

Mensch- und Gestaltungsmedien

len Organ und ab 1939 zum unverhüllten Kriegsmedium der NSDAP.

Medienhistorisch vielleicht am interessantesten ist der Hitler-Faschismus als Pseudoreligion: die kultische Erhöhung des Regimes, seiner Ideologie und vor allem Adolf Hitlers als gottgleicher Person: »Der ›Führer‹ erträgt keine anderen Gott neben sich.« (Erwin Leiser) Hitler fungierte, in pervertierender Analogie zu Jesus als Gottes Sohn und Erlöser im Christentum, als das zentrale Menschmedium auf dem Weg in das »tausendjährige Reich« (»Heil Hitler«). Die Medienkultur des deutschen Faschismus steht in jener Tradition der imperialen Inszenierungen, die zurückgehen über die Medienkultur der absolutistischen Herrscher im 17. und frühen 18. Jahrhundert, mit der zentralen Inszenierung des Königs und seiner pseudo-transzendentalen Bedeutung, bis zu den Triumphzügen der siegreichen Feldherren und der Zirkusspektakel im alten Rom. Wie sehr es sich jeweils um Merkmale von Medialisierung handelt, zeigen insbesondere die Anklänge an die traditionellen Gestaltungsmedien und Menschmedien. Die Schlösser und Parks und die Feste Ludwig XIV. und seiner Epigonen etwa (Mediengeschichte von den Anfängen bis 1700, Kap. 4.6) erscheinen hier in Form der architektonischen und Event-Inszenierungen des »Deutschen Volks« in der Öffentlichkeit – sei es mit monumentalen Repräsentationsbauten (Albert Speer), Statuen, Denkmälern und breiten Alleen wie etwa in Nürnberg und der »Welthauptstadt« Berlin (vgl. auch ebd., Kap. 1.4), sei es mit den nationalsozialistischen Festen, Parteitagen, Aufmärschen und »Lichtdomen«, die allesamt liturgisch strukturiert waren und von daher einen sakralen Charakter erhielten.

Das fanatische Gefasel zunächst um die »arische Rasse«,

| Abb 23

Der Eingang zur neuen Reichskanzlei des NS-Regimes in der »Welthauptstadt« Berlin (Statuen von Arno Breker)

die »Gefahr des Bolschewismus«, die »Blut-und-Boden-Gemeinschaft«, den Anspruch des »deutschen Volkes« auf »neuen Lebensraum«, dann um den »perversen Juden«, die Vernichtung »unnützen Lebens« bis zum »totalen Krieg«, zum »Endsieg« und immer wieder zum »Führer« diente in seiner Medialisierung – im appellativ verführerischen und konsonanten Verbund aller Medien – der Durchsetzung politischer Herrschaft und Unterdrückung. Die faschistische Stilisierung der Jugend, des Arbeiters, der Natur, der Frau und Mutter, des Soldaten, des Staates usw. fügte sich wie im Absolutismus oder im Imperium Romanum zu einer umfassenden Ästhetisierung der Wirklichkeit mit der Aura eines Kunstwerks. Die faschistische Medienkultur hatte deshalb wie die Medienkulturen jener Epochen letztlich nur ein Ziel: die Inszenierung von Macht.

> **Merksatz**
>
> Die faschistische Medienkultur um Adolf Hitler bediente sich auch der traditionellen Mensch- und Gestaltungsmedien absolutistischer Herrschaft.

Weiterführende Literatur

Oron J. Hale: Presse in der Zwangsjacke: 1933–1945. Düsseldorf 1965
Ausführliche Rekonstruktion der Entwicklung des deutschen Pressewesens zur Zeit des Dritten Reichs aus amerikanischer Sicht.

Ernest K. Bramsted: Goebbels und die nationalsozialistische Propaganda: 1925–1945. Frankfurt/Main 1971
Einer der vielen Versuche, der Epoche über eine personalisierte Gesamtdarstellung beizukommen.

Erwin Leiser: »Deutschland, erwache!« Propaganda im Film des Dritten Reichs. Reinbek 1968, erweit. Neuauflage 1978
Informatives kleines Standardwerk mit anschaulich direkter Bezugnahme auf konkrete einzelne Filme.

Berthold Hinz et al. (Hrsg.): Die Dekoration der Gewalt. Kunst und Medien im Faschismus. Gießen 1979
Exemplarische Sammlung kurzer Beiträge mit Verweisen u. a. auf die Bedeutung von Festen und Monumentalbauten für die faschistische Kultur.

Wolfram Wessels: Hörspiele im Dritten Reich. Zur Institutionen-, Theorie- und Literaturgeschichte. Bonn 1985
Umfassende Studie zum Zusammenhang von Rundfunkpolitik, Rundfunkorganisation, Programmgestaltung, Hörspielen, Hörspieltheorien und Hörspielstoffen in der NS-Zeit.

Peter Reichel: Der schöne Schein des Dritten Reiches. Faszination und Gewalt des Faschismus. München, Wien 1991
Ausführliche Darstellung der Inszenierungsstrategien des NS-Regimes, u. a. über den Personenkult und Führer-Mythos, Propaganda und Unterhaltung, Feiern, Feste und Totenkult, monumentale Architektur und den Zusammenhang von Erbauung und Repräsentation.

Reinhard Döhl: Das Hörspiel zur NS-Zeit. Darmstadt 1992
Neuerer Versuch zum Hörspiel mit Einzelanalysen.

Klaus Winker: Fernsehen unterm Hakenkreuz, Organisation, Programm, Personal. Köln, Weimar, Wien 1994
Bisher ausführlichste Darstellung über ein bislang meist vergessenes Stück deutscher Mediengeschichte.

Saul Friedländer, Norbert Frei, Trutz Rendtorff und Reinhard Wittmann: Bertelsmann im Dritten Reich. München 2002
Kritische Aufarbeitung der NS-Vergangenheit des Verlags durch neutrale Wissenschaftler im Auftrag von Bertelsmann.

Übungs- und Wiederholungsfragen

12 Nennen Sie drei Stichworte zur übergreifenden Charakterisierung der Medienkultur im Dritten Reich.
13 Definieren Sie NS-Propaganda.
14 Nennen Sie drei der bekanntesten Parteiorgane der NSDAP.
15 Wie hieß der Pressetrust in Nazibesitz?
16 Inwiefern bediente sich die faschistische Medienkultur traditioneller Mensch- und Gestaltungsmedien? Nennen Sie Beispiele.
17 Worin bestand das Hauptziel der faschistischen Medienkultur?

Weiterführende Arbeitsaufgaben

▶ Verschaffen Sie sich zeitnössische Tonbandaufzeichnungen von Rundfunkprogrammen der NS-Zeit und untersuchen Sie deren propagandistische Bestandteile.
▶ Informieren Sie sich ausführlicher über Bücherverbrennungen und Formen der Zensur von Buchmarkt und Literaturszene.
▶ Lesen Sie je eine Ausgabe des »Völkischen Beobachters« und des »Stürmers« und beurteilen Sie kritisch die jeweiligen Propagandastrategien.
▶ Rezipieren Sie den Olympiafilm von Leni Riefenstahl und lesen Sie dazu die einschlägige Fachliteratur.

Unterhaltungsmedien: 100 Jahre Film und Schallplatte 7.4

Die beiden – abgesehen von Radio und Illustrierter – wichtigsten Unterhaltungsmedien in der ersten und zu Beginn der zweiten Hälfte der siebten Periode der Medienkulturgeschichte waren Film und Schallplatte. Beide belegen, wie schön bunt und vielfältig die neue elektronische Welt sich darbot.

Dabei wurde die Geschichte des Erlebnismediums Film bereits vergleichsweise gut erforscht, die Geschichte des Speichermediums Schallplatte jedoch nur partiell.

Film meint hier den Mainstream-Spielfilm. Seine Geschichte soll weniger als Technik-, Wirtschafts- oder Kunstgeschichte skizziert werden, vielmehr als Genre- und Personengeschichte, wie sie den meisten von uns im Alltag begegnet.

> **Merksatz**
>
> **Film und Schallplatte konstituierten eigene Kulturbereiche, die beide international geprägt waren.**

Nach den Anfängen Ende des 19. Jahrhunderts (Kap. 6.9) lassen sich bis 1990 sechs weitere Phasen seiner Entwicklung unterscheiden. Deren Zäsuren sind kaum von filmimmanenten Veränderungen bestimmt wie z.B. dem Wandel vom Kurzfilm zum Langfilm, von kleinen Produktionsfirmen zum Studiosystem der Konzerne, vom Stummfilm zum Tonfilm (1927), vom Schwarz-Weiß-Film zum Farbfilm (1935) oder vom nationalen Film und verschiedenen Filmmärkten zu einer globalen Filmkultur, sondern primär von äußeren Faktoren der Zeitgeschichte.

Abschnitte der Filmgeschichte

Nach der Vor- und Frühgeschichte bis 1900 war der erste Abschnitt von 1900 bis 1914, dem Beginn des 1. Weltkriegs, von nationalen Besonderheiten und der Ausbildung von Genres bis zur etablierten Filmindustrie in Frankreich und speziell in Hollywood geprägt. In Frankreich gab es u.a. die Komödie (z.B. Max Linder), in den USA den Western (z.B. Edwin S. Porter, David W. Griffith), in Italien den Monumentalfilm (z.B. Enrico Guazzoni) und in Deutschland das Melodram (z.B. mit Asta Nielsen, Henny Porten). Auch in anderen Ländern blühte das neue Medium auf, etwa in Dänemark (z.B. August Blom) und Russland (z.B. Alexander AlexejewitschChanshonkow).

1900–1914

Nationale Besonderheiten und Ausbildung von Genres

Während des Krieges und zur Zeit der Weimarer Republik vollzog sich allmählich der Übergang vom Stummfilm zum Ton-

1914–1933

Vom Stummfilm zum Tonfilm

film mit internationalen ökonomischen und ästhetischen Schwerpunkten. Hollywood brillierte mit einer enormen Genrevielfalt (z.B. Kriegs-, Musik-, Abenteuer-, Gangsterfilm) und der Etablierung von Stars, von Rudolph Valentino über Theda Bara und Gloria Swanson bis Greta Garbo, und mit dem Meister der Slapstick-Komödie, Charles Chaplin. In Russland entstand im Zuge der gesellschaftlichen Umwälzungen der Revolutionsfilm mit den neuen Montagekonzepten insbesondere von Sergej M. Eisenstein. Deutschland entwickelte speziell den expressionistischen Film (z.B. Robert Wiener, Paul Wegener), mit seinen wichtigsten Vertretern Friedrich Wilhelm Murnau und Fritz Lang, und die Ufa formierte sich als großer Produktions-Verleih-Konzern. In Frankreich erblühte eine künstlerische Stilrichtung, die man als poetischen Realismus bezeichnete (z.B. René Clair, Jean Renoir). Und auch in Schweden (z.B. Mauritz Stiller), England (z.B. Alfred Hitchcock) und Japan (z.B. Eizo Tanaka) entstanden wichtige Beiträge zur internationalen Filmkultur.

1933–1945
Filmkultur unterm Hakenkreuz

Der Nationalsozialismus in Deutschland hat von 1933 bis 1945 praktisch die gesamte Filmkultur unters Hakenkreuz gestellt und politisch instrumentalisiert (vgl. Kap. 7.3). Das lässt sich an den scheinbar unpolitischen, eskapistischen Unterhaltungs- und Operettenfilmen (z.B. Willi Forst, Arthur Maria Rabenalt), mit Stars wie Hans Albers, Heinz Rühmann und Zarah Leander ebenso gut ablesen wie an den explizit antisemitischen und Propagandafilmen des Regimes (z.B. Veit Harlan). Auch die amerikanische Filmindustrie war in Auseinandersetzung mit der politisch-gesellschaftlichen Wirklichkeit begriffen, mit eigenen Kriegs- und Propagandafilmen (z.B. Howard Hawks, Frank Capra), widmete sich aber bevorzugt der eigenen Geschichte – Meisterregisseure wie John Ford, Orson Welles und William Wyler drehten Filme, die auch in Europa ihr Publikum fanden, mit Stars der 30er und 40er Jahre wie z.B. Henry Fonda, John Wayne, Clark Gable, Katharine Hepburn und Bette Davis. Dagegen war die Filmkultur in Ländern wie Frankreich und England, vor allem während des 2. Weltkriegs, stark behindert.

1945–1960
Der »Weltfilm« der Nachkriegszeit

In der Nachkriegszeit, von 1945 bis 1960, entstand der »Weltfilm«, mit Vorläufern bereits in den 40er Jahren: ästhetisch anspruchsvolle und erfolgreiche Filme in großer Vielfalt, mit vielen internationalen Stars wie Brigitte Bardot, Marilyn Monroe,

Romy Schneider, Marlon Brando oder Toshiro Mifune. Die besten Filme, Genres und Stars dieser Phase kamen aus dem Ausland: der Film noir (z.B. John Huston, Robert Siodmak) mit Humphrey Bogart aus den USA, der italienische Neorealismus (z.B. Roberto Rosselini, Vittorio de Sica, Lucchino Visconti), der amerikanische Science Fiction-Film (z.B. Jack Arnold), der amerikanische Thriller, die Nouvelle vague aus Frankreich (Claude Chabrol, Francois Truffaut, Alain Resnais, Jean-Luc Godard) und andere Filme, insbesondere von Ingmar Bergman (Schweden), Konrad Wolf (DDR), Douglas Sirk (USA) und Akira Kurosawa (Japan). Sie bereicherten die Situation in der Bundesrepublik Deutschland, die ansonsten von seriellen Heimat-, Schlager- und Kriegsfilmen (z.B. Hans Deppe, Paul May, Alfred Weidenmann) geprägt war bzw. von Stars wie Caterina Valente, Peter Kraus, Freddy Quinn und Peter Alexander.

1960–1975 Konkurrenz zum Fernsehen und Erneuerung

Als der Film in Konkurrenz zu dem sich boomartig ausbreitenden Medium Fernsehen in ganz Europa einen markanten Niedergang erfuhr (in Deutschland z.B. Edgar Wallace-, Karl May-, Sexreport-Filme), bedurfte es erheblicher Anstrengungen zu seiner Erneuerung. Wichtige Station dabei waren das Oberhausener Manifest (1962) und die Entwicklung hin zum jungen deutschen Film (z.B. Rainer Werner Faßbinder). Ähnliche Tendenzen gab es beim französischen Film (z.B. Robert Bresson), beim italienischen Film (z.B. Pier Paolo Pasolini, Bernardo Bertolucci), insbesondere mit dem Italo-Western (z.B. Sergio Leone, Sergio Corbucci), und beim britischen Film (einerseits James Bond- und Musikfilme, andererseits anspruchsvolle Literaturverfilmungen). Die den Weltmarkt und die internationale Filmkultur nach wie vor prägende amerikanische Filmindustrie entwickelte zahlreiche neue Subgenres (z.B. Road Movie, Katastrophenfilm) und ebenfalls neue ästhetische Ansätze (z.B. Martin Scorsese, Francis Ford Coppola, Steven Spielberg). Eine neue Generation von Stars wie Jane Fonda, Klaus Kinski, Dustin Hoffman, Alain Delon, Marlon Brando oder Cathérine De-

| Abb 24

Der oskarprämierte deutsche Spielfilm »Die Blechtrommel«

neuve gab diesem Bemühen um anspruchsvolle Filmkultur ebenfalls überzeugend Ausdruck.

1975–1990
Genrewandel:
Diversifikation, Revival, Mix

Der Abschnitt von 1975 bis 1990 schließlich war geprägt von einem umfassenden Genrewandel; viele Genres entwickelten Subgenres, andere wurden von Revivals wiederbelebt, wieder andere vermischten sich miteinander. Das Medium Film muss verstärkt in Relation zu anderen Medien gesehen werden. So gab es in Deutschland 1974/75 das erste Film-Fernseh-Abkommen für eine Unterstützung des deutschen Kinofilms durch das Fernsehen. Das Speichermedium Video etablierte Themen und Freiheitsgrade, die dem Kinofilm ebenso wie dem Fernsehen verschlossen waren (Gewalt, Sex). Die wichtigsten Akzente des Mainstreamfilms kamen erneut aus den USA: der Vietnamfilm (z.B. Michael Cimino, Stanley Kubrick), die Superhelden wie Rocky, Superman, Rambo oder Terminator, ein ganz neuer Horror wie beim Zombie- und Splatterfilm (z.B. George A. Romero, John Carpenter). Andere Beiträge entstammten gleichzeitig verschiedenen Ländern: der Frauenfilm (z.B. Ula Stöckl, Helma Sanders-Brahms), Sexfilme wie die »Eis am Stiel«- und die »Porky's«-Serien, der Pornofilm (z.B. Teresa Orlowski) und Filme in Verbindung mit anderen Künsten wie z.B. Literatur (»Die Blechtrommel«), Musik (»Carmen«) oder Malerei (»Der Koch, der Dieb, seine Frau und ihr Liebhaber«). Klassische Genres wurden aktualisiert, modifiziert, differenziert. Die bekanntesten Beispiele sind ein Märchen wie die »Star Wars«-Serie (George Lucas) und das Revival des Abenteuerfilms wie in der »Indiana Jones«-Serie (Steven Spielberg). Entsprechend bildeten sich neue Startypen heraus: der Anti-Star (Woody Allen), der verrückte Rebell (Jack Nicholson), der »normale« Abenteurer (Harrison Ford).

1990–heute

Digitalisierung und Globalisierung

Damit waren wichtige Vorlagen gegeben für neue Akzente in den 90er Jahren, etwa den neuen Gewaltfilm (z.B. David Lynch, Quentin Tarantino), die Digitalisierung der Filmproduktion in Serien wie »Jurassic Park« und »Matrix«, die Cultural-Clash-Filme (z.B. Stephen Frears, Fatih Akin) oder, als Alternative, wieder der Rückzug auf den technisch einfachen, thematisch begrenzten, nationalspezifischen und auf alternative Zielgruppen ausgerichteten Film (z.B. Dogma 95).

Während der Film als Medium des unterbewussten Erlebens von verdrängten Wünschen, Sehnsüchten und Ängsten das gesamte Jahrhundert hindurch mehr oder weniger alle Schichten, Altersgruppen und beide Geschlechter bediente, begann die Hochzeit der Schallplatte erst in den 50er Jahren mit der Ablösung der Schellackplatte, die ihrerseits das Medium Blatt (Musiknoten) zunehmend in den Hintergrund gedrängt hatte, durch die Vinylplatte als Single. Die Schallplatte – Träger auch von Schlager, volkstümlicher Musik und klassischer Musik – wurde zum zentralen Medium der Jugendrevolution und Rockkultur bis in die 80er Jahre, verbunden mit dem Radio und dem Film. Man kann auch hier mehrere stilistische Phasen unterscheiden, die anfänglich zeitversetzt neben den USA auch die Bundesrepublik und weitere europäische Länder bestimmten.

<small>Phasen der Schallplatte</small>

Der erste Abschnitt war vom Rock'n'Roll geprägt, erwachsen aus dem Crossover von City Blues, Gospel, Boogie und gegen die etablierte Musikindustrie mit ihren verlogenen Schlagern, Balladen, Walzern, Schnulzen der weißen amerikanischen Mittelklasse gerichtet. Es ging um Protest: der Schwarzen gegen die Weißen und die Rassentrennung, der unabhängigen Plattenproduzenten und lokalen Radiostationen gegen die etablierte Medienindustrie, der Jugendlichen gegen ihre Eltern und deren verlogene Moral. Besonders Letzteres setzte sich weltweit durch, als die Titel schwarzer Musiker (z.B. Chuck Berry, Little Richards) von Weißen gecovert wurden (z.B. Bill Haley, Elvis Presley). Soul (z.B. Ray Charles) und Motown (z.B. Supremes) waren wichtige Varianten.

<small>1955–1960
Rock'n'Roll</small>

Noch während die Impulse des Rock'n'Roll in Kommerz und Modetänzen allmählich versandeten, begann bereits ein zweiter Abschnitt: das Folk-Revival. Im Rückgriff auf traditionelle Folkballaden (z.B. Joan Baez) besann sich die Rockkultur auf ihre politische Dimension (z.B. Bob Dylan) und stellte sich in den Dienst der Anti-Atom- und Bürgerrechts- und Anti-Vietnam-Bewegung in vielen westlichen Ländern, auch in der Bundesrepublik.

<small>1961–1965
Folk-Revival</small>

Diese Tendenz überlappte mit dem dritten Abschnitt: dem British Beat. Im Crossover von Rhythm'n'Blues, Rock'n'Roll und dem britischen Skiffle verbreitete sich von Liverpool und anderen Städten in England der Beat (z.B. Animals, Kinks, Beatles, Rolling Stones), zuallererst in Hamburg. Neben die Single trat verstärkt die LP und das anspruchsvollere Concept Album. Der deutsche Schlager wich in andere Medien aus, speziell ins Fernsehen.

<small>1964–1970
British Beat</small>

Westcoast Sound

Amerika antwortete mit dem Westcoast Sound – der Musik von Drogen und Flowerpower und dem neuen Wertesystem der Rockkultur als Gegenkultur: Selbstentfaltung und Genuss statt Pflicht und Akzeptanz (z.B. Jimi Hendrix, Doors, Grateful Dead).

1967–1970

Woodstock als »Fest der Liebe« (1967) wurde zu einem Höhepunkt dieser Bewegung. In einzelnen Fällen trat das Live-Konzert an die Stelle der im Studio eingespielten Konservenmusik.

1970–1980
Diversifikation der Stile

Der fünfte Abschnitt in der Geschichte der Schallplatte als Träger der Rockkultur war geprägt von einer markanten Diversifikation der Stile: Classic Rock (z.B. Emerson, Lake & Palmer) trat neben Reggae (z.B. Bob Marley) und Hardrock (z.B. Deep Purple), in Deutschland verbreitete sich der Deutschrock (z.B. Kraftwerk, Neue Deutsche Welle, Nina Hagen), in England entstanden Punk (z.B. Sex Pistols) und Glamrock (z.B. David Bowie) und Electronic Rock (z.B. Pink Floyd), und übergreifend wurde Heavy Metal (z.B. Motörhead) beliebt, um nur die wichtigsten Richtungen zu erwähnen.

Die 80er Jahre

Die 80er Jahre sahen den Niedergang der Rockkultur als Jugendkultur, Subkultur, Protestkultur: Rock wurde Mainstream. Und zugleich verlor das Medium Schallplatte seine kulturelle Bedeutung – die Verkaufszahlen für Single und LP gingen rapide bergab und immer mehr MusiCassetten und Leerkassetten für private Mitschnitte wurden verkauft (das war nur ein Wechsel der Tonträger), vor allem griff eine zunehmende Visualisierung in Form des Videoclip und der Musikkanäle im Fernsehen um sich: Video-Rock.

Visualisierung

Weiterführende Literatur

Jürgen Struck: Rock Around the Cinema. München 1979, Reinbek 1985
Gesamtüberblick über alle wichtigen Rockfilme von den Anfängen bis Mitte der 80er Jahre zeigt den kulturspezifischen Verbund der Medien Schallplatte und Film.

Werner Faulstich: Tübinger Vorlesungen zur Rockgeschichte, Teil I (1955–1963), Teil II (1964–1971), Teil III (1971–1984). Rottenburg-Oberndorf 1983–1986
Gesamtdarstellung der Rockgeschichte als Geschichte einzelner Songs.

Werner Faulstich und Helmut Korte (Hrsg.): Fischer Filmgeschichte, 5 Bde. Frankfurt/Main 1990–1995
Darstellung von 100 Jahren Film am Beispiel von 100 exemplarischen Filmanalysen von den Anfängen bis 1995.

Rolf Moser und Andreas Scheuermann (Hrsg.): Handbuch der Musikwirtschaft. Starnberg, München 1992
Guter Sammelband mit wichtigen Beiträgen insbesondere zum Wirtschaftsfaktor Musikindustrie und zu einzelnen Vermarktungsformen (Tonträger, Film und Fernsehen, Video, Radio, Werbung, Merchandising usw.).

Werner Faulstich und Gerhard Schäffner (Hrsg.): Die Rockmusik der 80er Jahre. Bardowick 1994
Sammelband mit Beiträgen zu neuen Rockstilen, speziell den Subgenres von Heavy Metal, ferner zu Rockstars, Digitalisierung, Tonträgerindustrie und Videoclips.

Werner Faulstich: Filmgeschichte. München, Paderborn 2005 (UTB-Basics)
Gesamtdarstellung der Filmgeschichte als »Filmgeschichte in Deutschland« gemäß dem derzeitigen Stand der Forschung, mit Akzenten auf Einzelfilmen, Genres, Regisseuren und Stars, in einem Grundlagenband.

Übungs- und Wiederholungsfragen

18 Nennen Sie die insgesamt sieben Phasen der Filmgeschichte (Jahreszahlen, Stichworte).
19 Welche zwei Arten von Filmen prägten die Filmkultur unterm Hakenkreuz?
20 Was versteht man unter dem »Weltfilm«? Nennen Sie drei typische Genres.
21 Wann begann in Deutschland das Film/Fernseh-Abkommen zur Unterstützung des deutschen Kinofilms?
22 Nennen Sie die sechs Phasen der Geschichte der Schallplatte als Trägermedium der Jugend- und Rockrevolution (Jahresdaten, Stichworte).

Weiterführende Arbeitsaufgaben

▶ Vergleichen Sie einen Nazi-Propagandafilm mit einem amerikanischen oder englischen Propagandafilm der Zeit. Wo gibt es Ähnlichkeiten, wo Unterschiede?
▶ Untersuchen Sie den Wandel eines Genres (z.B. Komödie, Horrorfilm, Liebesfilm) durch die gesamte Filmgeschichte hindurch. Versuchen Sie dabei, Bezüge zur allgemeinen Zeit- und Kulturgeschichte herzustellen.
▶ Analysieren Sie exemplarisch internationale Film- und Rockstars in Bezug auf Rollencharakter, Imagekategorien und Fangruppen.

▶ Rekonstruieren Sie aus der Fachliteratur die Bedeutung unterschiedlicher Medien für die Verbreitung des Rock'n'Roll in den 50er und frühen 60er Jahren (DJ im Radio, Musikfilm, Vinylplatte in der Musicbox etc.).

7.5 | Entwicklungsphasen des Buchs: vom Kulturmedium über das Massenmedium bis zum Elitemedium

Auch eine kompakte Buchgeschichte des 20. Jahrhunderts liegt bis heute – trotz oder wegen einer entmutigend großen Zahl von spezifischen Einzelstudien – noch nicht vor. Im Gesamtüberblick kann man aber trotz der vielfältigen Wandlungsprozesse und differenziert zu sehenden Umstände schematisch-funktional vielleicht drei Abschnitte unterscheiden: erstens von der Jahrhundertwende bis zum Ende des 2. Weltkriegs die Phase eines vom Abstieg bedrohten Kulturmediums, zweitens von den 50er Jahren bis Mitte der 70er Jahre die Phase des Buchs als Massenmedium, drittens die Phase eines erneuten Rückgangs bis hin zum Buch tendenziell als Elitemedium spätestens Anfang der 90er Jahre.

Drei Abschnitte

In den ersten Jahrzehnten war das Buch, nach seiner transmedialen Expansion zu Heft und Kolportagehandel (Kap. 6.8), ein Medium des mittleren und gehobenen Bürgertums. Es fungierte als unverzichtbares Arbeitsinstrument von Wissenschaft und Forschung, als Träger anspruchsvoller Literatur, als Fundament klassischer Bildung, nicht zuletzt als Standardmedium des Schulunterrichts. Seine Wertinstrumentalität wurde unterstrichen durch vielfältige Bemühungen um das »schöne Buch«, wie es etwa die Buchkunst-Stiftung ab 1927 auszeichnete. Aber schon im 1. Weltkrieg und in der nachfolgenden Inflation entstand eine »Bücherkrise«, die auch aus der Konkurrenz zu den neuen Massenmedien Film und Hörfunk erklärt wurde. In jedem Fall gab es ab den 20er Jahren neben der Zensur auch die Buchwerbung. Verlage wie S. Fischer, Diederich oder Langewiesche bemühten sich um das »billige Kulturbuch« (Reinhard Wittmann), flankiert von öffentlichkeitsorientierten Maßnahmen wie dem »Tag des Buchs« (1929) oder »Frau und Buch« (1931) bis »Volk und Buch« (1933). Doch die Gewinnspannen schrumpf-

Kulturmedium

– Bücherkrise

ten, die Verlagskonzentration nahm zu und die Auseinandersetzungen zwischen Verlegern und ihren Autoren um zu niedrige Honorare bzw. zu hohe Buchpreise führten zu vielfältigen öffentlichen Kontroversen.

> **Merksatz**
>
> Die Bücherkrise zur Zeit der Weimarer Republik als ökonomische Krise zeigte sich auch als generelle Kulturkrise.

In den 30er und 40er Jahren bestand aufgrund der Medienpolitik im Dritten Reich (vgl. Kap. 7.3), der Personal- und Rohstoffknappheit, der Zerstörung von Druckereien und der ganz anderen Rezeptionsbedingungen in der Kriegs- und Nachkriegszeit eine ausgeprägte Bücherknappheit.

– Faschismus und Krieg

In diese Lücke drängten neue Formen des Buchs. In riesigen Auflagen und zu entsprechend niedrigen Preisen wurden Bücher nicht nur in Neueditionen, sondern in Originalauflagen auf unterschiedliche Märkte und damit auch teils an ganz neue Kunden gebracht: Schüler, Studenten, die mittlere und die untere Mittelschicht, teils auch Handwerker, kleine Angestellte, Dienstpersonal, Fach- und Industriearbeiter usw. Die rororo-Taschenbücher des Verlags Rowohlt (ab 1950), die Verlage Suhrkamp, Fischer, Herder, Heyne, Goldmann, Knaur, Ullstein oder der 1961 eigens gegründete Deutsche Taschenbuchverlag (dtv) eroberten die Märkte mit einer Vielzahl von Taschenbuchreihen.

– Taschenbuch

Zwar waren schon ab 1916, in der Nachfolge der früheren Lesegesellschaften (Kap. 5.8), Buchgemeinschaften zum Zweck der Volksbildung gegründet worden, aber der Bertelsmann Lesering (ab 1950) und seine Nachfolger veränderten die bundesdeutsche Buchdistribution markant. Das Konzept lautete: preiswerte Sonderausgaben von Literatur und Sachbüchern deutlich später als die Originalausgabe zu veröffentlichen und dafür, im Direktvertrieb bzw. über Clubs, zu niedrigeren Preisen an Kunden zu liefern, die ansonsten kaum oder keine Bücher kauften. Es funktionierte bis Mitte der 70er Jahre, als andere Medien wie Schallplatten, Hefte, Plakate und schließlich auch Videos in das Clubangebot mit aufgenommen werden mussten, um die Zielgruppe noch zu erreichen.

– Buchgemeinschaft

Massenmedium

> **Merksatz**
>
> Mit dem Taschenbuch, dem Vorschlagsband der Buchgemeinschaften und dem Listen-Bestseller wurde das Kulturmedium Buch von 1950 bis etwa 1975 zum Massenmedium.

– Bestseller

Der Bestseller schließlich gilt als ein natürliches Phänomen des kapitalistischen Marktes in einer hoch industriellen Massengesellschaft: Aus der unüberschaubaren Vielzahl von Buchtiteln wurden diejenigen ermittelt und in Listen werbewirksam propagiert, die (angeblich) am meisten verkauft worden waren.

| Abb 25

»Das Schweigen der Lämmer«: internationale Vermarktung eines Bestseller-Romans im logotypischen Verbund mit seiner erfolgreichen Spielfilmversion

Verlage sahen hier große Gewinnchancen und die Möglichkeit, mit Erfolgstiteln auch andere, absatzschwächere Titel zu stützen. Händler konnten günstigere Rabatte heraushandeln. Und Käufer hatten gleich mehrfach Vorteile: Diejenigen, deren Käufe den Titel auf die Listen brachten, errangen den Status von Opinion Leaders und diejenigen, die sich daran orientierten, konnten aktuell »mitreden«. In jedem Fall versprach ein Listen-Bestseller mit einer Auflage von mehreren hunderttausend Exemplaren eine relative Sicherheit beim Buchkauf – was so viele Menschen gekauft hatten, musste eine gewisse Qualität aufweisen. Diese Gebrauchsqualität entsprach freilich nicht mehr den normativen Ansprüchen von Kritikern, Bibliothekaren und Literaturprofessoren, sondern folgte den Versprechungen einer Genusskultur. Der Bestseller fungierte damit als Ausweis einer kulturellen Selbstbestimmung für die Mehrheit der Buch- und Literaturleser.

Elitemedium

Spätestens in dieser Phase verlor das Buch seinen Charakter als kulturelles Basismedium, nachdem es schon im 19. Jahrhundert seine Bedeutung als kulturelles Leitmedium innerhalb der Gesamtheit der damaligen Medienkultur verloren hatte (Kap. 6.8). Die Kommerzialisierung führte zu einer zunehmenden Konzentration im Verlagswesen und im Sortimentsbuchhandel. Buchketten wie Montanus entstanden. Bücher wurden verstärkt auch in Kaufhäusern verkauft. Auf der jährlichen Frankfurter Buchmesse wurden immer mehr Titel angeboten; 1941 waren es noch rund 14000 Titel, 1989 bereits 66000 Titel. Zugleich stiegen die Durchschnittspreise immer

Merksatz

Das 20. Jahrhundert war buchgeschichtlich insgesamt das Jahrhundert des Bestsellers.

höher, so dass man beim Buch von einer Tendenz zum Elitemedium sprechen kann. Das liegt nicht nur an den neuen Kopiermöglichkeiten in Bibliotheken und Copyshops, sondern auch an der Aufsplittung des Buchmarkts. In Konkurrenz zu anderen Medien wie Fernsehen, Hörfunk und auch den klassischen Printmedien wie Illustrierte und Heftchen (welche nun ihrerseits in Buchform vermarktet wurden und damit den Wertcharakter des traditionellen Kulturmediums weiter untergruben) differenzierten sich Käufer und Leser zu immer kleineren Gruppen, die mit immer kleineren Auflagen bedient werden mussten. Das wiederum erzwang höhere Preise, die sich erneut negativ auf das Kaufverhalten auswirkten.

> **Merksatz**
>
> Die Zahl der Buchtitel nahm zu, jedoch bei immer geringeren Auflagen, und die Zahl der Buchkäufer, der Buchentleiher bei Bibliotheken und vor allem der Buchleser ging ab Ende der 70er Jahre deutlich zurück.

Noch in der zweiten Phase hatte man ungefähr ein Drittel der bundesdeutschen Erwachsenen als Vielleser, ein Drittel als Wenigleser und ein Drittel als Nichtleser ermittelt. Ab 1990 ließ sich grob einteilen in 20 % Vielleser, 65 % Wenigleser und 15 % Nichtleser – wohlgemerkt: nun aber einschließlich Kochbuch, Gebetbuch, Telefonbuch, Schulbuch, Lexikon usw. 1964 hat jeder 13,5 Stunden im Monatsdurchschnitt für Bücherlesen aufgewendet, 1980 11 Stunden und 1995 nur noch 7,5 Stunden. Solche Zahlen sind mit Recht umstritten, aber sie entsprechen im historischen Gesamtüberblick einem relativen Rückgang der Printmedien gegenüber den elektronischen Medien seit der Etablierung und Verbreitung von Radio, Film und Fernsehen. Allerdings bezog sich der klagende Befund von 1990, wir ständen »vor dem Ende der Lesekultur« (W. Christian Schmitt), nur auf das Buch, nicht auf das Lesen generell.

Weiterführende Literatur

Werner Faulstich: Bestandsaufnahme Bestseller-Forschung. Ansätze – Methoden – Erträge. Wiesbaden 1983
Ausführlicher Forschungsbericht zur internationalen Bestsellerforschung seit Anfang des 20. Jahrhunderts.

Felix Weigner: Ausgelesen? Das Buch im Umfeld von Kultur und Kulturindustrie. Münsingen-Bern 1989
Ein Beispiel für mehrere Bücher dieser Art, die um 1990 in journalistischer Form den Niedergang der Buchkultur und des Mediums Buch darstellten.

Peter Vodosek (Hrsg.): Das Buch in Praxis und Wissenschaft. 40 Jahre Deutsches Bucharchiv München. Eine Festschrift. Wiesbaden 1989
Repräsentativer Sammelband mit 44 Beiträgen zum facettenreichen Arbeitsfeld der Buchwissenschaft.

Reinhard Wittmann: Geschichte des deutschen Buchhandels. Ein Überblick. München 1991
Älteres Standardwerk mit einem guten Überblick.

Michael Kollmannsberger: Buchgemeinschaften im deutschen Buchmarkt. Funktionen, Leistungen, Wechselwirkung. Wiesbaden 1995
Gute Studie zu den deutschen Buchgemeinschaften als wirtschaftliches und kulturhistorisches Phänomen.

Marion Janzin und Joachim Güntner: Das Buch vom Buch. 5000 Jahre Buchgeschichte. 2., verbess. Aufl. Hannover 1997
Gesamtdarstellung des Buchs, mit besonderer Akzentuierung der ästhetischen Gestaltung.

Werner Faulstich: Bestseller – ein Phänomen des 20. Jahrhunderts. Über den Zusammenhang von Wertewandel, Marktmechanismen und Literaturfunktionen aus medienkulturhistorischer Sicht. In: Ders., Medienkulturen. München 2000, S. 213–226
Kurzbilanz eines langjährigen Forschungsprojekts zum internationalen und supramedialen Bestseller als Kulturphänomen.

Klaus Ziermann: Der deutsche Buch- und Taschenbuchmarkt 1945–1995. Berlin 2000
Kritischer Beitrag zur Entwicklung des Buchmarkts ab 1945 mit dem Akzent auf Bestsellern und Buchgemeinschaften, teilweise unter Einbeziehung der DDR.

Übungs- und Wiederholungsfragen

23 Welche drei Abschnitte der Entwicklung des Buchs kann man im 20. Jahrhundert unterscheiden?
24 Welche drei Formen kennzeichnen das Buch als Massenmedium?
25 Wie veränderte sich die Rezeption des Mediums Buch ab Ende der 70er Jahre?

Weiterführende Arbeitsaufgaben
▶ Analysieren Sie einen Bestsellerroman Ihrer Wahl mit Blick auf den Autor, den Schema-Charakter des Romans, die Distributions- und Vermarktungsstrategien des Verlags und die Pressekritiken. Formulieren Sie Hypothesen zu den Ursachen des Erfolgs.
▶ Informieren Sie sich über die kulturhistorische Bedeutung der Buchgemeinschaften nach dem 2. Weltkrieg und vergleichen Sie kritisch anhand des Bertelsmann Leserings den Wandel der Programmangebote und Vorschlagsbände Mitte der 50er, 60er, 70er und 80er Jahre.
▶ Vergleichen Sie das Buchangebot und die Buchpräsentation im Kaufhaus, in der normalen Sortimentsbuchhandlung und am Bahnhofskiosk.
▶ Protokollieren Sie drei Monate lang alle Buchkäufe in Ihrer Familie (Buchsorte, Preis, Kaufort usw.) und ziehen Sie anschließend Bilanz über die Relevanz des Mediums Buch für Sie persönlich und die anderen Familienmitglieder.

Alltagsmedien: Blatt, Heft, Brief, Foto, Plakat, Telefon 7.6 |

Obwohl jedes der folgenden Einzelmedien eine gesonderte Behandlung verdient hätte, kann man sie unter dem Gesichtspunkt von Alltagsmedien bündeln: Sie sind uns so selbstverständlich geworden, dass man sie meistens vergisst. Das unterscheidet sie von anderen Medien wie Zeitung, Radio und Fernsehen, die zwar ebenfalls im Alltag genutzt werden, aber doch im Bewusstsein ihres speziellen Mediencharakters.

Das gilt insbesondere für das *Blatt* in seinen vielfältigen Funktionen der Information, der Agitation, der Werbung, des Spiels, der Speicherung usw. Immer noch wird es (wenn überhaupt) meist als historische Quelle untersucht, weniger als ein Kommunikationsmedium.

Blatt

Definition

Alltagsmedien definieren sich in ihrer Funktion einer regelmäßigen und ritualgleichen individuellen und sozialen Organisation und Strukturierung der vertrauten Lebenswelt: Solche »selbstverständlichen« Medien bieten im routinisierten täglichen Handeln Orientierung, Sinnerfahrung, Erlebnisse, kommunikative Verständigung, Gestaltungspotential und kollektive Identität.

> **Merksatz**
>
> Das Medium Blatt wurde auch im 20. Jahrhundert noch massiv als Gedächtnisspeicher und als Kommunikationsmedium eingesetzt.

Bevorzugt wurde das Blatt während gesellschaftlicher Umbrüche wie z.B. in den beiden Weltkriegen oder bei der Jugendrevolte der 60er Jahre. Auch in seiner Form beispielsweise als »Handzettel« für Information und Werbung fungierte es bis in die 90er Jahre in bestimmten Situationen nachweisbar als Substitut zu periodischen Massenmedien und in anderen Konstellationen auch als deren Verstärkung (Lutz Goertz). Verteilt auf Straßen, in Fußgängerzonen, auf Plätzen oder sonstwie »vor Ort« fand es größte Aufmerksamkeit, wurde auch angenommen und überwiegend rezipiert.

Heft

Das *Heft* des 20. Jahrhunderts erlebte eine Blüte zunächst einmal als Romanheft. Das begann mit Wildwestromanen, Detektiv- und Kriminalromanen, wurde erweitert durch Science Fiction-Romane, so genannte »Sittenromane« und Kriegsromane, bis dann die Lesestoffe geschlechtsspezifisch ausdifferenziert wurden: für Männer außerdem noch Horror- und Erotikromane, für die Frauen Liebes-, Schicksals-, Mutter-Kind-, Adels- und Heimatromane. Seit den 50er Jahren sind ergänzend drei Gruppen von Comic-Heften etabliert: Funnies, Abenteuercomics, Erwachsenencomics. Insbesondere bei den Roman- und Comic-Heften tobte sich die Schmutz- und Schund-Debatte aus, in den 10er und 20er und dann wieder in den 50er Jahren. Neben den Romanheften gab es noch andere Schwerpunkte: Rätselhefte, Broschüren unterschiedlicher Provenienz (z.B. Aufklärungsheftchen, wissenschaftliche Broschüren) sowie die gern unterschlagenen Pornohefte mit enormen Auflagen und in verblüffend großer Verbreitung. Schließlich spielten nach Ende des 2. Weltkriegs bis heute auch die meist vergessenen Gebrauchsanleitungen eine wichtige Rolle, etwa zu Haushaltsgeräten, Maschinen, Unterhaltungselektronik, Autos usw. bis hin zu den neuen digitalen Medien wie z.B. dem Computer.

> **Merksatz**
>
> Eine umfassende Geschichte des Mediums Heft in den wichtigsten Varianten des 20. Jahrhunderts (Romanhefte, Comic-Hefte, Rätselhefte, Broschüren, Pornohefte, Gebrauchsanweisungen) liegt noch nicht vor.

Brief

Das Medium *Brief* hat gegenüber dem 19. Jahrhundert noch erheblich an Bedeutung und Verbreitung zugenommen. So transportierte die Reichspost 1936 nicht weniger als 4,5 Milliarden Briefe, die Bundespost 1986 bereits 13,2 Milliarden, allerdings einschließlich Drucksachen u.ä. (Reinhard M.G. Nickisch). Dominant waren nach wie vor Privatbriefe, Geschäftsbriefe und Werbebriefe. Aber genauere Untersuchungen hierzu stehen ebenfalls noch aus. Die Kampagne der Deutschen Bundespost »Schreib mal wieder!« (ab 1980) war erfolgreich, jedenfalls bis zur Verbreitung von E-Mail und SMS ab den 90er Jahren. Auch Sonderformen wie Leserbriefe und »offene Briefe« gab es, sie müssen jedoch anderen Medien zugeordnet werden (Zeitung, Zeitschrift). Interessanterweise wurden auch in der Weimarer Republik, im Dritten Reich und in der Nachkriegszeit immer noch Briefsteller mit Musterbriefen verbreitet, wenn auch ab den 60er Jahren tendenziell abgelöst vom Schulunterricht, wenn mit Schülern etwa das Verfassen von Bewerbungsbriefen geübt wird.

| Abb 26

Titelbild eines Hefts aus der langjährigen Erfolgsserie der Liebesromane »Silvia«

Fotografie als Kunst generierte eine Vielzahl stilistischer Ausprägungen, von Dada und Neuer Sachlichkeit über Subjektive Fotografie und Schnappschuss-Fotografie bis zu Generativer Fotografie oder Story-Art, um nur einige zu nennen. Auch im privaten Bereich von Millionen von »Knipsern« feierte das Medium mit seiner Arretierung ichbezogener, familienbezogener Erlebniswirklichkeit Triumphe und stellte damit ein Archiv sozialgeschichtlicher Befindlichkeiten und Wandlungen bereit, das bis heute in der Historiografie noch weitgehend ungenutzt geblieben ist. Die zentrale Leistung des Mediums im 20. Jahrhundert bestand jedoch in der Pressefotografie seit der Weimarer Republik, in der Kriegs- und Propagandafotografie, in der Werbefotografie – kurz: in der Bildpublizistik. So wie die Privat- und Familienfotos Indivdual- und Familiengeschichte speicherten, so wurde die öffentlichkeitsbezogene Fotografie zum zentralen Gedächtnismedium der Gesellschaft.

Fotografie

Merksatz

Das Medium Fotografie errang seine Schlüsselstellung im 20. Jahrhundert, dem visuellen Zeitalter, als öffentliches Gedächtnismedium im Verbund mit den Medien Zeitung, Zeitschrift und Plakat.

Seine Schlüsselstellung zeigt sich vor allem in seiner Bedeutung für das Medium Zeitschrift, speziell die Illustrierte, für das Medium Zeitung, speziell die Boulevard- und Massenzeitungen (Kap. 7.1, 7.8), und natürlich für das Medium Plakat. Erst mit dem Aufstieg des Fernsehens zum neuen Leitmedium ging die Bedeutung der Fotografie wieder zurück.

Plakat

Auch das *Plakat* blieb als Künstlerplakat erhalten und durchlief eine aufregende Geschichte von Jugendstil, Expressionismus und Dada über die Aktfotografie und das Poster der 60er Jahre bis zu Popart und modernem Design. Die zentrale Funktion des Mediums Plakat im 20. Jahrhundert war jedoch die Werbung: das politische Plakat (Revolutionen, Propaganda, Kriege, Wahlen), das Tourismus-Plakat, das Plakat für Produkt-, Firmen-, Imagewerbung, das Plakat für Eventwerbung jeglicher Art.

Wie die Fotografie verlor das Plakat an Bedeutung gegenüber dem boomenden Fernsehen.

> **Merksatz**
>
> **Das Plakat hatte auch dienende Funktion für andere Künste (z. B. das Theater) und für andere Medien (z. B. den Film), fungierte primär aber als Werbeplakat im politischen und im wirtschaftlichen Bereich.**

Telefon

Das *Telefon* schließlich führte zu einer markanten Änderung der Individualkommunikation. Obwohl bereits im 19. Jahrhundert erfunden und in den USA verbreitet (Kap. 6.7), begann sein Siegeszug als Massenmedium hierzulande erst im Verlauf der 60er Jahre, mit einem Anstieg von 3,3 Millionen auf 6,8 Millionen Anschlüsse, einer knappen Verdoppelung der Orts- und beinahe einer Verdreifachung der Ferngespräche. Die zeitliche Verzögerung ist vor allem dem staatlichen Monopol und der politischen Instrumentalisierung etwa zur Zeit des Nationalsozialismus zuzuschreiben. Die Vollversorgung wurde erst ab den 70er Jahren erreicht; bis 1983 verfügten immerhin 89 % aller privaten Haushalte über einen Anschluss. Mit der neuen Satellitentechnik im Zusammenhang mit einer Privatisierung der staatlichen Postbehörde sollte sich dann eine zunehmend mobile Individualkommunikation zum Ende des Jahrhunderts durchsetzen (Kap. 8.2).

> **Merksatz**
>
> **Das Telefon war (abgesehen vom Zwischenmedium Telegraf) das erste Netzmedium der Geschichte und als großtechnisches System Vorläufer und Basis späterer Netzmedien.**

Erst spät hat die Medien- und Kommunikationswissenschaft die Bedeutung des Telefons als Medium erkannt und seine Verbreitung und Nutzung im privaten und wirtschaftlichen Bereich erforscht.

Weiterführende Literatur

Jürgen Miermeister und Jochen Staadt (Hrsg.): Provokationen. Die Studenten- und Jugendrevolte in ihren Flugblättern 1965–1971. Darmstadt-Neuwied 1980
Exemplarischer Sammelband mit Einzelbeiträgen zum Medium Blatt als Protestmedium von unten.

Hans Bohrmann (Hrsg.): Politische Plakate. Dortmund 1984
Eindrucksvolle Sammlung politischer Plakate vom Kaiserreich und 1. Weltkrieg über Weimarer Republik, NS-Zeit und Besatzungszeit bis zur Bundesrepublik der frühen 80er Jahre.

Wolfgang Lotz (Hrsg.): Deutsche Postgeschichte. Berlin 1989
Standardwerk in sehr detaillierten Einzeldarstellungen.

Reinhard M.G. Nickisch: Brief. Stuttgart 1991
Pointiertes Standardwerk zu Theorien, Formen und vielfältigen Aspekten des Briefwesens, mit Grundlinien einer Briefgeschichte und einem Ausblick auf das 20. Jahrhundert.

Lutz Goertz: Reaktionen auf Medienkontakte. Wann und warum wir Kommunikationsangebote annehmen. Eine empirische Untersuchung zur Verteilung von Handzetteln. Opladen 1992
Eine der ganz wenigen Studien zum Medium Blatt als Kommunikationsmedium.

Frank Thomas: Telefonieren in Deutschland. Organisatorische, technische und räumliche Entwicklung eines großtechnischen Systems. Frankfurt, New York 1995
Studie zur Geschichte des Telefons mit Schwerpunkten auf seiner Einführung, seiner Organisation in der Weimarer Republik und seiner politischen Nutzung im Dritten Reich.

Joachim Kallinich und Clemens Schwender (Hrg.): Erst lesen – dann einschalten! Zur Geschichte der Gebrauchsanleitung. Eine Publikation des Museums für Post und Kommunikation Berlin. Berlin 1997
Anschaulicher Band zur gleichnamigen Ausstellung mit Einzelbeiträgen zu verschiedenen Aspekten technischer Gebrauchsanleitungen.

Heinz J. Galle: Volksbücher und Heftromane. Ein Streifzug durch 100 Jahre Unterhaltungsliteratur. Passau 1999
Kenntnisreicher Überblick über Beispiele und Aspekte von Heftromanen in Deutschland – einer von vielen vergleichbaren Bänden.

Walter Nutz: Trivialliteratur und Popularkultur. Opladen/ Wiesbaden 1999
Einzige umfassende Studie zur Rezeption von Heftchenromanen in Deutschland Ende der 80er Jahre.

Hans-Michael Koetzle: Photo Icons. Die Geschichte hinter den Bildern, 2 Bde. Köln 2002
Exemplarische Darstellung von Fotogeschichte als Geschichte von »publizistischen« Einzelbildern verschiedener repräsentativer Fotografen von 1827 bis 1991.

Diethart Kerbs und Walter Uka: Fotografie und Bildpublizistik in der Weimarer Republik. Bönen 2004
Repräsentativer Sammelband mit zahlreichen guten Einzelstudien zur publizistischen Bedeutung des Mediums Fotografie am Beispiel der Weimarer Republik.

Übungs- und Wiederholungsfragen

26 Definieren Sie Alltagsmedien.
27 Nennen Sie Beispiele für die Verwendung des Mediums Blatt.
28 Welche zwei Typen von Heftromanen und drei Formen von Comics haben sich herausgebildet?
29 Welche »Hefte« werden meist unterschlagen oder vergessen?
30 Was war die zentrale Funktion und Leistung des Mediums Fotografie im 20. Jahrhundert?
31 Worin bestand die zentrale Funktion des Mediums Plakat im 20. Jahrhundert?
32 In welcher Hinsicht war das Medium Telefon (abgesehen vom Telegrafen) das erste Medium der Geschichte?

Weiterführende Arbeitsaufgaben
▶ Verschaffen Sie sich einen Überblick über die Arten des Heftchenromans heute.
▶ Untersuchen Sie eine heutige Zeitung oder Zeitschrift Ihrer Wahl und analysieren Sie Umfang, Arten und Bedeutungen der Verwendung der Fotografie.
▶ Protokollieren Sie Ihre persönliche Nutzung des Mediums Blatt eine Woche lang, Tag für Tag. Welche Form der Mediennutzung dominiert bei Ihnen?

7.7 | Die Speichermedien Tonband/Kassette und Video als »Zwischenmedien«

Inzwischen ebenfalls häufig vergessen werden die beiden Speichermedien Tonband/Kassette und Video – vielleicht weil sie als klassische »Zwischenmedien« heute bereits wieder weitgehend überholt sind. Schon früher sind uns in der Mediengeschichte diverse Zwischenmedien begegnet, die entweder den praktischen Übergang in ein endgültiges Medium organisierten – beispielsweise die Wachstafel vor der Niederschrift auf der Papyrusrolle (Mediengeschichte von den Anfängen bis 1700, Kap. 1.4) – oder die als temporäre Statthalter fungierten für noch nicht ausgebildete spätere Medien und insofern den Übergang zu einer neuen Kultur signalisierten – beispielsweise der Almanach auf dem Weg zur Buchkultur (Kap. 5.6) oder der Telegraf auf dem Weg zum Telefon bzw. zur Bild/Ton-Kultur (Kap. 6.3).

Die elektromagnetische Tonaufzeichnung begann ähnlich wie das mechanisch funktionierende Speichermedium Schallplatte (Kap. 6.7) mit technischen Experimenten für ein Diktiergerät. Ein erstes Tonbandgerät für den professionellen Markt (Radio, Film, Schallplattenaufnahme) wurde 1935 auf der Berliner Funkausstellung vorgestellt: das »Magnetophon K1« von AEG.

Tonband

Im Consumerbereich wurde das Tonband – in der Bundesrepublik erst ab den späten 50er Jahren – nicht nur als normale Bürotechnik (Diktiergerät) selbstverständlich, sondern auch für private Tonaufzeichnungen – sei es für die Aufnahme der ersten Worte des Babys, die Gestaltung eines eigenen Hörspiels, die mehrspurige Aufnahme einer musikalischen Aufführung oder auch für den Mitschnitt von Radiosendungen und Schallplattenaufnahmen. Andere Verwertungszusammenhänge boten sich ab den 60er Jahren im Bildungsbereich (Sprachlabor) und bei der Überwachung (Abhöranlage) an. Dabei stand jeweils die eigene Produktion und Aufnahme im Vordergrund.

Heimtonbandgeräte als Spulengeräte waren jedoch teuer und aufwändig, und ohnehin ging es den meisten Interessenten eher um die Wiedergabe. Als 1963 Philips sein neues Compact-Cassetten-System »Taschen-Recorder 3300« vorstellte, leitete das eine technische Revolution des Marktes ein. Bereits 1965 kamen die ersten industriell bespielten »MusiCassetten« (MC) sowie ein verbessertes Wiedergabegerät auf den Markt und erlaubten die mobile Nutzung – sei es im Kassettenkoffergerät und später im Walkman, sei es im Autoradio-Recorder. Die CC oder MC war mechanisch robust, einfach zu bedienen, leicht zu archivieren, billig, klein und mobil, und die Qualitätsverluste gegenüber den stationären Hifi-Geräten ließen sich, insbesondere bei Rock- und

Compact-Cassette/ MusiCassette

> **Merksatz**
>
> Die elektromagnetische Tonaufzeichnung entwickelte sich in der BRD Mitte der 60er Jahre, im Übergang vom Heimtonband-Spulengerät zur mobilen Compact-Cassette, zum Massenmedium.

Popmusik, leicht verschmerzen. Damit war der Massenmarkt erreicht.

1976 hatte die Ausstattung mit Kassettenrecordern (44%) und Tonbandgeräten (30%) die von Plattenspielern (64%) numerisch bereits überschritten und auch die monatlichen Aufwendungen für bespielte und Leerkassetten nahmen sprunghaft zu. 1978 wurden an die westdeutschen Endverbraucher 47,3 Millionen bespielte MC verkauft, 1989 58,1 Millionen und 1990, unter Einschluss der neuen Bundesländer, 75,5 Millionen (jeweils ohne die Leerkassetten).

Analog zur magnetischen Tonaufzeichnung wurde die elektromagnetische Bildaufzeichnung entwickelt und erstmals 1956 vom CBS-Fernsehen in den USA eingesetzt, um die Zeitunterschiede an der Ost- und Westküste zu überwinden. Die Magnetaufzeichnung (»MAZ«) als Videoaufzeichnung wurde beim Fernsehen rasch unverzichtbar. In den 50er und 60er Jahren etablierte sich der Videorecorder als Spulengerät für Profis auch außerhalb der Fernsehkommunikation. Erst ab 1977 setzte sich der Videorecorder, als Kassettengerät, auf dem Massenmarkt der Unterhaltungselektronik durch. Kennzeichnend dabei war der anfängliche Krieg zwischen den technischen Normen VHS (JVC), Beta (Sony) und Video 2000 (Philips/Grundig), die nicht kompatibel waren. VHS setzte sich schließlich durch, nicht aufgrund technischer Überlegenheit, sondern wegen der besseren Marketingstrategien des Herstellers.

Im Consumerbereich dominierten

▶ Leerkassetten zum eigenen Mitschneiden von Fernsehsendungen, um diese zeitversetzt sehen zu können;

▶ bespielte Kaufkassetten primär mit Kinospielfilmen, nachdem diese in den Filmtheatern und dann in den Videotheken ausgewertet worden waren, noch vor ihrer Ausstrahlung im Fernsehen;

▶ und schließlich, ab 1983, das private Filmen im Urlaub und im häuslichen Umfeld mit dem eigenen Camcorder.

Daneben wurde der Videorecorder auch in einer Vielzahl von gesellschaftlichen Praxisfeldern eingesetzt – bei der Werbung, in Schulen, Hotels und Universitäten, bei der Kunden- und Personalüberwachung in Kaufhäusern, bei der Verkehrsüberwachung durch die Polizei, beim Militär oder auch im Krankenhaus.

> **Merksatz**
>
> Der bundesdeutsche Videomarkt entstand in den 80er Jahren mit dem Anstieg der Videorecorder pro Haushalt von 1 % (1980) auf 70 % (1990).

Frühe alternative Videofilme und Videokunst blieben avantgardistisch, anders als die Videoclips in der Populärkultur, die in den 80er Jahren den Musikmarkt – im Verbund mit den Musiksendern im Fernsehen – prägten.

Video-Software wurde entsprechend billig und stieß in neue Bereiche vor. Dabei handelte es sich überwiegend um den Verbund mit dem Kinofilm; Filmpremieren »exklusiv auf Video« blieben außer im Pornobereich erfolglos. Videotheken nahmen sprunghaft zu von 1000 (1980) auf 7800 (1987), um sich dann auf gleichbleibend ca. 5000 zu stabilisieren. Angeboten wurden bis Ende der 80er Jahre rund 10000 Spielfilme, bevorzugt Action, Horror, Gewalt und Komödie, plus rund 2000 Pornos und zahlreiche indizierte Filme, die aufgrund sehr viel höherer Ausleihfrequenzen alle anderen Genres dominierten. Ab 1985 galt deshalb ein neues Jugendschutzgesetz, das den Zutritt zu Videotheken mit Vollprogramm für Personen unter 18 Jahren verbot.

Videoprogramme

Ab den 90er Jahren verbreiteten sich speziell für Spielfilme ganz neue technische Speichersysteme (DVD), die zu einem Bedeutungsrückgang auch des Videorecorders führten. Ähnlich verlor mit der bespielbaren MiniDisk (MD) von Sony (1990) und weiteren technischen Neuerungen die MC rasch an Beliebtheit (vgl. Kap. 8.3). Tonband/Kassette ebenso wie Video überbrückten nur die Zeit bis zu den neuen digitalen Speichermedien.

Weiterführende Literatur

Klaus G. Loest: Die Videokassette – ein neues Medium etabliert sich. Wiesbaden 1984
Historisch wichtiger Beitrag zur Einschätzung von Video als Medium.

Deutscher Volkshochschul-Verband e.V./ Adolf-Grimme-Institut (Hrsg.): Brutales auf Kassetten. Informationen für die Weiterbildung über Video und Gewalt. Marl 1984
Zeittypische Broschüre mit einem Konzept zur Auseinandersetzung mit dem neuen Medium aus pädagogischer Sicht.

Siegfried Zielinksi: Zur Geschichte des Videorecorders. Berlin 1986
Bahnbrechende Studie mit einer ausführlichen Darstellung der wichtigsten Etappen seit den 20er Jahren, mit Akzenten auf Technik und den USA.

Christoph Kaiser: Theater zum Umblättern. Die darstellende Kunst (Theater, Kino, Fernsehen, Video) im Zeitalter ihrer häuslichen Speicherbarkeit. Berlin 1988
Knapper Versuch über häusliche audiovisuelle Speichermedien in ihrer Geschichte, Leistungsfähigkeit und gegenwärtigen Nutzung mit Akzenten auf einer Theorie der darstellenden Künste im Zeitalter des Videorecorders.

Peter A. Leitmeyr: Der unaufhaltsame Aufstieg des sprechenden Notizbuchs. 25 Jahre Compact-Cassette. In: Kultur & Technik, 12. Jg. (1988), H. 4, S. 196–204
Kundige Darstellung der Anfänge des neuen Mediums.

Kay Hoffmann: Video – ein Übergangsmedium? Der Videomarkt in Deutschland 1991. In: Media Perspektiven, H. 12 (1991), S. 810–818
Beispiel für eine der regelmäßigen Zwischenbilanzen zur aktuellen Mediengeschichte (hier des Mediums Video) mit präzisen Zahlenangaben u.a. zu Angebot, Vertrieb, Produktsorten und Rezeption.

Siegfried Zielinski (Hrsg.): VIDEO-Apparat. Medium/ Kunst/ Kultur. Ein internationaler Reader. Frankfurt/Main 1992
Überblick über verschiedene Nutzungs- und Funktionsbereiche des Mediums.

Rolf Moser, Andreas Scheuermann (Hrsg.): Handbuch der Musikwirtschaft. Starnberg, München 1992
Standardwerk mit historiografischen Informationen zur Bedeutung der MC auf dem Tonträgermarkt.

Übungs- und Wiederholungsfragen

33 Wann und für welchen Zweck wurde das Tonband erfunden?
34 Ab wann entwickelte sich die elektromagnetische Tonaufzeichnung in der Bundesrepublik Deutschland zum Massenmedium und wie hieß das Gerät?
35 Welche drei Systeme bekämpften sich Ende der 70er Jahre im »Videokrieg«?
36 Ungefähr wieviel Filme wurden bis Ende der 80er Jahre auf Video angeboten und welche dominierten gemäß ihrer Nutzung?

Weiterführende Arbeitsaufgaben
▶ Informieren Sie sich über die heutige Bedeutung des Mediums Video in der Kunst und bei Überwachungsanlagen.
▶ Erarbeiten Sie einen Überblick über die ästhetische Synthese von Schallplatte, Video und Fernsehen am Beispiel der Geschichte des Videoclips in der Rockkultur.
▶ Interviewen Sie Männer und Frauen unterschiedlicher Altersgruppen und erfragen Sie deren Gewohnheiten bei der Speicherung mit Tonband, MusiCassette, Videokassette und neueren Formen. Was lässt sich daraus für die Geschichtlichkeit der Medien ableiten?

Die Bedeutung der Presse für die demokratische Medienöffentlichkeit nach 1945

7.8

Nach der Gleichschaltung von Zeitung und Zeitschrift sowie anderer Medien im Dritten Reich begann nach Kriegsende die Übergangszeit der Lizenzpresse in den verschiedenen Besatzungszonen. Als zweite Phase gilt eine kontinuierliche Pressekonzentration, gefolgt von einem Konsolidierungsabschnitt, der in den 90er Jahren in einen tendenziellen Niedergang mündete.

Eigene Presseorgane und Nachrichtenagenturen der Alliierten wurden schon früh ergänzt durch gezielt erteilte Lizenzen zur Herausgabe von Zeitungen nach unterschiedlichen Modellen (die Amerikaner lizensierten einzelne bürgerliche Lokalzeitungen wie die »Frankfurter Rundschau«, die Sowjets nur Parteizeitungen wie das KP-Blatt »Deutsche Volkszeitung«, die Briten setzten auf konkurrierende Zeitungen usw.). Bis 1948 gab es 178 Zeitungen in 753 Ausgaben. Als 1949 von den Alliierten eine Generallizenz für die Gründung neuer Zeitungen erteilt wurde, wurden vor allem die Altverleger aktiv, die bereits vor 1945 Zeitungen herausgegeben hatten (z.B. die »Nürnberger Nachrichten« oder die »Frankfurter Allgemeine Zeitung«). 1952 erschien als ein Ausnahmefall erstmals die »Bild-Zeitung« – ein Boulevard- und Gesinnungsblatt, das nur im Straßenverkauf angeboten wurde. Seine Auflage steigerte sich sich nach und nach auf bis zu 5,4 Millionen Verkaufsexemplare (1983).

1949–1954

Wiederaufbau

> **Merksatz**
>
> Die Bild-Zeitung hatte aufgrund ihrer Millionenauflage einen enormen (konservativen) Einfluss auf die westdeutsche politische Öffentlichkeit.

Generell gilt für diese Phase die inhaltliche Tendenz, die jüngste Vergangenheit möglichst zu »vergessen« und stattdessen die Bedrohung »aus dem Osten« zu propagieren. 1954 wurde der Bundesverband der Deutschen Zeitungsverleger als zentraler Interessenverband gegründet. Damals gab es 225 selbstständige Tageszeitungen mit 1500 Ausgaben in 624 Verlagen.

Zeitungsverlage waren nicht nur Wirtschaftsunternehmen (Gewinnstreben, Werbemarktabhängigkeit), sondern gemäß der deutschen Verfassung auch Institutionen für die Meinungs- und Willensbildung im demokratischen System (Pressefreiheit). Konflikte wie die »Spiegelaffäre« (1962) führten zur breiten Diskussion einer freien Arbeit der Redakteure. Neben politischen Einflussversuchen wurde vor allem die zunehmende Konzentration der Meinungsträger in der zweiten Phase zu einer Bedrohung der Meinungsvielfalt (»Zeitungssterben«). Die Tagespresse war gleich mehrfach von Krisensymptomen geprägt, nicht zuletzt auch durch den Aufstieg des Fernsehens. Ökonomische und publizistische Konzentration gingen oft Hand in Hand (»strukturelle Zensur«). 1976 gab es nur noch 121 Tageszeitungen, ein Rückgang vor allem zu Lasten kleiner Lokalzeitungen, mit 1229 Ausgaben in 403 Verlagen.

Konzentration

Auf immer mehr regionalen und lokalen Märkten existierten nur noch Monopolzeitungen (»Ein-Zeitungs-Kreise«), und in bestimmten Städten wie Berlin und Hamburg dominierte beispielsweise der Axel Springer Verlag das Angebot der Tageszeitungen mit einem Auflagenanteil von über 30 %, die Straßenverkaufspresse gar mit über 80 %. Deshalb auch die studentischen Proteste gegen Springer, der zugleich zu den größten deutschen Zeitschriftenverlagen gehörte und dem Manipulation der öffentlichen Meinung vorgeworfen wurde. 1980 vereinigten fünf Pressekonzerne 45,5 % der Gesamtauflage aller bundesdeutschen Zeitungen auf sich. Anders

> **Merksatz**
>
> In den 60er und frühen 70er Jahren war die Pressesituation geprägt von ökonomischer und publizistischer Konzentration, Versuchen politischer Einflussnahme und der Konkurrenz zum Fernsehen.

bei den Zeitschriften, bei denen die Titelvielfalt weiter zunahm und sich ganz neue Konzepte durchsetzten (z.B. »konkret«, »twen«). Auch Lebenshilferubriken in Illustrierten und Frauenzeitschriften stiegen in der Beliebtheit, während sich die kirchlich-konfessionelle Presse auf Talfahrt begab.

Die Fusions- und Konzentrationstendenzen setzten sich fort, jedoch innerhalb der Presse weniger stark. Die meisten Tageszeitungen konnten ihre Position festigen und blieben insgesamt Garant einer freien, nicht gelenkten und pluralistischen Nachrichtenberichterstattung. Leitfunktion hatten insbesondere die großen überregionalen Tageszeitungen (FAZ, Welt, SZ), die Wochenzeitung »Die Zeit«, das Nachrichtenmagazin »Der Spiegel« und die Illustrierte »Stern«, bei der Wirtschaftspresse das »Handelsblatt«, bei den Frauenzeitschriften »Brigitte«, bei den Programmzeitschriften »Hörzu«, bei den Jugendzeitschriften »Bravo« sowie die kostenlos abgegebene »ADAC Motorwelt«. Im Gesamtüberblick wurde für die überregionalen Tageszeitungen ein »wachsender Pessimismus« (Hans Mathias Kepplinger) bei der Informationsübermittlung und journalistischen Darstellung konstatiert. Das journalistische Berufsverständnis war ernüchtert und geprägt von medienübergreifenden Tätigkeitsfeldern. Neben die Vermischung des journalistischen Systems mit Public Relations trat die Subsumierung des politischen Systems unter die Vorherrschaft einer generellen Medialisierung – die Integrationsfunktion der Presse ging zurück. Zunehmend kam die ethische Verpflichtung der Presse in den Blick und ihre Stellung als »vierte Gewalt« wurde in Zweifel gezogen.

Positiv ergänzt wurde das Titelangebot durch neu gegründete Sonntagszeitungen. Bereichert wurde das Bild auch durch zahlreiche lokale Alternativzeitungen und -zeitschriften wie etwa »Emma« (1977) und diverse Stadtmagazine mit teils erheblichen Auflagen, nicht zuletzt auch durch die Neugründung der links-alternativen »tageszeitung« (taz) 1979 in Berlin. Zugleich aber nahm die Abhängigkeit von den expandierenden Agenturen Deutsche Presseagentur (dpa), AP, Reuters u.a. zu.

1976–1990

Konsolidierung

Merksatz

In den 70er und 80er Jahren blieb die Zeitung in der Bundesrepublik Deutschland insgesamt Garant einer freien und pluralistischen Berichterstattung, verlor jedoch an Bedeutung als Leitmedium.

Bei den Zeitschriftentiteln stieg die Zahl von rund 3800 (1976) auf über 6700 (1983), was insbesondere auf die Anzeigenblätter zurückzuführen ist, die sich titel- und auflagenmäßig fast vervierfachten, sowie auf Fachzeitschriften. Speziell Springer gelangen auch Zuwächse bei den Publikumszeitschriften. Eine markante Änderung war die beginnende medienübergreifende Konzentration, bei der sich Presse- und Medienkonzerne zu großen multimedialen Konglomeraten entwickelten. Springer beispielsweise investierte bei den Medien Fernsehen, Film und Hörfunk. Pressekonzentration wurde dadurch in großem Ausmaß zur supramedialen Konzentration. Durch zahlreiche Investitionen der Medienmultis im Ausland kam es zugleich zu Ansätzen einer Europäisierung des Print- und Medienmarktes. Im Mediennutzungsverhalten ging die Zeitungslektüre ebenso wie die Leser-Blatt-Bindung und die Nutzungsintensivität der Zeitschriften insbesondere bei jüngeren Leserinnen und Lesern deutlich zurück, zugunsten von Radio und Fernsehen (und später den digitalen Medien).

> **Merksatz**
>
> In den 80er Jahren gingen die Reichweiten von Tageszeitungen und die tägliche Nutzungsdauer stetig zurück, insbesondere bei jüngeren Menschen.

In dieser Phase verlor die Zeitung definitiv ihre Vorrangstellung als zentrales Medium der öffentlichen Meinung, d.h. die »Presse- oder Zeitungsöffentlichkeit« wurde von der »Fernsehöffentlichkeit« bedeutungsmäßig überflügelt.

1990–heute

Nach der deutsch-deutschen Wiedervereinigung ist der ostdeutsche Zeitungs- und Zeitschriftenmarkt von westlichen Verlagen weitgehend übernommen worden, verbunden mit zahlreichen Titel- und Auflagenrückgängen. Dabei nahm der Pressekonzentrationsprozess wieder rapide zu. Anfang der 90er Jahre lebte mehr als die Hälfte der Bevölkerung in Gebieten mit Lokalmonopolen. Lediglich der Zeitschriftenmarkt konnte sich halten. Zugleich zeigten sich erste Anzeichen für einen allgemeinen Trend über Online-Zeitungen in Richtung »digitale Öffentlichkeit«.

Weiterführende Literatur

Heinz-Dietrich Fischer (Hrsg.): Publikumszeitschriften in der Bundesrepublik Deutschland. Palette – Probleme – Perspektiven. Konstanz 1985
Ringvorlesung im Sammelband mit guten Einzelbeiträgen als Überblick zu Illustrierten wie »Stern« und Programmzeitschriften wie »Hörzu«.

Sabine Hilgenstock: Die Geschichte der BUNTEN (1948–1988). Frankfurt/Main u. a. 1993
Eine der vielen exemplarischen Untersuchungen zur Entwicklung einer Zeitung oder einer illustrierten Wochenzeitschrift, hier mit einer Chronik dieser Zeitschriftengattung.

Heinz Pürer und Johannes Raabe: Medien in Deutschland, Bd. 1: Presse. München 1994
Gute Darstellung aus publizistikwissenschaftlicher Sicht, ergänzt um die Entwicklung in der DDR und nach der Wiedervereinigung.

Klaus Berg und Marie-Luise Kiefer (Hrsg.): Massenkommunikation V. Eine Langzeitstudie zur Mediennutzung und Medienbewertung 1964–1995. Baden-Baden 1996
Einzige deutsche Langzeitstudie zur Mediennutzung tagesaktueller Medien unter Einschluss dieses Zeitungstyps.

Jürgen Wilke (Hrsg.): Mediengeschichte der Bundesrepublik Deutschland. Bundeszentrale für politische Bildung, Bonn 1999
Guter Sammelband mit zahlreichen Beiträgen auch zur Entwicklung der Tages- und Zeitschriftenpresse, der Zeitungsberichterstattung, der alternativen Presse, der Pressenutzung und der Nachrichtenagenturen.

Harry Pross: Zeitungsreport. Deutsche Presse im 20. Jahrhundert. Weimar 2000
Aperçuhafter Versuch einer Gesamtdarstellung der neueren Pressegeschichte in sieben Phasen, mit einer Abgrenzung der Abschnitte von 1945–1960 (»Kalter Krieg«), 1960–1974 (»Konzentration«), 1974–1985 (»Pressefreiheit«) und 1985–2000 (»Signalökonomie«).

Übungs- und Wiederholungsfragen

37 Welche drei Phasen unterscheidet man in der Geschichte von Zeitung und Zeitschrift nach 1945 (Jahresdaten und Stichworte)?
38 Welches andere Medium wirkte als Konkurrent zur Zeitung?
39 Wie viele Pressekonzerne vereinigten 1980 45,5 % der Gesamtauflage aller bundesdeutschen Zeitungen?
40 Inwiefern veränderte sich die Nutzung der Tageszeitungen in den 80er Jahren?

Weiterführende Arbeitsaufgaben
▶ Verfolgen Sie die Geschichte einer Zeitung oder Zeitschrift Ihrer Wahl von den Anfängen bis Ende der 80er Jahre und notieren Sie mit Blick auf Zeit- und Kulturgeschichte Änderungen.
▶ Setzen Sie sich kritisch mit der Massenzeitung »Bild-Zeitung« und anderen Boulevardblättern auseinander.
▶ Vergleichen Sie die Berichterstattung ganz unterschiedlicher Zeitungstypen an ausgewählten Beispielen desselben Tages.
▶ Untersuchen Sie mehrere Ausgaben einer Illustrierten mit Blick auf Inhalte und Darstellungsformen, speziell auch auf das Verhältnis von redaktionellen und Werbebeiträgen.

7.9 | Die Ökonomisierung der Medien und das Fernsehen als Leitmedium

Nach einer Dominanz politischer Herrschaft in der ersten Hälfte des 20. Jahrhunderts war die bundesdeutsche Medienkultur insgesamt in der zweiten Hälfte von ökonomischen Funktionen dominiert. Während der gesamten Periode und verstärkt multimedial in der Nachkriegszeit standen Oligopol- und Monopolbestrebungen im Vordergrund. Das gilt bereits für die Medienkultur in der Weimarer Republik (Kap. 7.1), für die neue Radiokultur unter staatlichem Verdikt (Kap. 7.2) und für die Medienkultur im Dritten Reich (Kap. 7.3), primär freilich politisch motiviert. Die gesamte Geschichte der Medien Film und Schallplatte (Kap. 7.4) wurde beherrscht von einigen wenigen Wirtschaftsgiganten – beim Film ab den 30er Jahren neben der Ufa insbesondere amerikanische Konzerne wie Paramount, Loew's, Fox, Warner und RKO, bei der Schallplatte ab den 60er Jahren neben der deutschen Ariola zunächst die fünf Großen Columbia, RCA, Decca, Capitol, MGM Records, in den 80er Jahren sorgten die neuen Marktführer PolyGram, Ariola-Eurodisc und EMI-Electrola für über zwei Drittel des bundesdeutschen Gesamtumsatzes. Aber auch beim Buch (Kap. 7.5) und bei den Medien Zeitung und Zeitschrift bestimmten zunehmend supramediale, teils internationale Konglomerate das Angebot und seine Verbreitung und Nutzung, wobei insbesondere dem Massengeschmack Rechnung getragen wurde (Kap. 7.8). Einen vorläufigen

Höhepunkt erreichte die allgemeine Ökonomisierung der Medien in Deutschland mit der Einführung des dualen Rundfunksystems (1984), d. h. der Privatisierung von Hörfunk und vor allem Fernsehen.

Bei den Multis dominierten weltweit amerikanische Konzerne wie Time-Warner und japanische Unternehmen wie Sony, in Europa Bertelsmann. In Deutschland gab es die folgenden Multis:

> **Merksatz**
>
> Am Ende der siebten Periode der Mediengeschichte, um 1990, waren der Filmmarkt, der Tonträgermarkt, der Pressemarkt, der Heftchenmarkt, der Buchmarkt, der neue Radiomarkt, der neue Fernsehmarkt in der Hand jeweils einiger weniger so genannter Majors.

1 mit großem Vorsprung die Bertelsmann AG (Umsatz vor der Einführung des Euro ca. 16 Milliarden DM), damals weltweit der zweitgrößte Mediengigant mit Schwerpunkten bei den Medien Buch, Schallplatte, Zeitung, Zeitschrift, Video, Fernsehen;
2 der Springer-Konzern (Umsatz ca. 3,5 Milliarden DM) mit Schwerpunkten bei Zeitung, Zeitschrift, Buch, Radio, Fernsehen;
3 der WAZ-Konzern (Umsatz ca. 3 Milliarden DM) mit Schwerpunkten bei Zeitung, Zeitschrift, Hörfunk und Fernsehen;
4 der Bauer-Konzern (Umsatz ca. 3 Milliarden DM) mit Schwerpunkten bei Zeitschrift und Heftchen.

Medien-Multis

Hinzu kamen der Holtzbrink-Konzern mit Schwerpunkten bei Buch, Radio, Zeitung, der Burda-Konzern mit Schwerpunkten bei Zeitschrift und Radio, die Gong-Gruppe mit denselben Schwerpunkten und schließlich die Kirch-Gruppe mit Schwerpunkten bei Film und Fernsehen.

Bis heute ist der Konzentrationsprozess derart weit vorangeschritten, dass die Medienkultur auch hierzulande total ökonomisiert erscheint, d. h. primär Gewinninteressen unterliegt. Bertelsmann beispielsweise beeinflusst über RTL 23 Fernsehsender und 13 Radiostationen in zehn Ländern, über Random House mehr als 250 Publikumsverlage in dreizehn Ländern, über Gruner+Jahr mehr als 100 Zeitschriften und Zeitungen in vierzehn Ländern, über BMG mehr als 200 Labels in vierundvierzig Ländern und über DirectGroup weltweit rund 60 Millionen Mitglieder in 150 Buch- und Schallplattenklubs in 30 Ländern. Der Konzern lässt sich charakterisieren mit Begriffen wie medientotal,

Zum Beispiel Bertelsmann

> **Merksatz**
>
> Das Fernsehen unterscheidet sich vom Film als einem Medium kollektiver Verarbeitung durch seine Doppelfunktion: einmal als Forum kulturellen Austauschs, dann als serielle Unterhaltungsmaschine.

global, vertriebskonzentriert und bestsellerorientiert. Medienkultur war spätestens zum Ende der 80er Jahre unter dem Zwang eines auf Gewinn ausgerichteten Bestsellerprinzips seitens der Medienmultis einem strukturellen Diktat unterworfen.

Aufgrund des hohen Kapitalaufwandes war dem ganz besonders das Medium Fernsehen ausgesetzt. Die Geschichte des deutschen Fernsehens lässt sich – nach technischen Frühformen und ersten Programmversuchen zur Zeit des Nationalsozialismus – funktionsbezogen in zwei schematische Abschnitte einteilen: erstens das Fernsehen eher als »Fenster zur Welt«, als Forum kulturellen und politischen Austauschs, als Instrument gesellschaftlichen Wandels, zweitens das Fernsehen eher als serielle Unterhaltungs- und Betäubungsmaschine für konsumbereite Zuschauer nach Maßgabe wirtschaftlicher Interessen.

Zwei große Abschnitte

In beidem zeigt es sich als das wichtigste Leitmedium nach dem 2. Weltkrieg.

Die 50er-70er Jahre:

Das Fernsehen war wie andere elektronische Medien eine amerikanische Erfindung und begann seinen Siegeszug in der deutschen Nachkriegszeit mit dem Aufbau des NWDR in Hamburg und dem offiziellen Sendebeginn am 25. 12. 1952. In Anlehnung an das Radio wurde eine breite Palette von TV-Genres entwickelt, allen voran Nachrichten, aber auch Ratgeber-, Tier-, Sportsendungen, Reiseberichte, politische Berichte, kirchliche Sendungen und Live-Reportagen etwa von der Krönung Elisabeths II. in England (1953). Unterhaltung und Fiktion wurden zunächst eher klein geschrieben. Das Fernsehen war ein »Medium der Biederkeit« (Knut Hickethier) und wurde kollektiv im Familienzusammenhang genutzt.

Vom Medium der Biederkeit ...

Das gemeinsame Programm der ARD-Anstalten begann am 1. 11. 1954, das Programm des ZDF am 1. 4. 1963, die Regionalprogramme sendeten schon ab 1961.

Nur einige Schlüsselmomente zur Erinnerung. Ab 1959 war die Magnetaufzeichnung möglich – der Schritt von der Live-Produktion zur Konserve (MAZ); das bedeutete eine Revolution von

Produktion und Sendungsbetrieb. Doch schon früher hatte eine systematische Programmplanung eingesetzt. Neben Regionalprogrammen und natürlich Werbeprogrammen gab es Ausweitungen wie das Vormittagsprogramm. Die Ausdifferenzierung der Programmgenres stand im Mittelpunkt. Unterhaltungssendungen wurden wichtig (z.B. Peter Frankenfeld, Hans Joachim Kulenkampff, Robert Lembke). Längst schon war das Fernsehen als »Pantoffelkino« funktionalisiert und trat damit in Konkurrenz zum Kino. Theaterübertragungen, Volkstheater und Literaturverfilmungen wurden gesendet. Krimi-Mehrteiler wie »Das Halstuch« und »Stahlnetz« waren Ende der 50er Jahre Straßenfeger. Familienserien setzten ein. Das Vorabendprogramm wurde etabliert. Kinder- und Jugendsendungen erhielten ihre Plätze. Vor allem ein neues TV-Genre rückte in den Vordergrund: das Magazin. Mit seiner Spezifizierung als Wissenschaftsmagazin, Ratgebermagazin, Politisches Magazin, Kulturmagazin usw. bewirkte es eine beachtliche Politisierung des Mediums.

> **Merksatz**
>
> Das Medium wandelte sich rasch zum Massenmedium – zunächst mit 1 Million Zuschauern (1957), dann mit 10 Millionen (1965), und 20 Millionen (1980). Im Jahr 2003 erreichte das Fernsehen täglich mehr als drei Viertel aller Deutschen ab 14 Jahre, die im Durchschnitt pro Tag 199 Minuten fernsahen.

Als dem öffentlich-rechtlichen Fernsehen 1961 juristisch ein politisch überparteilicher und wirtschaftlich ungebundener Status zuerkannt worden war, stand seinem Anspruch als öffentlichkeitsgenerierendem Medium nichts mehr im Wege. In seinem gesamten Programmangebot, sogar in seinen Unterhaltungssendungen, spiegelte es fast ein Jahrzehnt lang den gesellschaftlichen Aufbruch und Veränderungswillen und übernahm entsprechende Aufgaben: die Bewahrung von Traditionen, die Vermittlung zwischen Anpassung und Widerstand, die Modellierung des Konsumverhaltens, die Integration bei gesellschaftlichen Kontroversen.

... über das Medium politischer Öffentlichkeit ...

... zum Integrationsmedium

1967 begann die Ära des Farbfernsehens. Sowohl die Hauptprogramme von ARD und ZDF als auch die Vorabendprogramme und die Dritten Programme wurden weiter ausgebaut. Tier-, Familien-, Abenteuer-, Westernserien (z.B. »Bo-

> **Merksatz**
>
> Fernsehen wurde ab den 60er Jahren zum beliebtesten Freizeitvergnügen und zur rituellen Abendunterhaltung.

nanza«) und Krimiserien wie »Der Kommissar« (ab 1969) und »Tatort« (ab 1970) etablierten sich. Die Übertragung von Spielfilmen im Fernsehen nahm zu. In den Unterhaltungssendungen bildeten sich neue Fernsehstars heraus. Der Programmfluss machte das Programm selbst zu einer Serie und manche Kritiker stellten das Fernsehen generell unter Manipulationsverdacht. Immerhin stieg die durchschnittliche Nutzung des Mediums an Werktagen von 1 Stunde 58 Minuten (1964) über 2 Stunden 11 Minuten (1974) bis auf 2 Stunden 50 Minuten (1991). An Sonntagen war die Nutzungsdauer noch höher. Rechnet man die Wenig- und Nichtseher heraus, sahen bis 1990 knapp 50 % täglich mehr als 4 Stunden fern – die sogenannten »Vielseher«.

Die 70er-80er Jahre Vom Unterhaltungsmedium ...

Bereits in den 70er Jahren orientierte man sich stärker an den Zuschauerwünschen. Unterhaltung war angesagt, Kompensation des Arbeitsalltags. Gefragt waren differenzierte Programmangebote zur Regeneration von Zielgruppen. Politisch Anstößiges und kritische Programme wurden entfernt, ein Boom an Quiz- und Musikshows und fiktionalen Sendungen wie Fernsehspielen, Fernsehfilmen, auch Spielfilmen setzte ein. Ab dem Film/Fernseh-Abkommen Mitte der 70er Jahre leistete das deutsche Fernsehen mit themenbezogenen und personenzentrierten Retrospektiven einen wesentlichen Beitrag zur Präsenz internationaler Filmkultur. Der gesellschaftliche Konsens der späten 60er und frühen 70er Jahre war verloren gegangen und das Fernsehen trug dem qua Differenzierung, Emotionalisierung und Entpolitisierung Rechnung. Eine Vielzahl von Serien, meist aus dem Ausland, wurde ins Programm gehoben: Kriminal-, Familien-, Science Fiction-, Western-, Komödienserien – klassisch »Dallas« und »Das Traumschiff« (beide ab 1981). An die Stelle von Information, Austausch und Partizipation trat die optische Berieselung (Knut Hickethier).

| Abb 27

Fernsehstar Thomas Gottschalk als Nachfolger von Frank Elstner in der Erfolgsserie »Wetten dass ...?«

... über den ästhetischen Programmniedergang ...

Die Zulassung kommerzieller Programme ab 1984 – von den Zuschauern überhaupt nicht gewollt, dann aber akzeptiert und goutiert – trug einer generellen internationalen Entwicklung Rechnung. Die Programmangebote der kommerziellen Sender, ausschließlich durch Werbung finanziert und alle im Besitz der Medien-Multis, wurden immer weiter ausgedehnt bis auf einen 24-Stunden-Rhythmus. Derart viel neue Software stand jedoch nicht zur Verfügung – Wiederholungen prägten das Bild. Auch das trug zum programmästhetischen Niedergang bei. Programme wurden zunehmend werbeorientiert produziert, von externen Herstellern nach Auftrag, sie wurden billig im Ausland eingekauft oder auf unterem Niveau selbst fabrikmäßig ausgestrahlt (z.B. »Tutti Frutti« bei RTL ab 1990). Die öffentlich-rechtlichen Sender hielten im Auftrag des Gesetzgebers die Grundversorgung aufrecht, auf der Grundlage zu geringer Rundfunkgebühren. Zugleich etablierten sich neue kommerzielle Spartensender, denen Kulturprogramme wie das des deutsch-französischen Senders »arte« nur wenig entgegensetzen konnten. Nachrichtensendungen wandelten sich zu »Infotainment«. Bildungssendungen zu »Edutainment«, neue Formate wie Reality-TV, Confrontainment, Bekenntnis- und Versöhnungsshows, Erotik-Sendungen und -Magazine, Satire und Klamauk und Trash machten sich breit. Der Fernsehkonsum wandelte sich vom sendungsorientierten Zuschauen zum Switchen und Zappen. Nicht zuletzt in Konkurrenz zu den anderen Medien wurde die Fernsehnutzung entritualisiert und der »Restzeitnutzung« (Peter Christian Hall) überantwortet, einer bloßen Nebenbei-Zuwendung.

... zum Restzeitmedium

Weiterführende Literatur

Hans Bausch (Hrsg.): Rundfunk in Deutschland, 5 Bde. München 1980
Standardwerk zur Rundfunk- vor allem als Institutionengeschichte, unter Einbeziehung auch des Hörfunks.

Hans-Jürgen Jakobs und Uwe Müller: Augstein, Springer & Co. Deutsche Mediendynastien. Zürich, Wiesbaden 1990
Ältere Fallstudien zu einzelnen deutschen Medienunternehmen und Multis samt ihrer Geschichte.

Klaus Berg und Marie-Luise Kiefer (Hrsg.): Massenkommunikation IV. Eine Langzeitstudie zur Mediennutzung und Medienbewertung 1964–1990. Baden-Baden 1992
Einer der Ergebnisberichte aus der einzigen Langzeitstudie zur Fernsehnutzung in der Bundesrepublik Deutschland.

Helmut Kreuzer und Christian W. Thomsen (Hrsg.): Geschichte des Fernsehens in der Bundesrepublik Deutschland, 5 Bde. München 1994
Umfangreiches Standardwerk zur Institutionengeschichte, Programmgeschichte und Geschichte der Handlungsrollen des bundesdeutschen Fernsehens.

Knut Hickethier (unter Mitarbeit von Peter Hoff): Geschichte des deutschen Fernsehens. Stuttgart, Weimar 1998
Integrativer Gesamtentwurf einer Geschichte des west- und ostdeutschen Fernsehens von den Anfängen bis in die 90er Jahre als Systemgeschichte.

Ricarda Strobel und Werner Faulstich (unter Mitarbeit von Uwe Breitenborn und Susanne Schult): Die deutschen Fernsehstars, 4 Bde. Göttingen 1998
Fernsehgeschichte als Geschichte von Stars, von Peter Frankenfeld, Hans-Joachim Kulenkampff über Caterina Valente, Peter Alexander und Carolin Reiber bis zu Hans Rosenthal, Rudi Carrell und Thomas Gottschalk.

Frank Böckelmann und Hersch Fischler: Bertelsmann. Hinter der Fassade des Medienimperiums. Frankfurt/Main 2004
Kritische Darstellung der Geschichte von Bertelsmann in journalistischer Form.

Übungs- und Wiederholungsfragen

41 Welche Funktion dominierte die bundesdeutsche Medienkultur in der zweiten Hälfte des 20. Jahrhunderts?
42 Was versteht man unter dem dualen Rundfunksystem und wann wurde es eingeführt?
43 Nennen Sie die vier umsatzstärksten deutschen Medienmultis.
44 Mit welchen vier Begriffen lässt sich der Bertelsmann-Konzern heute charakterisieren?
45 Welche zwei Funktionen hat das Fernsehen übernommen?
46 Wie entwickelte sich das Leitmedium Fernsehen von den 50er bis in die 70er Jahre?
47 Was meint die These vom Fernsehen als »Restzeitmedium«?

Weiterführende Arbeitsaufgaben

▶ Rekonstruieren Sie die Fernsehgeschichte als Geschichte von Stars. Welche unterschiedlichen Images kommen dabei zur Geltung?
▶ Informieren Sie sich ausführlicher über die Bedeutung von Bertelsmann in der nationalen und internationalen Medienkultur.
▶ Vergleichen Sie ältere Fernsehsendungen inhaltlich, ästhetisch und bedeutungsmäßig mit neueren Beispielen. In wel-

cher Hinsicht hat sich das Fernsehen gewandelt? Falls ältere Sendungen nicht zugänglich sind – nutzen Sie Programmzeitschriften und untersuchen Sie quantitativ die Verteilung verschiedener Sendungstypen.
▶ Protokollieren Sie eine Woche lang den Fernsehkonsum in Ihrer Familie und ziehen Sie mit Blick auf die Nutzung anderer Medien Bilanz: Was ist Ihr persönliches Leitmedium?

Zusammenfassung

Die Entfaltung der neuen elektronischen Welt in der siebten Periode der Mediengeschichte sah Aufstieg und Hochzeit vor allem der neuen Massenmedien Hörfunk, Film, Fernsehen, Schallplatte und Video. Parallel zum Niedergang des traditionellen Theaters als dem letzten noch verbliebenen Primärmedium vollzog sich eine generelle Theatralisierung medialer Kommunikation. Dominante Funktion der Medienkultur von 1900 bis 1990 insgesamt war Herrschaft; primär ging es um Macht vor allem in der ersten Hälfte und um Geld in der zweiten Hälfte des 20. Jahrhunderts.

Für die gesamte Zeitspanne muss Zeitung und Zeitschrift eine gesellschaftsprägende Bedeutung zugesprochen werden. Das gilt eher negativ insbesondere für Schwerpunkte wie die Weimarer Republik und das Dritte Reich, deutlich positiv nach 1945 als Beförderung einer demokratischen Öffentlichkeit. Das Buch wandelte sich vom Kulturmedium über das Massenmedium bis tendenziell zum neuen Elitemedium, das um seine Käufer und Leser kämpfen muss. Insbesondere als Taschenbuch, Buchgemeinschaftsausgabe und Bestseller prägte es den Markt in dieser Epoche. Zahlreiche andere Medien wie das Blatt, der Brief, das Foto, das Heft, das Plakat und das Telefon boomten mit ganz unterschiedlichen Funktionen, verbargen ihren Mediencharakter jedoch hinter der Alltäglichkeit und Selbstverständlichkeit ihres allgemeinen Gebrauchs. Insbesondere die Fotografie errang als öffentliches Gedächtnismedium im Verbund mit Zeitung, Zeitschrift und Plakat im visuellen Zeitalter eine zentrale Rolle.

Die geballte Kraft der faschistischen Medienkultur verdankt sich der Gleichschaltung und Ausschaltung aller öffentlichkeitsrelevanten Medien im Medienverbund zugunsten der agitatorisch-propagandistischen Durchsetzung totalitärer Macht- und Herrschaftsinteressen – noch einmal unter Einsatz auch der traditionellen Mensch- und Gestaltungsmedien wie im Absolutismus. Das Radio mit seiner Aura authentischer Live-Übertragung wurde zur neuen Heimkultur und wandelte sich nach dem 2. Weltkrieg vom Leitmedium zu Begleitmedium. Die Unterhaltungsmedien Film und Schallplatte übernahmen Schlüsselfunktion für die Ausbildung entsprechender Teilkulturen. Den Charakter von Zwischenmedien hatten die Speichermedien Tonband/Kassette und Video auf dem Weg zu den digitalen Medien. Das Fernsehen schließlich steht für das neue Leitmedium in Deutschland bis über die Jahrhundertwende hinaus: sowohl Forum für den kulturellen und politischen Austausch als auch serielle Unterhaltungsmaschine für jedermann. Die dabei vollzogene Unterordnung von Kommunikation und Kultur unter rein ökonomische Interessen, die sich bereits beim Hugenberg-Konzern der Weimarer Republik angedeutet hatte, wurde bis in die 80er Jahre in Gestalt der großen Medienmultis, allen voran Bertelsmann, auf breiter Front durchgesetzt. Die neue elektronische Welt Ende des 20. Jahrhunderts zeigt den Sieg der Kommunikations- und Medienindustrie über das politische, das soziale und das kulturelle Subsystem der Gesellschaft und seine jeweiligen Wertvorstellungen.

Periode VIII: Ausblick – Globalisierung und Digitalisierung (1990–heute)

8 |

Übersicht

8.1 Das Schlüsselmedium Computer

8.2 Das »Internet«: von Dienstleistungen zu neuen Einzelmedien

8.3 Der Strukturwandel der Medienkultur

Derzeit befinden wir uns erneut in der Phase eines fundamentalen Medienumbruchs: von der Dominanz der elektronischen zur Dominanz der digitalen Medien. Dieser Abschnitt hat gerade erst begonnen und die Einschätzungen gehen deutlich auseinander: Manche überschätzen die Entwicklung, wenn sie meinen, der Umschwung sei fast schon abgeschlossen; nach wie vor weisen Printmedien wie Zeitung und Zeitschrift und elektronische Medien wie Fernsehen und Radio noch die gesellschaftlich größte Dominanz auf. Manche unterschätzen sie aber auch in der Überzeugung, im Grunde habe sich doch gar nichts Wesentliches geändert; tatsächlich spielen die digitalen Medien bereits eine größere Rolle, als es auf den ersten Blick scheint. In jedem Fall fehlt uns heute die kritische Distanz zu derzeit ablaufenden Wandlungsprozessen und deshalb lässt sich auch hier nur Vorläufiges konstatieren.

Eindeutig ist freilich, dass die Zahl der Medien wieder deutlich angestiegen ist – wie auch bei früheren Medienrevolutionen. Noch gibt es nach dem Ausscheiden des Theaters – und damit des letzten Menschmediums (Kap. 7.0) – aus dem Reigen der Medien die meisten klassischen Print- und natürlich die elektronischen Medien, zugleich aber ist bereits eine Vielzahl neuer Medien auf den Plan getreten, die das digitale Zeitalter ankündigen. Im Unterschied zu früheren medialen Neuerungen ist allerdings der verbreitete Pessimismus, den ein solcher »Kulturschock« stets ausgelöst hat, teilweise durch Medieneuphorie, Mystifizierung und emphatisch-enthusiastische Propaganda ersetzt worden; die traditionellen Befürchtungen eines kulturellen Weltuntergangs wurden ergänzt durch grandiose Visionen einer neuen Medienwelt, die freilich nicht minder haltlos sind: der Computer als angeblicher Terminator der Gutenberg-Galaxis.

Pessimismus und Euphorie

Hintergrund des numerischen Anstiegs der Medien sind gesellschaftliche Umwälzungen, die eine Bedarfslage mit sich bringen, der die »alten« Medien nicht mehr Genüge tun. Dabei handelt es sich um mehrere Phänomene, von denen zumindest die Globalisierung bereits offensichtlich geworden ist. Andere Momente, die damit teils zusammenhängen, dürften ebenfalls Einflussfaktoren darstellen: zum Beispiel das erneute (weltweite) Bevölkerungswachstum, die allgemeine Zunahme und Verdichtung von Informationen, der enorm gesteigerte Speicherbedarf von Daten, ein genereller Komplexitätsanstieg bei den Problemstellungen und der Datenverarbeitung, die weltweite Beschleunigung von Informationsströmen, das sprunghafte Wachstum der Produktion in den Industrieländern mit einer entsprechenden Ausweitung von Rationalisierung, Automatisierung und Normierung. Insbesondere die totale Ökonomisierung des kulturellen und sozialen Systems in der zweiten Hälfte des 20. Jahrhunderts drängte auf eine Ausweitung der lokalen, nationalen und kontinentalen Märkte zum umfassenden Weltmarkt. Erst auf diesem Hintergrund lässt sich konkret verstehen, warum der Computer und die neuen Netzmedien just in den 90er Jahren des 20. Jahrhunderts wesentliche Steuerungs- und Orientierungsfunktionen übernahmen und ihrerseits über die neue Medienkultur die Gesamtgesellschaft maßgeblich zu beeinflussen begannen.

Gesellschaftliche Umwälzungen

Ökonomisierung und Weltmarkt

Die vierte Medienrevolution in der Geschichte hat also erst begonnen; wir sind ihre Zeugen, auch wenn sich die neue digitale Medienkultur sehr allmählich und teilweise auch gar nicht sichtbar ausbreitet. Ihre übergreifende Funktion liegt naturgemäß noch im Verborgenen, und wilde Spekulationen darüber wären wenig ergiebig. Eines aber scheint erneut sicher: Im Un-

Die vierte Medienrevolution

terschied zur siebten Periode der Mediengeschichte mit ihrer übergreifenden Tendenz zur Reproduktion von Wirklichkeit, unter dem Signum von politischer und wirtschaftlicher Herrschaft (Kap. 7), erlaubt die sich immer breiter durchsetzende allgemeine Digitalisierung aller Medien zunehmend den Schritt in die neue Dimension einer künstlichen Welt.

> **Merksatz**
>
> Die vierte Medienrevolution, hin zur Dominanz der digitalen Medien, bedeutet prinzipiell den Schritt von der Reproduktion zur Simulation von Wirklichkeit.

Nicht wenige Menschen sind schon längst damit befasst, sich mit den neuen Optionen sowie Bedrohungen auseinanderzusetzen, allen voran die Jugendlichen, die sich bereits die entsprechenden Medienkompetenzen aneignen.

Das Schlüsselmedium Computer 8.1

Die Frühgeschichte des Computers reicht zurück über Konrad Zuses programmgesteuerte Rechenmaschinen um 1940, die Lochkarten-Zählmaschine von Hermann Hollerith um 1880 und die Entwürfe des Philosophen und Mathematikers Wilhelm von Leibniz um 1680 bis zur Zahlenmaschine des Abacus in Ägypten um 1700 v.u.Z. Die neuere Geschichte – immer noch als Technikgeschichte – beginnt mit dem Rechner ENIAC als Computer der ersten Generation in den USA im Jahr 1946. Anfang 1970 wurden weltweit erst 110 000 Computer verzeichnet, davon gut 6000 in der Bundesrepublik.

Der Aufstieg des Computers von einer Rechenmaschine zu einem komplexen System mit gesellschaftlicher Dominanz verlief in der Bundesrepublik in mehreren Schüben: *Aufstieg in der BRD*

▶ Computerkultur war anfänglich, in den 70er Jahren, Kinder- und Jugendkultur: Spielekultur. Arcade-Spiele auf Atari, Commodore C64 und anderen Heimcomputern, die ihrerseits aus Telespiel- und Videospielgeräten hervorgegangen waren, führten in den frühen 80ern einerseits zu mobilen Minigeräten wie Nintendo, andererseits wurden sie ersetzt durch anspruchsvollere Personal Computer (PC). Die Spielebegeisterung der »Computerkinder« führte ab 1981 zu einer breiten Diskussion unter Erziehungswissenschaftlern, Pädagogen, *Von der Spielekultur ...*

... zur pädagogischen Debatte

Eltern in einer besorgten Öffentlichkeit über die Gefahren der neuen Unterhaltungselektronik. Man befürchtete u.a. die soziale Isolation computerbegeisterter Jugendlicher, den Verlust an Phantasie, eine Konsumentenhaltung und Eskapismus und Wirklichkeitsverlust.

Vom Personal Computer ...

▶ Als IBM bei den PC den ersten Marktführer für »Volkscomputer« (Apple) 1983 überholte und seine Gerätearchitektur zum Industriestandard wurde, begann eine unvergleichliche Verbreitung der Computer »für jedermann«: von 1 % aller Haushalte (1983) auf 11 % (1989/90), d.h. etwa 3 Millionen Haushalte (ohne die Bürocomputer). Allein im Jahr 1990 soll die Zunahme von Heim- und Personal-Computer in der Bundesrepublik 3,8 Millionen Geräte betragen haben (Klaus Brepohl). Dieser Boom und die zunehmende Verbreitung der Mikroelektronik im Alltag provozierte erneut breite und kontroverse Debatten um die Gefahren in der Informationsgesellschaft. Dass alltägliche Haushaltsgeräte wie Waschmaschine, Mikrowellenherd und Nähmaschine oder auch das Auto, die industrielle Lagerhaltung, das Fließband, die Buchhaltung, Supermarktkassen bis hin zu Lohn- und Gehaltsabrechnungen digitalisiert wurden, ließ sich noch hinnehmen und wurde teils begrüßt. Zugleich aber kamen neue Ängste auf –

... zur Debatte um totale Überwachung und Kontrolle

der Computer als »Job-Killer«, die Vernetzung der Computer von Polizei, Verfassungsschutz und anderer Sicherheitsorgane und damit die Bedrohung der Demokratie, die Durchleuchtung des Bürgers und seiner medizinischen, sozialen, wirtschaftlichen und konsumbezogenen Daten im Sinne des »gläsernen Menschen«. Speziell im Jahr 1984, im Kontext der Einführung des maschinenlesbaren Personalausweises und einer von der Bevölkerung mit Misstrauen verfolgten Volkszählung, ging es um die Gefahren des »Orwell-Staates« (nach dem Roman »1984« von George Orwell). Nur im Bereich der Kunst war der Computer längst akzeptiert und verbreitet, allerdings nur bei Avantgardekunst.

Auf der Basis technischer Erfindungen verdankte sich der Aufstieg der neuen Computerkultur in der Bundesrepublik demnach erstens dem Eindringen und der Etablierung multifunktionalen Geräts in ganz verschiedenen gesellschaftlichen Teilbereichen (Kinderkultur, Unterhaltungs- und Freizeitkultur,

Arbeitswelt, Mikroelektronik im Alltag, Ausbildung technischer Standards bei der Industrie, Kunst usw.); zweitens dem expliziten Thematisieren der Chancen und Gefahren des Computers auf so unterschiedlichen Feldern wie der Pädagogik, der Politik, der Wissenschaft und auf dem Forum einer kritischen Öffentlichkeit.

> **Merksatz**
>
> Der Computer als Medium entstand in der Bundesrepublik im Verlauf der 80er Jahre als Reaktion auf neue gesellschaftliche Bedürfnisse, die mit den analogen Medien nicht mehr zu befriedigen waren – im Zuge einer boomartigen Geräteverbreitung und vielfältiger öffentlicher Debatten.

Spätestens ab 1990 kam neben anderen Medien auch dem Computer gesellschaftliche Dominanz zu. Abgesehen von der bereits erwähnten Eignung des neuen Mediums als Traummaschine, zur Erzeugung digitaler Bilderwelten und Wirklichkeitssimulationen (*Virtualität*), profilierte er sein spezifisches Leistungsvermögen als komplexes Kommunikationssystem in dreierlei Hinsicht: erstens durch eine *enorme Akzeleration* bei der Erfassung, Verarbeitung, Übermittlung von Daten, wie sie in den 80er Jahren in nie gekannter und vorstellbarer Fülle angefallen sind; zweitens durch eine praktisch *unbegrenzte Speicherfähigkeit* auf engstem Raum und drittens durch eine *universelle Anwendbarkeit*, wie sie für die zunehmende Kompatibilität und Normierung im Zuge der Globalisierung von Wirtschaft und Kultur notwendig war.

Funktionen

Weiterführende Literatur

Claus Eurich: Computerkinder. Wie die Computerwelt das Kindsein zerstört. Reinbek 1985
Exemplarische, seinerzeit heftig diskutierte Ablehnung des Computers aus pädagogischer Sicht.

Roland Appel und Dieter Hummel (Hrsg.): Vorsicht Volkszählung! Erfaßt, vernetzt & ausgezählt. Köln 1987
Exemplarischer Sammelband als Ausdruck der Ängste und Befürchtungen bei der Verbreitung des Computers.

Klaus Haefner, Ernst E. Eichmann und Claudia Hinze: Denkzeuge. Was leistet der Computer? Was muß der Mensch selbst tun? Basel 1987
Versuch einer Entdämonisierung und nüchternen Bestandsaufnahme zum Computer als Werkzeug und »Denkzeug«.

Jürgen Lehmann: Auswirkungen der Computernutzung durch Jugendliche in Schule und Freizeit. Ergebnisse einer empirischen Untersuchung. In: Zeitschrift für Pädagogik, 35. Jg. (1989), Nr. 2, S. 241–259

Gute Zusammenfassung der wichtigsten empirischen Untersuchungen zu den angeblichen Negativauswirkungen des Computers auf Kinder und Jugendliche; sie werden allesamt widerlegt.

Werner Rammert (Hrsg.): Computerwelten – Alltagswelten. Wie verändert der Computer die soziale Wirklichkeit? Opladen 1990
Sammelband mit zahlreichen wichtigen Beiträgen zu den unterschiedlichsten gesellschaftlichen Auswirkungen des Computers.

Norbert Bolz, Friedrich A. Kittler und Christoph Tholen (Hrsg.): Computer als Medium. München 1994
Exemplarischer Sammelband mit teils pseudopoetischen, teils philosophischen, teils schlicht unverständlichen Einzelbeiträgen zur Verherrlichung des Computers in drei Teilen: als »universelle Maschine«, als »Topographie der technischen Macht«, mit einer »Szenographie der medialen Kultur«.

Uwe Rutenfranz: Wissenschaft im Informationszeitalter. Zur Bedeutung des Mediums Computer für das Kommunikationssystem Wissenschaft. Opladen 1997
Umfassende Darstellung der Bedeutung des Computers im Wissenschaftssystem aus kommunikationswissenschaftlicher Sicht, mit einer empirischen Untersuchung zur wissenschaftlichen Computernutzung in ihrer ganzen Breite.

Heidi Schelhowe: Das Medium aus der Maschine. Zur Metamorphose des Computers. Frankfurt/Main 1997
Rekonstruiert den Wandel in der Einschätzung des Computers zunächst als Maschine, dann als Werkzeug und schließlich als Kommunikationsmedium.

Werner Faulstich: »Jetzt geht die Welt zugrunde ...« Kulturkritik, »Kulturschocks« und Mediengeschichte. Vom antiken Theater bis zu Multimedia. In: Ders., Medienkulturen. München 2000, S. 171–188
Darstellung von Medienrevolutionen als »Kulturschocks« von der Kritik Platons am Theater über die Fahrenden im Mittelalter, das Buch in der frühen Neuzeit und das Fernsehen im 20. Jahrhundert bis zu Multimedia.

Werner Faulstich (Hrsg.): Die Kultur der 80er Jahre. München 2005
Facettenreiche Beschreibung des kulturellen Systems in der BRD der 80er Jahre, mit der neuen Computerkultur im Zentrum anderer Teilsysteme wie Musikkultur, Sportkultur, Film, Video, Literatur, Werbung und Mode.

Übungs- und Wiederholungsfragen

1 Worin besteht die vierte Medienrevolution der Geschichte und was bedeutet dieser Schritt mit Blick auf unser Verhältnis zur Wirklichkeit?
2 Was meint die These von der Verbreitung der Mikroelektronik im Alltag? Nennen Sie Beispiele.
3 Welche Ängste bestanden bei der Einführung und Verbreitung des Computers?

4 Nennen Sie zwei wichtige Stufen bei der Einführung der Computerkultur in Deutschland in den 80er Jahren.
5 Welche vier Merkmale definieren das spezifische Leistungsvermögen des Computers in den 90er Jahren?

Weiterführende Arbeitsaufgaben
▶ Informieren Sie sich ausführlicher über die gesellschaftlichen Veränderungen der 80er und 90er Jahre, auf die der Computer mit seinen neuen Funktionen geantwortet hat. Was genau meint Globalisierung bzw. Weltmarkt?
▶ Erarbeiten Sie eine kritische Stellungnahme zu den seinerzeit und bis heute propagierten Visionen von der Simulation von Wirklichkeit, speziell hinsichtlich der Anthropomorphisierung von Technik und Maschinen.

8.2 | Das »Internet«: von Dienstleistungen zu neuen Einzelmedien

Zum Aufstieg der neuen Computerkultur gehörte ausschlaggebend in den 90er Jahren schließlich auch das Generieren ganz neuer digitaler Medien. Das Schlüsselmedium Computer mutierte zum Basismedium für »Multimedia« und das »Internet«. Unter Multimedia – lange Zeit ein Mythos oder Zauberwort oder auch schlicht ein Synonym für Medienmix – versteht man die Integration unterschiedlicher Kommunikationsmodi (Text, Bild, Ton, Grafik, Animation, Musik usw.) auf der Grundlage der Computertechnologie. In den 80er Jahren galt Multimedia aufgrund seiner Einzigartigkeit noch als eigenständiges Medium neben dem Internet. Heute wird Multimedia als eine Eigenheit eingeschätzt, die ganz unterschiedlichen digitalen Medien zukommt und deshalb ihr Spezifikum eingebüßt hat. Multimedia gilt als Potenz des Computers selbst und insbesondere der Netzmedien World Wide Web und Intranet/Extranet.

Multimedia

Merksatz

Multimedia fungiert heute nicht mehr als ein eigenständiges Kommunikationssystem, sondern als eine Qualität verschiedener digitaler Medien.

> **Definition**
>
> Das »Internet« ist eine technologische Plattform auf Basis des Computers für verschiedene eigenständige digitale Netzmedien. Meist wird Internet als Synonym für das World Wide Web (WWW) benutzt.

Internet
– Vorläufer

– Dienstleistungen

– WWW

Auch die Bezeichnung »Internet« hat einen Bedeutungswandel erfahren, der noch heute gelegentlich zur terminologischen Verwirrung beiträgt. Das Internet ist so wenig ein Medium wie die Post (Brief, Telefon), der Rundfunk (Radio, Fernsehen) oder die Presse (Zeitung, Zeitschrift).

Vorläufer des »Internet« waren u.a. im militärischen Bereich das »Arpanet« der 60er und das Telnet der 70er Jahre und im wissenschaftlichen Bereich das NSFNet der 80er Jahre. Unter »Internet« verstand man in dieser Zeit noch die Verknüpfung mehrerer voneinander unabhängiger Computernetze. Es wurde zur Übertragung von Daten eingesetzt und bot – wie ein Medium aus einer Hand – verschiedene Nutzungsmöglichkeiten oder »Dienste« an.

Im Verlauf der 90er Jahre haben sich jedoch einzelne dieser Dienstleistungen verselbstständigt und als autonome Kommunikationssysteme mit spezifischem Leistungsvermögen etabliert: die Netzmedien. Darunter fasst man heute im wesentlichen vier: World Wide Web, Intranet/Extranet, E-Mail und Chat. Andere Dienstleistungen wie zum Beispiel Usenet, E-Commerce, Homebanking und E-Learning werden derzeit noch dem World Wide Web zugeschlagen, könnten in den nächsten Jahrzehnten aber ebenfalls zu eigenständigen Medien mutieren.

Die Geschichte des *World Wide Web* begann 1990 mit ersten Versuchen von Tim Berners-Lee und Robert Cailliau in Genf. Auch hier lassen sich verschiedene Generationen unterscheiden (Norbert Lang). Im Verlauf der 90er Jahre stieg die Zahl der Webseiten von 90 (1992) auf 7,2 Millionen (2000), zu rund 70 % in den USA angesiedelt und in englischer Sprache, die Zahl der angeschlossenen Computerhosts auf rund 63 Millionen (1999), und die Zahl der User wurde auf mehr als 300 Millionen Menschen (2001) ge-

> **Merksatz**
>
> Im Verlauf der 90er Jahre haben sich aus verschiedenen Dienstleistungen des »Internet« bis heute vier verschiedene digitale Einzelmedien herausgebildet: World Wide Web, Intranet/Extranet, E-Mail und Chat.

schätzt. In seinem Charakter als interaktives Informationsmedium erfuhr das WWW durch die Entwicklung von Suchmaschinen noch einmal einen weiteren enormen Aufschwung und wird heute von beinahe 1 Milliarde Menschen weltweit benutzt.

Parallel dazu entstanden verschiedene *Intranets* für die interne Kommunikation mittels eigener Verkabelung. Erstes Beispiel dafür war das Arpanet, mit dem das US-Verteidigungsministerium ein Netz aufbauen wollte, das im Falle eines Nuklearangriffs die interne Kommunikation zwischen Militärs untereinander und mit der Rüstungsindustrie aufrechterhalten sollte. Diese Grundidee wurde in den 90er Jahren auf den Wirtschaftssektor übertragen, d.h. dass Wirtschaftsunternehmen mit ihren Lieferanten und Mitarbeitern, aber auch mit Behörden und schließlich auch mit Kunden direkt vernetzt waren und kommunizieren konnten. Kleinere Unternehmen entwickelten, um die enormen Kosten zu sparen, so genannte *Extranets*.

– Intranet/Extranet

> **Definition**
>
> **Extranets sind »Informationstunnel« (Thomas Jaspersen) innerhalb des öffentlichen World Wide Web, die durch Firewalls vom allgemeinen Netz aller Netze abgegrenzt und isoliert sind, so dass nur ausgewählte Teilnehmer Zugang haben.**

Man schätzt, dass im WWW nur etwa 10 % der Netzinformationen für alle zugänglich sind, der Rest entfällt auf die passwortgeschützten und auch von Suchmaschinen nicht erfassten Intra- und Extranets (»Deep Web« oder »Invisible Web«).

E-Mail war in Arpanet noch gar nicht vorgesehen, wurde aber in den 70er Jahren für den wissenschaftlichen Austausch von Informationen rasch beliebt. Doch erst mit dem WWW konnte dieser Dienst auch privat und kommerziell von jedermann genutzt werden, bis weltweit täglich über 20 Milliarden E-Mails (2001) versandt wurden.

– E-Mail

Das *Chat* schließlich wurde 1988 eingeführt, zunächst bezeichnenderweise als Online-Medium für interaktive Spiele wie MUDs und MOOs. Es ermöglicht Live-Kommunikation mehrerer Teilnehmer gleichzeitig im selben Kommunikationsraum. Die Angaben zu den Teilnehmern schwanken zwischen zwei und fünf Millionen allein für Deutschland. Relativ erfolgreich hierzulande war etwa Spinchat mit 400 Chatrooms und 20 Discus-

– Chat

sion Boards sowie zahlreichen Spielen, die von täglich rund 120 000 Usern genutzt wurden. Aufgrund seiner Beliebtheit bei jungen Leuten, auch als virtueller Kontakthof, hat sich das Chat zu einem eigenständigen Kommunikationsmedium mit spezifischem Leistungsvermögen herausgebildet.

Grundsätzlich gilt es festzuhalten, dass die Geschichte des World Wide Web und noch mehr der drei anderen digitalen Medien bislang sowohl für Deutschland als auch weltweit praktisch fast überhaupt noch nicht erforscht wurde.

Weiterführende Literatur

J. Gillies und R. Cailliau: Die Wiege des Web. Die spannende Geschichte des WWW. Heidelberg 2002
Darstellung der historischen Entwicklung des WWW aus dem Internet.

Werner Faulstich (Hrsg.): Grundwissen Medien. 5., vollständ. überarb. u. erhebl. erweit. Aufl. Stuttgart, München/Paderborn 2004
Grundlagenwerk mit Kurzdarstellungen und historischen Anmerkungen u. a. zu Multimedia und den Medien WWW, Intranet/ Extranet, E-Mail und Chat.

Übungs- und Wiederholungsfragen

6 Was heißt Multimedia und warum gilt es heute nicht mehr als ein eigenständiges Medium?
7 Definieren Sie »Internet«.
8 Welche vier Dienstleistungen des Internet haben sich als autonome Kommunikationssysteme mit spezifischem Leistungsvermögen inzwischen etabliert?
9 Unterscheiden Sie Intranet und Extranet voneinander.
10 Ungefähr wieviel E-Mails wurden im Jahr 2001 weltweit täglich übersandt?

Weiterführende Arbeitsaufgaben

▶ Recherchieren Sie die neuesten Nutzerzahlen bei WWW, E-Mail und Chat in Deutschland und weltweit.
▶ Informieren Sie sich ausführlicher über Suchmaschinen: ihre Organisation und Finanzierung, ihre Angebote, ihre Nutzung.

▶ Erstellen Sie eine Fallstudie zu einem Intranet oder Extranet Ihrer Wahl (z.B. Bertelsmann AG, Hoechst AG o.ä.). Welche empirischen Befunde gibt es inzwischen zu Möglichkeiten und Grenzen betriebsinterner Kommunikation und wo liegen jeweils die Vor- und Nachteile?
▶ Beteiligen Sie sich an einem Chat Ihrer Wahl. Welche Regeln gibt es hier, welche Chancen haben Sie als individueller Teilnehmer und worin besteht das spezifische Leistungsvermögen dieses Mediums in dem von Ihnen gewählten Fall?

Der Strukturwandel der Medienkultur 8.3 |

Die bislang noch wenig erforschte Geschichte der digitalen Medien und ihrer jüngsten Veränderungen macht deutlich, dass die Mediengeschichte insgesamt natürlich weitergehen wird. Zu erwarten sind dabei strukturelle Veränderungen der gesamten Kultur und der Orientierungs- und Steuerungsfunktionen der Medien, die hier zum Abschluss dieses Ausblicks in einigen wenigen Merkmalen nur angedeutet werden können, um nicht in Spekulationen zu verfallen – Merkmale, die sich aber bereits konkret abzeichnen.

Zunächst muss die Geschichte auch der »alten« Medien fortgeschrieben werden. Im Fernsehen etwa wurden in den 90er Jahren zahlreiche neue Spartensender und neue Sendeformate etabliert. Im Radio gab es einen Boom an Gewinnspielen und Service-Wellen. Die Zahl der Zeitungen schrumpfte in diesem Zeitraum, desgleichen die Zahl der jüngeren Leserinnen und Leser, aber es entstand auch eine neue Sonntagszeitung. Zeitschriften diversifizierten, gingen ein oder richteten sich stärker auf kleiner werdende Zielgruppen aus, vereinzelt entwickelten sie jedoch auch Parallelangebote im Fernsehen und im WWW. Das Medium Video verlor seine Bedeutung als Speichermedium und boomte als Überwachungstechnik. Im Filmsektor etablierten sich die neuen Multiplex-Kinos mit einem umfassenden Erlebnisprogramm. Beim Plakat verbreitete sich das City Light Poster. Die Bibliothek als wichtige Instanz beim Medium Buch stellte sich mehr und mehr auf EDV um. Das Medium Brief wurde deutlich ergänzt durch E-Mail. Und das sind nur Beispiele.

Wandlungsprozesse bei den »alten« Medien

Digitalisierung der elektronischen Medien

Der Übergang von der Bild/Ton-Kultur der elektronischen Medien zur Digitalkultur vollzog sich bereits in deren Digitalisierung: im Wandel vom analogen zum digitalen Fernsehen, von der Schallplatte zur Compact Disk (CD) bzw. vom Plattenspieler zum Diskman und MP3-Player, außerdem schon wieder von der gekauften CD zu heruntergeladenen Titeln auf der selbst gebrannten CD, ähnlich von der Videokassette zur DVD und dann zur selbst gebrannten DCD, vom Foto zur Digitalkamera, vom Telefon zum Handy usw.

Integration in neuen Hybridformen

Sodann brachte die Netzwerktechnologie eine neue Integration unterschiedlicher Medien und Kommunikationsweisen mit sich. Das meint zunächst bekannte Formen wie den Geräte- und Medienverbund (z.B. der »AB« aus Telefon und Tonband oder Zusatzdienste wie Btx beim Fernsehen und Fax beim Telefon). Ähnlich der Funktionensynkretismus (z.B. »SMS« als Verknüpfung von Telefon und Brief oder das »Hörbuch« als Verbindung von Buch und Kassette bzw. CD). Integriert wurde aber auch in neuen Hybridformen (z.B. die Ergänzung des Unterhaltungsmediums Fernsehen durch das WWW, des Speichermediums Buch durch die Computer-Datenbanken auf CD-ROM oder der klassischen Zeitung und Zeitschrift durch Online-Versionen). Am Konvergenzmedium Handy – mehr als nur ein Ausdruck neuer Mobilkommunikation – ist die technisch-mediale Integration bislang noch am besten sichtbar geworden: Mit dem Handy kann man telefonieren, fotografieren, fernsehen, private Kurzbriefe schreiben, Fotos versenden und generell im Netzwerk kommunizieren.

> **Merksatz**
>
> **Die quantitative Anreicherung der Medienkultur durch die digitalen Medien führte zu verstärkten Tendenzen von Medienintegration und der Suche nach Konvergenzmedien.**

Interaktivität und Auflösung klassischer Kommunikationsrollen

Wichtiger noch sind eher strukturelle Veränderungen: Zunächst einmal wird die Einbahnstraße der elektronischen Massenmedien ersetzt durch eine prinzipielle Interaktivität. Deren zentrales Merkmal ist die Überwindung von Passivität seitens des Nutzers zur Aktivität, die Ablösung von Pushmedien durch Pullmedien: Der Rezipient wird zum Produzenten und umgekehrt; die etablierten Rollen des klassischen Kommunikationsprozesses sind aufgelöst und dieser selbst damit neu definiert.

Segmentierung der Gesellschaft

Daraus resultiert eine Dezentralisation der Kommunikation,

eine Diversifikation der Medienangebote, eine Differenzierung der kulturellen Praxen und eine Isolation des Einzelnen vor dem Bildschirm. Die digitale Medienkultur schuf eine »segmentierte Gesellschaft«, in der jeder sich auf der Suche nach sich selbst an virtuellen Gemeinschaften orientiert, in Ergänzung der traditionellen physischen, personalen Gemeinschaften.

> **Definition**
>
> **Hypertext** meint im Unterschied zum linear-hierarchisch strukturierten Text einen multidimensionalen und dynamischen Informationsraum, bei dem die sequentielle Determination aufgelöst ist durch die Beliebigkeit des interesse- oder assoziationsgeleiteten »Surfens«.

Vielleicht grundlegend und ohne Zweifel am folgenträchtigsten war die neue Hypertext-Struktur, die sich mit den Netzmedien etablierte.

Hypertext-Struktur der Netzkultur

Die damit entstandene Ambivalenz zwischen Norm und Willkür – bei der Produktion wie bei der Rezeption –, damit aber auch zwischen Sinn und Nichtsinn verweist auf die klassische Problematik von Handlungsspielräumen: Reichtum oder Bedrohung, für den einzelnen User wie für die Mediengesellschaft.

Letztendlich muss die Frage gestellt werden, was die Menschen mit den digitalen Medien machen, welchen Nutzen sie daraus ziehen und welche Bedeutung ihnen wertemäßig beigemessen werden muss. Und da gibt es enorme Unterschiede. Orientiert man sich an den wichtigsten Subsystemen der Gesellschaft, so zeigt sich ein differenziertes Bild:

Digitale Medien und Gesellschaft

- Im *politischen System* ist die Dominanz von Fernsehen und Zeitung heute noch ungebrochen. Die digitalen Medien spielen in der »Medienöffentlichkeit«, verstanden als akteurorientierte, personale Arena und Interaktionsraum der politisch relevanten Gruppen, fast keine Rolle. Frühere Utopien von einer neuen Basisdemokratie oder von der globalen Netzkommunikation als automatischer Terminierung totalitärer Gesellschaften sind längst erledigt. Immerhin wurden zwischen Behörden und Bürgern bereits vielerorts digitale Verbindungen geknüpft.

  – im politischen System

- Im *wirtschaftlichen System* dagegen sind Computer und die Netzmedien WWW, Intranet/Extranet und E-Mail bereits durchgesetzt. Das gilt nicht nur für die erfolgreichen Ansätze mit E-Commerce, E-Banking und betriebsinternem E-Management, sondern vor allem in Schlüsselsektoren wie der compu-

  – im wirtschaftlichen System

> **Merksatz**
>
> Der wichtigste Motor für die Entwicklung der Netzwerkgesellschaft sind derzeit kapitalistische Interessen.

tergesteuerten Produktion, den Geldströmen im Bankenwesen und den globalen Informations- und Kommunikationsnetzen der multinationalen Unternehmenskonglomerate. Allerdings funktioniert die Werbung immer noch primär auf der Basis der Print- und elektronischen Medien.

– im sozialen System

▶ Im *sozialen System* sind digitale Medien bislang nur bei einzelnen sozialen Gruppen und eingeschränkt für spezifische Kommunikationsformen relevant. Prägend wurde beispielsweise das WWW in weiten Teilen für die breite Öffentlichkeit mit Informations- wie Unterhaltungsfunktion. Wesentlichen Anteil hatten Erotik- und Pornoangebote, gerade auch verbotene. Auch E-Mail fand zunehmend Anklang in der deutschen Bevölkerung. Andere Beispiele: Für die Netze, speziell die geschützten Extranets, interessierten sich neben den Firmen auch Hacker und Cyberpunks. Bei der Mehrzahl der jungen Leute mit Interesse an Spielen, an peergruppeninterner Kommunikation und an Kontakt- und Partnersuche stieg die Beliebtheit und Akzeptanz speziell des Mediums Chat enorm an. Andere Gruppen entdeckten die Versteigerungsmärkte als Spielwiese in ihrer Freizeit.

– im kulturellen System

▶ Im *kulturellen System* schließlich kommt der Netzkultur oder Cyberkultur bis heute – wohl generationenbedingt – immer noch überwiegend der Status einer partiellen Instrumentalisierung zu. Zwar gibt es in fast allen wichtigen kulturellen Teilsystemen wie Kunst, Musik, Literatur, Theater, Museen, Ausstellungen, dem Rechtswesen, Religion und Kirche, Architektur, Mode, Bildung und Erziehung, Sport sowie anderen Handlungsbereichen der kulturellen Landschaft unübersehbare Spuren digitaler Medien, teils sind sie auch markant wie auf manchen Wissenschaftsfeldern. Aber solche Einflüsse können, abgesehen von einigen Subkulturen, insgesamt noch nicht als prägend angesehen werden. Wertebezogen orientiert sich die Netzkultur immer noch an den Standards der Oral-, der Literal- und der Bild/Ton-Kultur.

Weiterführende Literatur

Stefan Münker und Alexander Roesler (Hrsg.): Mythos Internet. Frankfurt/Main 1997
Einer der ersten breit angelegten Versuche auf dem deutschen Taschenbuchmarkt, das Internet als Ausdruck einer digitalen Revolution der gesellschaftlichen Kommunikationsverhältnisse facettenreich in den Blick zu nehmen.

Rudolf Maresch und Niels Werber (Hrsg.): Kommunikation, Medien, Macht. Frankfurt/Main 1999
Einer der vielen damals typischen Sammelbände und Beiträge, die sich metaphernreich und begriffsschwammig, pseudophilosophisch und pseudoliterarisch (wenn nicht ganz und gar unverständlich) um die Bedeutung der digitalen Medien bemühen, hier mit Blick auf das Interaktionsmedium Macht.

Manuel Castell: Der Aufstieg der Netzwerkgesellschaft. 3 Bde. Opladen 2001 ff.
Versuch einer umfassenden Beschreibung und Analyse der heutigen Gesellschaft auf der Basis der informationstechnologischen Revolution Ende des 20. Jahrhunderts.

Werner Faulstich (Hrsg.): Kulturgeschichte des 20. Jahrhunderts. München, Paderborn 2002 ff.
Multidisziplinäre Darstellung der Kulturgeschichte in Deutschland nach Jahrzehnten, mit besonderer Berücksichtigung der Orientierungs- und Steuerungsfunktionen der Medien. Bisher liegen die Bände zu den 50er, 60er, 70er und 80er Jahren vor.

Übungs- und Wiederholungsfragen

11 Nennen Sie einige Veränderungen bei den »alten« Medien in den 90er Jahren.
12 Nennen Sie einige Beispiele für die Digitalisierung der elektronischen Medien in den letzten zwanzig Jahren.
13 Was meint »Integration« der Medien als Medienverbund, als Funktionensynkretismus und als neue Hybridform seit 1990? Nennen Sie je ein Beispiel.
14 Was heißt die Auflösung der klassischen Kommunikationsrollen?
15 Definieren Sie Hypertext.
16 Inwiefern sind Computer und digitale Netzmedien im wirtschaftlichen System bereits durchgesetzt?

Weiterführende Arbeitsaufgaben
- Informieren Sie sich über die jüngsten Nutzungsdaten bei allen Medien und bewerten Sie kritisch die dominanten Funktionen mit Blick auf die soziodemographischen Besonderheiten (Alter, Geschlecht, formale Bildung, Milieu usw.).
- Welche Veränderungen gab es beim deutschen Fernsehen der 90er Jahre genau: marktmäßig, programmspezifisch, zuschauerbezogen?
- Recherchieren Sie die neuesten Entwicklungen bei der Suche nach Konvergenzmedien und ihren Erfolg am Markt.
- Erarbeiten Sie einen systematischen Überblick über die Bedeutung der digitalen Medien in den verschiedenen Kulturbereichen und legen Sie dabei auch einen Akzent auf die transkulturelle Kommunikation.

Lösungsvorschläge

Antwortteil

zu den Übungs- und Wiederholungsfragen

Kap. 5: Die bürgerliche Gesellschaft (1700–1830)

1 Die Bevölkerungszunahme.
2 Numerisch reduzierte Gruppe von Medien, hauptsächlich Druckmedien, integrative Verflechtung miteinander.
3 Kaufleute, Bildungsbürger.
4 Von der repräsentativen zur bürgerlichen Öffentlichkeit, vom absolutistischen Geheimen zum neuen Privaten der bürgerlichen Kleinfamilie.
5 Identitätsstiftung, Entsinnlichung.
6 Politische Zeitungen, Intelligenzblätter, Wochenzeitungen.
7 Informieren, Werben, Meinungsbilden – insgesamt: Horizonterweiterung.
8 Entwicklung zu einem Medium gesamtgesellschaftlicher Öffentlichkeit.
9 Überwiegend Schriftplakate.
10 Politische Themen (aus der Perspektive der Herrschenden wie auch des Volkes), Werbung für Produkte und Dienstleistungen.
11 Instrumentalisierung im Sinne des neuen bürgerlichen Weltbildes.
12 Das Fest entwickelte sich zur privaten Feier, der Herold zum Marktschreier, die Erzählerin zur Vorleserin, das Theater zum Drama als literarischem Kunstwerk.
13 Physionotrace (für die Fotografie), Laterna magica (für den Film), Guckkasten (für das Fernsehen).
14 Entstehung des »Privatbriefs« und damit Aufschwung brieflicher Kommunikation.
15 Er musste nützlich sein, gut leserlich, präzise im Ausdruck, natürlich in der Sprache, ohne Floskeln und sonstige Formeln.

16 Natürlichkeit, Innerlichkeit, Deutlichkeit, Kürze, Lebendigkeit, Herzlichkeit, Leichtigkeit, Individualität – insgesamt die freie Nachahmung des guten Gesprächs (Christian Fürchtegott Gellert).
17 Frauenöffentlichkeit.
18 Ausdifferenzierung, Verstaatlichung.
19 Ab 1830.
20 Der Kalender.
21 Etwa von 1770 bis etwa 1830.
22 Über den Buchhandel.
23 Sittsame Jungfrau, treue und häusliche Gattin, sich aufopfernde Mutter.
24 Sie waren stärker als vorher im politischen System funktionalisiert.
25 Instrument für die emotionale Mobilisierung und Politisierung der Unterschichten und Etablierung einer revolutionären politischen Öffentlichkeit.
26 Ausdifferenzierung, struktureller Wandel.
27 Vom mäzenabhängigen Autor über den »freien Schriftsteller« zum Autor in Abhängigkeit vom kapitalistischen Verleger.
28 Er unterwarf das kulturelle System den Wertgesetzen des wirtschaftlichen Systems und sorgte für massenorientierte, gewinnorientierte Buchproduktion.
29 Tausch von Druckbögen gegen Druckbögen, Nettohandel heißt Barverkehr, Konditionshandel meint Rabatte und Möglichkeit der Buchrückgabe bei Nichtverkauf.
30 Professionalisierung des Berufsstandes und Institutionalisierung der Bibliothekswissenschaft: vom Gelehrten zum Dienstleister.
31 Lesegesellschaften, Leserinnen als neues Publikum.
32 Die Ökonomisierung der Buchkultur.
33 Die Zeitschrift.
34 Fünf Merkmale: Themenzentrierung, Temporizität, Interessenspezifizierung, Kontextualisierung, partiell Visualisierung.
35 Anstieg von 70 Titel (vor 1700) auf rund 7000 Titel (1830).
36 Die Rolle des Kritikers.

37 Edutainment: Belehrung und Unterhaltung, Bildung durch Unterhaltung.
38 Zu Frauenzeitschriften und allgemeinen Unterhaltungszeitschriften.

Kap. 6: Medienwandel im Industrie- und Massenzeitalter (1830–1900)

1 Ausdifferenzierung, befristete Statthalterfunktion von Zwischenmedien, Funktionensynkretismus.
2 Bevölkerungswachstum, Technikboom, Industrialisierung, Schichtendifferenzierung.
3 Das alte Modell der repräsentativen und dann bürgerlichen Öffentlichkeit (Adel, Bürgertum, Bauernschaft, »Vierter Stand«) zerbrach und wurde von einer neuen Schichtenpyramide abgelöst, geprägt von Besitz und Macht und Berufedifferenzierung.
4 Wandel von der Dominanz der Druckmedien zur Dominanz der elektronischen Medien.
5 Kapitalisierung, Unterhaltung.
6 Versinnlichung, Stratifikation.
7 Fotografie, Telefon, Schallplatte, Film.
8 Ausdifferenzierung, Konsolidierung.
9 Umschwung von der Finanzierung primär aus dem Vertriebserlös zur Finanzierung primär aus dem Anzeigenerlös.
10 Der Generalanzeiger.
11 Rudolph Mosse, Leopold Ullstein, August Scherl.
12 Professionalisierung der journalistischen Nachrichtenberichterstattung und Aufstieg der Presse zur »vierten Gewalt« im Staat.
13 Einerseits bereits elektrisch, andererseits aber noch ganz Schreib- und Druckmedium; Statthalter für den Übergang der individuellen Fernkommunikation zum Telefon.
14 Die Zeitung.
15 Aufbau eines dichten Telegrafennetzwerks, Initiative lag (in den USA) im privatwirtschaftlichen Bereich, neuer Standard für die Geschwindigkeit der Nachrichtenübermittlung.
16 Kleinstaaterei, Anbindung an staatliche Post.
17 In einen Faktor globaler wirtschaftlicher Wertschöpfung.

18 Havas, Reuter, Wolff, Associated Press.
19 Die Publikumszeitschriften.
20 Ein enormer Unterhaltungsboom.
21 Fliegende Blätter, Simplizissimus.
22 Die Fotografie.
23 Nièpce, Talbot, Daguerre.
24 Suggerierte Unabhängigkeit vom menschlichen Eingriff, totale Objektivität und Authentizität der Kommunikation.
25 Kleinbürgerliche Selbstinszenierung.
26 Porträtfotografie, Aktfotografie, Reisefotografie, Außenseiterfotografie.
27 Schnappschussfotografie durch »Knipser«.
28 Der Bilderbogen.
29 Humoristischer Bilderbogen, Aktualitätenbogen, Lehrbogen, Kinderbogen.
30 Kleinbürgerliche: Nationalstolz, Heldentum, Heimatliebe, Familiensinn, Frömmigkeit, Fleiß, Gehorsam etc.
31 Andachtsbilder, Beichtzettel, Kommunion- und Sterbebilder, Abziehbilder, Genrekarten, Theater- und Konzertkarten, Reklamekarten, Spielkarten, Tanzkarten, Visitenkarten etc., Sonderformen: Banknote, Briefmarke.
32 Standardisierte, ritualisierte, schnelle Kurzkommunikation.
33 Ernst Theodor Litfaß 1855 in Berlin.
34 In den USA.
35 Einsatz als »Hilfstelegraphenapparat«, es dominierte neben dem Radiokonzept das Transportkonzept, nicht das Verständigungskonzept.
36 Akustische und präsentative Arretierung von Live-Wirklichkeit.
37 Statt Diktiergerät Trägermedium speziell für Musik.
38 Entstehung der Salonmusik für die Repräsentationsbedürfnisse sozialer Aufsteiger und zur populären Unterhaltung der Kleinbürger mit dem Anspruch der Zugänglichkeit und Verfügbarkeit für jeden.
39 Institutionalisierung, transmediale Expansion.
40 »Klassikerjahr«, in dem die Rechte aller vor dem 9. 11. 1837 verstorbenen Autoren (speziell Klassiker wie Goethe und Schiller) für frei erklärt wurden.
41 Einführung des festen Ladenpreises.

42 Expansion des Buchs zum Heft, konkurrierende Distributionsformen neben dem Buchhandel (Kolportagehandel), neue Lesergruppen – insgesamt: Ausweitung des Buchmarkts zum Medienmarkt.
43 28. 12. 1895.
44 Lumière: realistische Szenen, authentische Wirklichkeit; Méliès: phantastische Bilder, Fiktion.
45 Theater, Fotografie, Erzählerin/Bänkelsänger.
46 Ludwig Stollwerck, Oskar Messter.
47 Von der stationären Aufführung für die Mittelschichten zum Wanderkino für die Unterschichten.

Kap. 7: Die neue elektronische Welt (1900–1990)

1 Dominanz der elektronischen Medien, politische und wirtschaftliche Herrschaft als Hauptfunktion, Theatralisierung medialer Kommunikation.
2 Das Theater verlor seinen Mediencharakter und wurde zur Kunst.
3 Herrschaft.
4 Zersplitterung der damaligen Gesellschaft und Mangel an Grundkonsens.
5 Politische Reglementierung und wirtschaftliche Beeinflussung.
6 Die Illustrierte.
7 Der Hugenberg-Konzern.
8 1933–1945: Autoritäres Führungsmittel, 1949–1958: Leitmedium, 1958–1971: Niedergang in Konkurrenz zum Fernsehen, 1971–1985: Begleitmedium, 1985–heute: Ökonomisierung.
9 Erstes Medium mit Ganztagesprogramm.
10 Gleichbleibende Programmfolge, Musikfarbe und Moderationsstil in stündlichem Rhythmus.
11 Mehr als drei Stunden täglich.
12 Zentralistische Lenkung, Reichsministerium für Volksaufklärung und Propaganda, Schriftleitergesetz, Reichskulturkammern, Goebbels, Gleichschaltung usw.
13 Agitatorische Durchsetzung nationalsozialistischer Herrschaftsinteressen als totalitäre Propaganda.

14 Völkischer Beobachter, Illustrierter Beobachter, Der Angriff, Der Stürmer.
15 Franz Eher Nachfolger Verlags-GmbH.
16 Monumentale Repräsentationsbauten, NS-Feste und -Aufmärsche.
17 Inszenierung von Macht.
18 Bis 1900: Anfänge, 1900–1914: Nationale Besonderheiten und Ausbildung von Genres, 1914–1933: Vom Stummfilm zum Tonfilm, 1933–1945: Filmkultur unterm Hakenkreuz, 1945–1960: Der »Weltfilm« der Nachkriegszeit, 1960–1975: Konkurrenz zum Fernsehen und Erneuerung, 1975–1990: Genrewandel: Diversifikation, Revival, Mix, 1990–heute: Digitalisierung und Globalisierung.
19 Eskapistische Unterhaltungs- und Operettenfilme, Kriegs- und antisemitische Propagandafilme.
20 Ästhetisch anspruchsvolle und erfolgreiche Filme in großer Bandbreite und Vielfalt, mit internationalen Stars; z.B. Film noir, italienischer Neorealismus, amerikanischer Science Fiction-Film, Nouvelle vague aus Frankreich.
21 1974/75.
22 1955–1960: Rock'n'Roll, 1961–1965: Folk-Revival, 1964–1970: British Beat, 1967–1970: Westcoast Sound, 1970–1980: Diversifikation der Stile, 80er Jahre: Visualisierung.
23 Kulturmedium, Massenmedium, Elitemedium.
24 Taschenbuch, Buchgemeinschaft, Bestseller.
25 Zahl der Vielleser rückläufig von 33 % auf 20 %, Zahl der Stunden für Buchlektüre rückläufig von 13,5 Std./Mo (1964) auf 7,5 Std./Mo (1995).
26 Sind selbstverständlich und bieten im routinemäßigen täglichen Handeln insbesondere Orientierung, Sinnerfahrung, kommunikative Verständung und Gestaltungspotential innerhalb der vertrauten Lebenswelt.
27 Informieren, Agitieren, Werben, Spielen, Speichern.
28 Männer- und Frauenheftromane, Comics: Funnies, Abenteuercomics, Erwachsenencomics.
29 Pornohefte, Gebrauchsanleitungen in Heftform.
30 Bildpublizistik: das Foto als zentrales Gedächtnismedium der Gesellschaft.
31 Werbung im politischen und im wirtschaftlichen Bereich.

32 Das erste Netzmedium (abgesehen vom »Zwischenmedium« Telegraf).
33 Gedacht als Diktiergerät, erfunden 1935.
34 Ab Mitte der 60er Jahre, Taschen-Recorder 3300 und Musi-Cassette.
35 VHS, Beta, Video 2000.
36 Rund 10 000 Action, Horror, Gewalt und Komödie, plus 2000 Pornos, letztere mit den höchsten Ausleihfrequenzen.
37 1949–1954: Wiederaufbau, 1954–1976: Pressekonzentration, 1976–1990: Konsolidierung.
38 Das Fernsehen.
39 Nur fünf.
40 Ging stetig zurück, insbesondere bei jüngeren Menschen.
41 Ökonomische Herrschaft (Konzentration und Medienmultis).
42 Ab 1984 Privatisierung von Hörfunk und Fernsehen.
43 Bertelsmann, Springer, WAZ, Bauer (80er Jahre).
44 Medientotal, global, vertriebskonzentriert, bestsellerorientiert.
45 Forum kulturellen Austauschs, serielle Unterhaltungsmaschine.
46 Vom Medium der Biederkeit über das Medium politischer Öffentlichkeit zum Integrationsmedium.
47 Entritualisierte Nutzung des Fernsehens in Konkurrenz mit anderen Medien in der verbleibenden Restzeit, bevorzugt in Nebenbei-Zuwendung.

8. Kap.: Ausblick – Globalisierung und Digitalisierung (1990–heute)

1 Umbruch von der Dominanz der elektronischen zur Dominanz der digitalen Medien, derzeit gerade erst begonnen, tendenziell der Schritt von der Reproduktion zur Simulation von Wirklichkeit.
2 Einsatz der EDV in alltäglichen Haushaltsgeräten wie Waschmaschine, Nähmaschine, Mikrowellenherd, in Auto und Büro, in der industriellen Fertigung, in Supermarktkassen, in der Verwaltung, in Verkehrssystemen, medizinischen Geräten usw., »unsichtbar« und wie selbstverständlich.

3 Schäden für Kinder und Jugendliche (»Computerkinder«), Vernichtung von Arbeitsplätzen (»Jobkiller«), Bedrohung der Demokratie (»gläserner Mensch«).
4 Von der Spielekultur zur pädagogischen Debatte, vom Personal Computer zur Debatte um totale Überwachung und Kontrolle.
5 Erzeugung virtueller Welten, Akzeleration der Datenverarbeitung, unbegrenzte Speicherfähigkeit, universelle Anwendbarkeit.
6 Integration unterschiedlicher Kommunikationsmodi auf der Grundlage der Computertechnologie – gilt heute als Qualität fast aller digitaler Einzelmedien.
7 Technologische Plattform auf der Basis des Computers für verschiedene digitale Netzmedien, fälschlicherweise meist als Synonym für World Wide Web verwendet.
8 World Wide Web, Intranet/Extranet, E-Mail, Chat.
9 Intranets sind Netze für die interne Kommunikation mittels eigener Verkabelung, Extranets sind »Informationstunnel« innerhalb des öffentlichen WWW, geschützt von Firewalls.
10 Über 20 Milliarden.
11 Spartensender beim Fernsehen, Multiplex-Kinos beim Film, Standardisierung und Trivialisierung beim Radio, Bedeutungsverlust für Zeitung, Video und andere Medien.
12 Von der Schallplatte zur CD, vom Plattenspieler zum MP3-Player, von der Videokassette zur DVD, vom Foto zur Digitalkamera.
13 Als Medienverbund z.B. der Anrufbeantworter und das Fax, als Funktionensynkretismus z.B. SMS und Hörbuch, als Hybridform z.B. Online-Zeitung und Handy.
14 Bei den neuen digitalen Interaktionsmedien wird der Produzent zum Rezipient und umgekehrt.
15 Ein multidimensionaler und dynamischer Informationsraum, bei dem die sequentielle Determination, das vorgegebene Nacheinander wie bei einem linear-hierarchisch strukturierten Text, aufgelöst ist und ersetzt wird durch die Beliebigkeit des »Surfens«.
16 E-Commerce, E-Banking, E-Management, computergesteuerte Produktion, Geldwirtschaft und Bankenwesen, globale Informations- und Kommunikationsnetze der multinationalen Konzerne.

Bildquellen

Abb. 1   Der Pfarrer auf dem Dorf liest die Zeitung vor (um 1830), in: Freiheit, Gleichheit, Brüderlichkeit. 200 Jahre Französische Revolution in Deutschland, Ausstellungskatalog, Germanisches Nationalmuseum, Nürnberg 1989, S. 542.
Abb. 2   Londoner Lotteriereklame auf einem Wagen (1826), in: Erwin Paneth: Entwicklung der Reklame vom Altertum bis zur Gegenwart, München, Berlin 1926, S. 81.
Abb. 3   Die Erzählerin als Vorleserin, in: Ruth B. Bottigheimer (Hg.): Fairy Tales and Society. Illusions, Allusions, and Paradigma, Philadelphia 1986, S. 67.
Abb. 4   Ein reisender »Guckkästner«, in: Georg Füsslin u. a.: Der Guckkasten. Einblick, – Durchblick – Ausblick, Stuttgart 1995, S. 44.
Abb. 5   »Sicherheit und Bequemlichkeit zu reisen« (Kupferstich), in: Klaus Beyrer (Hg.): Zeit der Postkutschen. Drei Jahrhunderte Reisen (1600–1900). Ausstellungskatalog, Karlsruhe 1992, S. 63.
Abb. 6   Illustration im »Leipziger Frauenzimmer-Almanach« 1792 zur neuen Rolle der Frau: sittsam, treu, aufopferungsvoll, in: Maria Lanckorónska / Arthur Rümann: Geschichte der deutschen Taschenbücher und Almanache aus der klassisch-romantischen Zeit, Osnabrück 1954. Neuausgabe München 1985, Bildterteil S. 45.
Abb. 7   Flugblatt zum Mainzer Freiheitsball 1793 im bürgerlichen Salon, in: Die Publizistik der deutschen Jakobiner und ihrer Gegner. Revolutionäre und gegenrevolutionäre Proklamationen und Flugschriften aus der Zeit der Mainzer Republik (1792/93), Ausstellungskatalog Mainz 1993, S. 20.
Abb. 8   Eine Buchhandlung um 1830, in: Wilhelm H. Lange: Das Buch im Wandel der Zeiten, Berlin 1941, S. 215.
Abb. 9   Leser und Leserinnen bei der Tafelrunde von Herzogin Anna Amalia in Weimar, in: Propyläen Geschichte der Literatur, Bd. 4, Berlin 1983, S. 192.
Abb. 10 Titel der deutschen Zeitschrift »Die Zuschauerin« (1747) nach der englischen Vorlage »The Female Spectator«, in: Edith Krull: Das Wirken der Frau im frühen deutschen Zeitschriftenwesen, Berlin 1939, S. 16f.
Abb. 11 Bebilderung eines Artikels in der »Berliner Zeitung« (1893) – »Der Papst sendet den amerikanischen Katholiken durch den Phonographen seinen Segen«, in: Christian Ferber (Hg.): Berliner Illustrirte Zeitung. Zeitbild, Chronik, Moritat für Jedermann, 1892–1945, Berlin u. a. 1982, S. 18.
Abb. 12 Morse bei seiner Verabschiedung im Jahre 1871, in: Tom Standage: Das viktorianische Internet. Die erstaunliche Geschichte des Telegraphen und der Online-Pioniere des 20. Jahrhunderts, St. Gallen, Zürich 1999, S. 205.
Abb. 13 Titelseite der »Gartenlaube«, in: Harenberg Kommunikation (Hg.): Herzensangelegenheiten. Liebe aus der Gartenlaube, Dortmund 1978, S. 7.
Abb. 14 Der Porträtfotograf als Wanderfotograf (um 1876), in: Jean Sagne: Portträts aller Art. Die Entwicklung des Fotoateliers, in: Michel Frizot (Hg.): Neue Geschichte der Fotografie, Köln 1998, S. 119.
Abb. 15 Liebigbilder zum Motiv »Das Reisen vor 100 Jahren und jetzt«, in: Hans Jürgen Hansen: Reklamesammelbilder, in: Ders.: Sammeln macht Spaß, Stuttgart 1976, S. 219.
Abb. 16 Presseinformation und Werbeblatt anlässlich der Einführung der Anschlagsäulen 1855, in: Horst Kunze: Das große Buch vom Buch, Berlin/Ost 1983, S. 132.
Abb. 17 Deutsche Telefonbenutzungsanweisung (1881), in: Rolf Oberliesen: Information, Daten und Signale, Reinbek 1987, S. 142.
Abb. 18 Der Kolporteur in einer nachträglich idealisierten Gestaltung des Verkaufsgesprächs, in: Günter Koch / Manfred Nagl: Der Kolportageroman. Bibliographie 1850 bis 1960, Stuttgart, Weimar 1993, S. XI.

Abb. 19 Anfänge der Filmindustrie in Deutschland mit Oskar Messter, in: Oskar Messter: Mein Weg mit dem Film, Berlin-Schöneberg 1936, S. 14f.
Abb. 20 Originalbild in der »Berliner Illustrirten Zeitung« (1929), in: Christian Ferber (Hg.): Berliner Illustrirte Zeitung. Zeitbild, Chronik, Moritat für Jedermann, 1892–1945, Berlin 1982, S. 279.
Abb. 21 Kurt Günter: Kleinbürger am Radio (1927), in: Peter Dahl: Radio. Sozialgeschichte des Rundfunks für Sender und Empfänger. Reinbek 1983, S. 52.
Abb. 22 Werbeplakat für den Volksempfänger (1933), in: Peter Dahl: Radio. Sozialgeschichte des Rundfunks für Sender und Empfänger. Reinbek 1983, S. 159.
Abb. 23 Der Eingang zur neuen Reichskanzlei des NS-Regimes in der »Welthauptstadt« Berlin (Statuen von Arno Breker), in: Gerdy Troost (Hg.): Das Bauen im neuen Reich, Bayreuth 1941.
Abb. 24 Der oskarprämierte deutsche Spielfilm »Die Blechtrommel«, in: Cover der DVD.
Abb. 25 »Das Schweigen der Lämmer«: internationale Vermarktung eines Bestseller-Romans im logotypischen Verbund mit seiner erfolgreichen Spielfilmversion, Cover der Taschenbuchausgabe.
Abb. 26 Titelbild eines Hefts aus der langjährigen Erfolgsserie des Liebesromane »Silvia«, Cover von Nr. 159.
Abb. 27 Fernsehstar Thomas Gottschalk als Nachfolger von Frank Elstner in der Erfolgsserie »Wetten, dass …?«, Quelle: ZDF.

Register

Abschnitte der Filmgeschichte 129
absolutistisches »Geheimes« 18
affirmative Unterhaltung 55
Allgemeine Normen 33
Almanach 37, 38
Ansichtskarte 86
Arretierung akustischer Wirklichkeit 92
ästhetischer Programmniedergang 160
Aufklärung 37
Auflösung klassischer Kommunikationsrollen 176
Aura 116
Ausbildung von Film-Genres 129
Ausdifferenzierung 29, 43, 54, 66
Autor 96
autoritäres Führungsmittel 117
Beamter 28
Begleitmedium Radio 118
Bertelsmann 157
Bestseller 138
Bevölkerungswachstum 60
Bibliothekar 46, 97
Bilderbogen 83
Blatt 41, 84, 141
breites Publikum 54
Brief 142
British Beat 133
Buch 124
Buchautor 43
Bücherkrise 136
Buchgemeinschaft 137
Buchhändler 45, 97
Buchkritiker 45, 97
Buchleser 46, 97
Buchverleger 44
Buchzensor 45
bürgerliche Öffentlichkeit 18
bürgerliches »Privates« 18
bürgerliches Drama 29
Charakterisierung des Bilderbogens 84
Chat 173
Compact-Cassette 147
Digitale Medien und Gesellschaft 177
Digitalisierung 132, 176

Register

Diversifikation 132, 134
dominante Funktionen 19
Dominanz der elektronischen
   Medien 109
drei Zeitungstypen 21
elektrischer Telegraf 71
Elitemedium 138
E-Mail 173
Entsinnlichung 19
Erneuerung des Films 130
Erzählerin 29
Euphorie 166
Extranet 173
Fachzeitschriften 74
Faschismus 137
Fernsehen 31, 118, 123, 131
Fest 27
Film 30, 124
Filmkultur unterm Hakenkreuz 130
Flugschrift 41
Folk-Revival 133
Fotografie 29, 80, 143
Französische Revolution 41
Frauenöffentlichkeit 34
Funktionen der Ansichtskarte 86
Funktionen des Telefons 91
Funktionen des Blattes 85
Funktionen des Computers 169
Funktionen des Mediums Zeitung 22
Funktionensynkretismus 51, 102
Geld 109
Generalanzeiger 67
Genrewandel 132
Geschäftsbrief 33
Gesellschaftliche Umwälzungen 166
Gesellschaftlicher Wandel 61
Gestaltungsmedien 126
Globalisierung 132
Guckkasten 31
Handlungsrolle des Kritikers 52
Hauptfunktion der Medienkultur 109
Heft 142
Heftlieferungen 98
Herold 28
Hörfunk 122
Hugenberg-Konzern 113
Hypertext-Struktur 177
Identitätsstiftung 19
Illustrierte 77
Industrialisierung 60
Institutionalisierung 96
Integration in neuen Hybridformen . . . 176
Integrationsmedium 159
Intelligenzblätter 22
Interaktivität 176
Internet 172
Intranet 173
Kalender 37
Kapitalisierung 62
Kleinfamilie 18
klerikaler Parteigänger 28
Kolportagehandel 98
kommerzielle Plakate 26
kommerzielle Werbeplakate 88
Kommunikationsgeschichte 7
Konsolidierung 67, 96, 153
Kontrolle 168
Konzentration 152
Konzertsänger 28
Korrespondentenbüros 72
Krieg 137
kulturelle Plakate 88
kulturelles System 177
Kulturmedium Buch 136
Kunstgeschichte 79
künstlerische Plakate 88
Laterna magica 30
Leitmedium Radio 118
Lieferungsroman 99
literarisches Kunstwerk 29
Literarisierung 34
Live-Übertragung 116
Lumière, Auguste 102
Lumière, Louis 102
Macht 109
Magnetaufzeichnung 148
Marktschreier 28
Massenmedium 137
Massenproduktion 98
MAZ 148
Medienkonzentration 67
Medienkulturgeschichte 7
Medien-Multis 157
Medienwandel 61
Medium als Begriff 8
Medium der Biederkeit 158
Medium politischer Öffentlichkeit 159
Meliès, George 103
Menschmedien 126
Menuett 28
Messter, Oskar 103
Mittelschichten 104
Mix 132
Moralische Wochenschriften 53
Multifunktionalität 81
Multimedia 171
Musenalmanach 38
MusiCassette 147

musikalisches Trägermedium 93
nationale Besonderheiten des Films ... 129
Netzkultur 177
Niedergang des Radios 118
Niedergang des Theaters als
   Medium 110
Niedrigpreise 98
ökonomische Herrschaft 109
Ökonomisierung 66, 119, 166
optischer Telegraf 71
pädagogische Debatte 167
Pathé Frères 103
Personal Computer 168
Pessimismus 166
Physionotrace 29
Plakat 87, 144
politische Einflüsse 111
politische Herrschaft 109
politische Plakate 25
politische Plakate 88
politische Zeitungen 21
politisches System 177
Politisierung 66
Post als Transportsystem 34
Prediger 28
Presse 125
Privatbrief 33
private Feier 27
Professionalisierung 68
Publizistik in Deutschland 42
Publizistischer Medienverbund 41
Reihenkonzept 98
repräsentative Öffentlichkeit 17
Reproduktion von Wirklichkeit 63
Ressorts 66
Restzeitmedium 161
Revival 132
Rock'n'Roll 133
Romanheftchen 99
Rundschauzeitschriften 74
Satirezeitschriften 76
Schallplatte 133
Schichtendifferenzierung 60
Schulmeister 28
Segmentierung der Gesellschaft 176
Selbstinszenierung 80
soziales System 177
Sparten 66
Spezialzeitschriften 74
Spielekultur 167
Stollwerck, Ludwig 103
Stratifikation 63
struktureller Wandel 43
Strukturwandel der Öffentlichkeit 16

Strukturwandel des Öffentlichen 16
Stummfilm 129
Taschenbuch 38, 137
Technikboom 60
Technikgeschichte 79
Telefon 144
Telegrafenbüros 72
Theater 29
Theatralisierung medialer
   Kommunikation 109
Tonband 147
Tonfilm 129
totale Überwachung 168
transmediale Expansion 98
Typen der Ansichtskarte 86
Typen des Bilderbogens 84
Typen des Blattes 84
Übergreifendes Medium 51
Übertragung akustischer Wirklichkeit .. 92
Unterhaltung 62
Unterhaltungsmedium 160
Unterschichten 104
Verleger 96
Vermittlung 63
Versinnlichung 62
Verstaatlichung 34
Videokassetten 148
Videoprogramme 149
Videorecorder 148
vier gesellschaftliche Schlüssel-
   phänomene 60
vier Mediengruppen 8
vierte Medienrevolution 166
Visualisierung 134
Vorläufer des Films 101
Vorleserin 29
Walzer 28
Wanderkino 104
Wandlungsprozesse bei den »alten«
   Medien 175
Weltfilm 130
Weltmarkt 166
Westcoast Sound 134
Wiederaufbau 151
wirtschaftliche Einflüsse 112
wirtschaftliches System 177
Witzzeitschriften 76
Wochenblätter 22
www 172
Zeitschriften 112
Zeitungen 111
Zeitungssänger 28
zwei strukturelle Neuerungen 96
Zwischenmedium 70